"十三五"国家重点图书出版规划项目

丛书主编　钟秉林

中国教育改革40年

高等教育

张应强 等／著

科学出版社

北　京

内 容 简 介

　　本书力图全面反映 40 年来我国高等教育改革发展的历史进程和重大成就，从学术角度系统总结我国高等教育改革发展的成果、经验及面临的问题，概括高等教育改革发展的中国模式和中国道路。本书遵循"总—分—总"的逻辑，以主题或专题形式，抓住主要方面，对我国高等教育 40 年的改革发展做出准确概述和客观评价，体现研究性和学术性。专题包括高等教育大众化、高等教育体制改革和结构调整、高等教育质量建设、世界一流大学建设、高等教育对外开放与国际合作等。各个专题研究在全面和准确概述的基础上，力求突出核心问题，体现创新性。

　　本书适合高等教育理论工作者和高校管理人员阅读。

图书在版编目（CIP）数据

高等教育 / 张应强等著. —北京：科学出版社，2018.12

（中国教育改革 40 年 / 钟秉林主编）

ISBN 978-7-03-060215-2

Ⅰ．①高… Ⅱ．①张… Ⅲ．①高等教育–教育改革–研究–中国

Ⅳ．①G649.21

中国版本图书馆 CIP 数据核字（2018）第 292217 号

责任编辑：乔宇尚 / 责任校对：蒋　萍
责任印制：张克忠 / 封面设计：黄华斌

编辑部电话：010-64033934
E-mail：edu_psy@mail.sciencep.com

科 学 出 版 社 出版

北京东黄城根北街 16 号
邮政编码：100717
http://www.sciencep.com

天津市新科印刷有限公司 印刷

科学出版社发行　各地新华书店经销

*

2018 年 12 月第　一　版　开本：720×1000　1/16
2018 年 12 月第一次印刷　印张：19
字数：362 000
定价：**99.00 元**

（如有印装质量问题，我社负责调换）

编 委 会

总主编 钟秉林

编　委（以姓氏笔画为序）

王运武　石伟平　冯建军　匡　瑛　朱益明

宋乃庆　张　斌　张应强　张辉蓉　陈　婷

范先佐　周海涛　郑若玲　黄荣怀　虞永平

丛 书 序

（一）

1978 年，恢复高考后第一批学子走进大学。1978 年，党的十一届三中全会做出改革开放这一关乎当代中国命运的关键抉择。改革开放 40 年来，中国缔造了震撼世界的奇迹，解决了 13 亿多人口的温饱问题，实现了最大规模的经济和社会转型，正在实现从人口大国向人力资源强国的历史性转变。

改革开放 40 年来，中国教育事业迅速发展，成就显著。1978 年，我国小学升入初中的比例只有 60.5%，高校在校生只有 85.6 万人；2017 年，全国各级各类学校 51.38 万所，学历教育在校生 2.70 亿人，专任教师 1626.89 万人。[①]教育普及程度不断提高，在规模上成为名副其实的教育大国。教育投入平稳增加，教育结构不断优化，教育体制改革不断深化，办学效益逐步提高，人才培养质量不断提升，服务国家、服务人民和参与国际竞争的能力显著增强。

目前，虽然我国教育在结构、质量、体制、管理等方面仍存在这样那样的问题，如人才培养质量与经济社会发展需求还有差距、教育国际竞争力还不够强等，但不可否认的是，40 年来教育改革发展取得了举世瞩目的成就，为建设教育强国和人

---

① 教育部. 2017 年全国教育事业发展统计公报. （2018-07-19）[2018-12-07]. http://www.moe.edu.cn/jyb_sjzl/sjzl_fztjgb/201807/t20180719_343508.html.

力资源强国奠定了坚实的基础。

（二）

改革开放 40 年来，我国教育的功能从社会本位向以人为本转变。40 年前，党和国家的工作重心是经济建设，急需提高全民素质，教育承担了重要的社会功能。40 年来，教育逐渐强调以人为本，重视学生的全面健康发展。20 世纪 80 年代以来声势浩大的素质教育热潮，21 世纪以来倡导"一切为了学生的发展"的课程改革，教育部发布多道"减负令"减轻学生过重的课业负担，国家启动新一轮高考改革等，都是为了改变不科学的教育评价指挥棒，将立德树人作为教育的根本任务。进入新时代，我们期待教育为实现学生全面发展奠基，注重学生批判性思维、创新精神与实践能力的养成，致力于学生全面而有个性的发展，培养德智体美劳全面发展的社会主义事业建设者和接班人。

改革开放 40 年来，我国教育的战略地位从战略重点逐步上升为优先发展。40 年前，教育经费严重短缺，教育发展水平比较低下。40 年来，教育的战略地位稳步提升，逐步由经济发展、科技进步、人力资源开发的战略重点上升为优先发展的战略地位。国家财政性教育经费占全国教育经费投入的比例平稳增加，国家财政性教育经费占 GDP 的比例从 2012 年起实现了超过 4%的既定目标，2017 年为 4.14%。[①]习近平在全国教育大会上强调，"教育是党之大计、国之大计"[②]。教育的基础性、先导性、全局性地位更加凸显。党和国家高度重视职业教育，提出大力发展职业教育、加快发展现代职业教育，构建现代职业教育体系，提升国民素质；高度重视创新型人才培养，加快建设一流大学和一流学科，提升我国高等教育的综合实力和国际竞争力；高度重视教师队伍建设，提高教师政治地位、社会地位、职业地位。进入新时代，我们期待教育引领经济社会发展，致力于为实现"两个一百年"的奋斗目标，实现中华民族伟大复兴的中国梦做出新贡献。

改革开放 40 年来，我国教育发展的目标已经从规模扩张转向质量提升。40 年前，中国教育发展的任务是"两基"攻坚：基本普及义务教育，基本扫除青壮年文盲。40 年来，我国教育的普及化程度全面提高，学前三年教育加快普及，毛

---

① 中共中央. 国家财政性教育经费占 GDP 比例连续 6 年超 4%.（2018-10-17）[2018-12-07]. http://www.gov.cn/shuju/2018-10/17/content_5331510.htm.

② 中共中央. 习近平出席全国教育大会并发表重要讲话.（2018-09-10）[2018-12-07]. http://www.gov.cn/xinwen/2018-09/10/content_5320835.htm.

入园率达到 79.6%；九年免费义务教育全面实施，巩固率为 93.8%；高中阶段教育基本实现普及，毛入学率为 88.3%；高等教育正在快速从大众化阶段迈向普及化阶段，毛入学率达到 45.7%；中等职业教育和高等职业教育已经成为高中阶段教育和高等教育的"半壁江山"。[①]教育领域的主要矛盾已经突出表现为人民群众对优质教育的急迫期盼与优质教育供给不充分、不平衡的冲突，教育公平与质量问题凸显。择校、进城务工人员随迁子女受教育、大学生就业等已经成为社会广泛关注的热点问题。我国教育的发展方式正面临根本性转变，从以规模扩张和空间拓展为主要特征的外延式发展，转变为以提高质量和优化结构为核心的内涵式发展。具体表现在：学前教育要坚持抓好普及与提高保教质量并重；义务教育要兼顾提高巩固率与优质均衡发展；高中阶段教育要坚持多样化发展和特色发展；职业教育要主动适应科技进步和产业革命的需要；高等教育要加快"双一流"建设，实现内涵式发展；民办教育要严格规范和大力扶持，利用市场机制推动教育可持续发展。进入新时代，我们期待更加公平、优质、多样的教育，致力于拓展优质教育资源覆盖面，合理配置有限的优质教育资源，全面提升教育整体水平。

改革开放 40 年来，中国教育信息化发展从无到有，由弱到强。当今世界，信息技术发展日新月异，给世界带来了翻天覆地的变化。我国先后颁布了《新一代人工智能发展规划》《教育信息化 2.0 行动计划》等教育信息化发展战略，教育发展面临着前所未有的机遇与挑战：互联网、大数据、虚拟现实、人工智能等先进信息技术与教育教学深度融合，正在改变着传统的教育教学观念、教学组织形态、教学管理机制、教学方式与学习方式。知识传播方式从传统的单向传递转变为多向互动，教师的角色从知识的传播者转变为学生学习活动的设计者和指导者，学校中的师生关系正在转变为新型的学习伙伴关系。教育界对此要保持敏锐的目光，密切跟踪发展趋势，主动、理性地面对挑战；中小学校和高等学校在为信息科技革命提供人力和智力支撑的同时，要主动适应信息科技与教育融合带来的教育形态和就业市场的变革。进入新时代，我们期待构建信息革命驱动下的教育现代化新形态，同时也呼唤回归生命养成的教育，让学生学会学习，迎接充满挑战的未来社会。

改革开放 40 年来，我国教育体制机制改革逐步深化，现代教育体系和能力

---

① 教育部. 2017 年全国教育事业发展统计公报. (2018-07-19) [2018-12-07]. http://www.moe.edu.cn/jyb_sjzl/sjzl_fztjgb/201807/t20180719_343508.html.

建设取得突破。40 年前，教育领域改革的迫切任务是拨乱反正，1977 年恢复高考成为我国恢复与重建教育新秩序的开端。40 年来，我国教育体制机制改革的重心是简政放权、扩大学校办学自主权，创建现代学校制度，建立与社会主义市场经济体制相适应的教育管理体制；特别是 21 世纪以来，我国进入深化教育领域综合改革、推进教育治理体系与教育治理能力现代化的新阶段。40 年来，我国逐步完善义务教育管理体制，举办农村义务教育的责任主要由政府承担，以县为主，将农村义务教育全面纳入公共财政保障范围，建立中央和地方分项目、按比例分担的农村义务教育经费保障机制。40 年来，我国逐步探索高校招生制度改革，更加注重科学性、自主性、选择性与公平性，人才选拔的标准从知识本位转向能力本位，考试科目从零散分科走向文理融合，考试方式从单一走向多元，招生录取从效率优先转向更加注重公平，强调对弱势群体的补偿。40 年来，我国多渠道拓展经费投入，逐步引入市场机制，民办教育迅速发展，形成了从学前教育到高等教育、从学历教育到非学历教育，层次类型多样、充满生机活力的发展局面，有效增加了教育服务供给。进入新时代，我们期待建立政府主导、多元参与的中国特色现代化教育治理体系，不断深化教育领域综合改革，实现教育治理能力的现代化。

改革开放 40 年来，我国教育发展的模式从照搬模仿转向自主探索。1978 年，我国掀起了"实践是检验真理的唯一标准"的大讨论，教育也开始在照搬、模仿国外经验的基础上，探索中国特色发展道路。习近平同志在全国教育大会上的重要讲话中强调指出："在实践中，我们就教育改革发展提出一系列新理念新思想新观点，主要有以下几个方面，坚持党对教育事业的全面领导，坚持把立德树人作为根本任务，坚持优先发展教育事业，坚持社会主义办学方向，坚持扎根中国大地办教育，坚持以人民为中心发展教育，坚持深化教育改革创新，坚持把服务中华民族伟大复兴作为教育的重要使命，坚持把教师队伍建设作为基础工作。这是我们对我国教育事业规律性认识的深化，来之不易，要始终坚持并不断丰富发展。"[①]教育发展的模式要根据各国不同的历史传统、现实国情和发展方向来进行抉择，不能走趋同的道路。进入新时代，我们期待培养具有中国灵魂、国际视野、国际理解力与参与能力的世界公民，探索教育发展的中国经验与中国方案，为教

---

① 中共中央. 习近平出席全国教育大会并发表重要讲话.（2018-09-10）[2018-12-07]. http://www.gov.cn/xinwen/2018-09/10/content_5320835.htm.

育国际化做出中国贡献。

《论语·为政》有云，"四十而不惑"。回首 40 年来我国波澜壮阔的教育改革发展历程，这是中国教育史上浓墨重彩的一笔，也必将引起国际社会的广泛关注。可以预见，中国教育在国际舞台上将扮演越来越重要的角色。

2018 年教师节，党中央召开了具有历史意义的全国教育大会，习近平同志在大会上作了重要讲话。全国教育大会在新的历史起点上开启了教育事业新征程，对加快推进教育现代化、建设教育强国、办好人民满意的教育进行了总体部署，为未来我国教育改革发展指明了方向。展望新时代，就是要扎根中国大地办教育，坚持中国优良文化传统，拓展国际视野，追求质量卓越，促进教育公平，建设教育强国。

（三）

科学出版社乔宇尚编辑策划的"中国教育改革 40 年"丛书为"十三五"国家重点图书出版规划项目，聘请国内教育学界的权威专家和知名学者担任主编，丛书包括 10 卷：《学前教育》(虞永平 张斌)、《义务教育》(宋乃庆 陈婷 张辉蓉)、《高中教育》(朱益明)、《高等教育》(张应强)、《农村教育》(范先佐)、《教育信息化》(黄荣怀 王运武)、《民办教育》(周海涛)、《学校德育》(冯建军)、《高考改革》(郑若玲)、《职业教育》(石伟平 匡瑛)，力图从不同层次、不同领域、多角度展示改革开放 40 年来中国教育的改革进程、发展成就、改革经验和最新进展。

《学前教育》分为三编，分别从社会事业、育人活动和学术关注的角度，对40 年来我国学前教育在办园、管理、经费投入、师资队伍、基本理念、保教环境、课程建设、质量评价和学术研究等方面的改革发展进行了客观、理性的阐述与分析。该书旨在回顾 40 年来我国学前教育改革发展的历史，揭示成就，总结经验，破解问题，概括具有中国特色的学前教育发展模式，为未来我国和国际学前教育的发展提供专业智慧。

《义务教育》在《中国义务教育发展报告》《义务教育第三方评估报告》《中国基础教育改革与发展》等系列研究成果的基础上，坚持辩证唯物主义，定量与定性相结合，点面结合，尤其注重史料、数据、典型经验案例等支撑，回眸改革开放40 年中国义务教育发展的伟大历程，总结改革开放 40 年中国义务教育改革的成就和经验，反思存在的问题和不足，并提出对策建议，凝练改革开放 40 年义务教育改革发展的中国模式。

《高中教育》从普通高中教育发展与制度体系、教育经费投入、课程改革、教师培养与培训、现代高中学校管理、现代高中学校制度、薄弱学校改革与普及攻坚等七大方面，系统介绍了普通高中改革与发展的政策轨迹与实践成效。面对新时代中国教育现代化发展要求，分析了当前中国普及高中教育面临的新形势，提出了改革与发展的行动策略和普通高中学校改革的逻辑建构。

《高等教育》遵循两条基本思路：一是全面反映 40 年来我国高等教育改革发展的历史进程和重要成就，从学术角度系统总结我国高等教育改革发展的成果、经验及面临的问题，概括高等教育改革发展的中国模式和中国道路。二是总体上遵循"合—分—合"的逻辑，以主题或专题形式，抓住主要方面，对我国高等教育 40 年的改革发展做出准确概述和客观评价，体现研究性和学术性。专题包括：高等教育大众化、高等教育体制改革和结构调整、高等教育质量建设、世界一流大学建设、高等教育体系建设、学位与研究生教育、高等教育法治化建设、高等教育对外开放与国际合作等。各个专题研究在坚持全面和准确概述的基础上，力求突出核心问题，体现出创新性。

《农村教育》将关注的重点放在农村教育财政体制、农村中小学布局调整、农村中小学教师队伍建设、流动人口子女教育、农村贫困地区教育发展、农村小规模学校与大规模学校建设、农村学生资助等涉及我国农村教育发展的重要方面，就 40 年来党和政府在这些方面所采取的举措、取得的成效、积累的经验进行深入分析和系统总结，力图概括农村教育发展的中国模式和中国道路，发出中国声音，为国际农村教育的发展贡献中国智慧。

《教育信息化》回顾与剖析中国教育信息化改革与发展 40 年历程，将教育信息化发展历程分为计算机教学起步、计算机教育发展、基础设施建设大发展、教育信息化应用水平大力提升、特色教育信息化发展五个阶段，并展望了教育信息化未来发展趋势。该书以教育信息化领域权威性、国际性、引领性和战略性为追求目标，以推动中国教育改革和发展为根本宗旨，助力实现中国伟大的"教育梦"。

《民办教育》以民办教育 40 年发展历程为主线，以民办教育法律法规为依据，坚持改革导向、问题导向和政策导向，针对民办教育总体概况、民办教育发展数据变化、民办教育法律制度变迁、民办教育规范和管理、民办教育扶持和服务、民办学校办学体制机制、民办学校育人特色、民办教育未来展望等重要问题进行客观分析，总结改革成效，剖析突出问题，提出具体建议，努力为民办教育改革发展提供一定的理论支持和实践参考。

《学校德育》以改革开放 40 年德育发展的历史为经，以学校德育要素为纬，依照"总—分—总"的思路，全面回顾总结了改革开放 40 年德育发展的阶段、特点与经验，并从德育方针与政策、德育价值与目标、德育内容与课程、德育教学与实施、师德与德育队伍、德育理论研究与德育模式探索等方面分析了 40 年的变革及发展趋向，最后以习近平新时代中国特色社会主义思想为指导，分析新时代我国德育面临的机遇与挑战以及未来的发展。

《高考改革》在概述高考制度发展的基础上，对高考的形式、科目、内容、录取等高考制度各主要方面的发展与改革进行细致梳理，对其中一些较为突出的问题进行深入分析，并对高考制度的最新改革进行追踪与反思。研究成果既是对高考制度发展与改革的学术加工与思考，可以丰富相关理论成果，又可为高考综合改革实践提供学理支持，平稳推进改革进程。

《职业教育》总括性地描述改革开放 40 年职业教育事业发展的基本阶段、主要成就、核心特征；在此基础上分别聚焦 8 个职业教育发展中的核心问题进行深入研究，涉及理念变迁、体系建构、办学模式嬗变、专业课程改革、师资培养培训、农村职教改革、德育改革和国际化发展；最后基于对新时代背景的分析，提出中国职业教育未来发展的路径。

综上所述，丛书力图展示 1978—2018 年我国教育改革与发展的历史进程和重要成就，梳理国内学者在各专业领域的研究和探索，系统总结我国教育改革与发展的成果、经验及面临的问题。旨在讲述中国教育故事，增强文化自信；总结中国经验，提高文化软实力；探寻中国教育模式，扩大中国教育国际影响力。希望丛书的出版，能够为广大读者提供参考和借鉴。

（四）

教育是梦想和希望的载体，我们都在憧憬教育的未来，构筑教育现代化的中国梦。

未来的教育，将是体现"有教无类"教育理念的公平的教育，每个公民都可以在学习型社会框架下，随时、随地、随意地学习，不断丰富和完善自己；未来的教育，将是体现"因材施教"教育理念的多样化的教育，每个公民都可以接受适合自己的教育，彰显个性和特长；未来的中国教育，将是体现"人尽其才"教育理念的高质量的教育，每个公民都可以在学习中成长，在服务国家和社会的过程中实现自我价值。

当前，我国教育已经进入深化综合改革、加强内涵建设、优质均衡发展的新时代，现实与理想的距离在不断拉近。我们有充分的理由相信，只要认真学习贯彻落实党的十九大精神和习近平同志在全国教育大会上重要讲话的精神，坚定不移地走中国特色教育发展道路，坚持改革开放，励精图治、锐意创新、厚积薄发，中国教育一定能够取得更大的发展成就，建设教育强国和人力资源强国的战略目标一定能够早日实现。

对此，我们充满期待。

是为序。

钟秉林

2018 年 12 月 7 日

前　言

（一）

2018 年是中国改革开放 40 周年。为了系统总结改革开放 40 年来中国教育理论创新、实践创新、制度创新的重大成果，反映 40 年来我国教育的巨大变迁，科学出版社精心策划了"中国教育改革 40 年"丛书，从学术角度梳理 40 年来我国教育的改革发展过程，反映 40 年来我国教育改革发展的伟大成就。《高等教育》是丛书中的一卷，受科学出版社邀请，我担任《高等教育》主编。编写《高等教育》具有重要的理论意义和现实意义。

（1）我国的改革开放事业是从高等教育领域开始的，邓小平同志率先在高等教育领域领导实施改革开放。

经历"文化大革命"后的中国高等教育，满目疮痍、百废待兴。正是在中国改革开放总设计师邓小平同志领导下，我国实行改革开放基本国策，中国高等教育开始面向现代化、面向世界、面向未来，立足中国国情和高等教育实际，批判吸收发达国家经验，坚持改革开放不动摇，取得了举世瞩目的历史性成就。

邓小平同志在恢复工作后主动向中央提出分管科技和教育工作。在他的领导下，高等教育领域率先进行改革开放，包括恢复高考制度、大规模派遣留学生，以及落实党的知识分子政策等。

关于恢复高考制度。在正式决定恢复高考制度前，邓小平同志对大学招生制度改革已经有了比较成熟的思考和方案。

1975 年，邓小平同志领导开展高等教育全面整顿，对当时的大学招生方法和教学质量提出批评。1977 年 5 月前后，他多次发表谈话，就尽快改变"文化大革命"中实行的高等学校招收工农兵学员制度和恢复高等学校招生考试制度问题，提出了两条思虑已久的意见：一是高等学校招生要恢复文化考试制度；二是提倡高等学校招生"两条腿"走路，允许高中毕业生直接上大学。而最后作出的恢复高考制度的决策，是 1977 年 8 月邓小平同志在他主持的科学和教育工作座谈会上拍板决定的。8 月 8 日，邓小平同志在座谈会总结发言中明确宣布："今年就要下决心恢复从高中毕业生中直接招考学生，不要再搞群众推荐。从高中直接招生，我看可能是早出人才、早出成果的一个好办法。"①1977 年 8 月 13 日至 9 月 25 日，中华人民共和国教育部（以下简称教育部）在北京召开全国高等院校招生工作会议。各省、自治区、直辖市文教办或教育局和招生办公室的负责人，中华人民共和国国务院（以下简称国务院）有关部委和少数高等学校的代表共 80 余人参加了会议。招生工作会议结束后，新的招生文件基本定稿。从此，恢复并迅速启动了"文化大革命"后的高校考试招生制度。

向国外大规模派遣留学生，也是在邓小平同志领导下开始的。1978 年 6 月 23 日，邓小平同志在听取清华大学工作汇报时，作出了关于扩大派遣留学生的重要指示："我赞成留学生的数量增大，主要搞自然科学。要成千成万地派，不是只派十个八个……这是五年内快见成效、提高我国科教水平的重要方法之一。现在我们迈的步子太小，要千方百计加快步伐，路子要越走越宽，我们一方面要努力提高自己的大学水平，一方面派人出去学习，这样可以有一个比较，看看我们自己的大学究竟办得如何。"②在邓小平同志讲话后不到 20 天，教育部就向国务院提交了《关于加大选派留学生数量的报告》。报告提出，立即选拔 3000 人派出留学，还对留学生管理机构、派出前的集训工作、回来后的工作安排都提出了建议。

关于落实知识分子政策，加强高校师资队伍建设问题。在 1978 年 3 月召开的全国科学大会上，邓小平同志肯定了绝大多数知识分子是社会主义社会的劳动者，

---

① 邓小平. 关于科学和教育工作的几点意见（一九七七年八月八日）. 邓小平文选（一九七五——一九八二年）. 北京：人民出版社，1983：45-55.

② 人民网. 纪念小平同志关于留学生派遣工作讲话发表 25 周年. (2003-06-12) [2018-06-20]. http://www.people. com.cn/GB/paper39/9405/871064.html.

是工人阶级的一部分。同时强调要尊重教师的劳动，提高教师的质量，提高教师的政治地位和社会地位。在 1977 年 8 月 8 日召开的科学和教育工作座谈会上，邓小平同志指出："对全国教育战线十七年的工作怎样估计？我看，主导方面是红线……特别是教育工作者，他们的劳动更辛苦。现在差不多各条战线的骨干力量，大都是建国以后我们自己培养的，特别是前十几年培养出来的。如果对十七年不作这样的估计，就无法解释我们所取得的一切成就了。"①在邓小平同志的倡导和支持下，1978 年 11 月，中共中央组织部发出《中共中央组织部关于落实党的知识分子政策的几点意见》，强调对知识分子要正确估计；做好复查和平反冤案、假案和错案工作；要充分信任、放手使用知识分子；要努力改善知识分子的工作条件和生活条件等。根据这一精神，高等学校首先开展了复查和平反冤、假、错案工作。同时，针对"文化大革命"期间教师职称评定工作停顿，新教师多缺乏严格的教学和科研工作训练等情况，一方面将"文化大革命"前评定和提升的教授、副教授、讲师、助教一律恢复职务；另一方面根据"坚持标准，保证质量，全面考核，择优提升"的原则，分期分批进行教师职称评定工作。落实党的知识分子政策，平反知识分子的冤、假、错案，恢复评定高校教师职称、职务，极大地激发了广大知识分子在新时期为社会主义现代化建设培养高级专门人才的积极性，加强了高校的教师队伍建设。

（2）我国高等教育改革开放的目的是通过"赶超模式"实现高等教育跨越式发展，把我国建设成为高等教育强国，为中国特色社会主义现代化事业和中华民族伟大复兴提供人才和智力支持。

改革开放 40 年来，我国高等教育进行了世界范围内改革力度最大、涉及面最广、持续时间最长、影响最为深远的改革，是世界高等教育改革发展领域的典型案例。这注定是一场艰难的改革，任务极其艰巨：既要遵循高等教育发展的共同规律，又要立足中国大地办大学；既要解决历时性问题，又要解决共时性问题；既要解决好改革发展问题，又要维护社会稳定；既要解决高等教育发展的资源性约束，又要解决体制机制性约束；既要满足国家重大战略需求，又要满足人民群众多样化的高等教育需求；既要提高发展效率，又要兼顾高等教育公平；既要建设中国自己的世界一流大学，又要建设一流的高等教育体系；既要激发大学办学活力，又要充分发挥政府的作用；既要坚持高等教育的公益性，又要兼顾高等教

---

① 邓小平. 关于科学和教育工作的几点意见（一九七七年八月八日）. 邓小平文选（一九七五—一九八二年）. 北京：人民出版社，1983：45-55.

育的市场性……面对这些艰巨的改革发展任务，我国高等教育领域坚持解放思想，与时俱进，实现了高等教育观念的转变，确立了先进的改革发展理念，探索出了自己的发展道路和改革模式，取得了具有典型意义的经验。这不仅是中国高等教育的成就，也是世界高等教育的成就。全面总结中国高等教育 40 年改革发展的思想理念、发展道路和历史经验，不但对于我国目前的"双一流"建设（世界一流大学和一流学科建设）和高等教育全面深化改革具有重要意义，而且对于讲好中国故事，加快中国高等教育走出去步伐，为世界高等教育改革发展贡献中国智慧、提供中国方案和经验具有重要意义。

（二）

在编写本书时，我们遵循两条基本思路。一是全面反映 40 年来我国高等教育改革发展的历史进程和重要成就，从学术角度系统总结我国高等教育改革发展的成果、经验及面临的问题，概括高等教育改革发展的中国模式和中国道路；二是全书总体上遵循"总—分—总"的逻辑，以主题或专题形式，抓住主要方面，对我国高等教育 40 年的改革发展作出准确概述和客观评价，体现研究性和学术性，避免做成资料汇编或综述性研究。

第一部分为"总"，包括第一章和第二章。主要从宏观方面对中国高等教育改革发展 40 年进行概述和总结，全面展示中国高等教育 40 年的改革发展成就，系统总结高等教育改革发展的基本特征和经验，重点研究 40 年来高等教育思想和理念、高等教育发展观等方面的发展和变化。特别是借鉴马克斯·韦伯社会学三维框架，从政治论、经济论和价值论三个维度探讨了 40 年来我国高等教育发展观的演变，阐明了高等教育改革发展背后深层次的思想和理念因素，揭示了 40 年来我国高等教育发展观中"变"与"不变"的规律。

第二部分为"分"，包括第三至十章。主要选择高等教育改革发展若干重要专题和主题进行分述，包括高等教育大众化、高等教育体制改革和结构调整、高等教育质量建设与质量保障、中国特色世界一流大学建设、高等教育体系的改革与完善、学位与研究生教育改革和发展、高等教育法制体系与法治化建设、高等教育对外开放和国际交流合作等。各个专题研究在坚持全面和准确概述的基础上，力求突出核心问题，体现出创新性。

高等教育大众化专题研究，从服务国家经济建设和社会发展来看我国高等教育大众化，充分揭示了高等教育大众化的中国特色——兼顾促进国家经济社会发展需要和人民群众的高等教育需要，突出我国高等教育大众化所走过的与西方国家不同的道路，总结了在一个人口大国和高等教育基础薄弱的国家推进高等教育大众化的经验及面临的问题。

高等教育体制改革和结构调整专题研究，在全面回顾 40 年来我国高等教育体制改革与结构调整过程的基础上，通过对中央和省两级管理体制的形成与完善、公办与民办多种办学体制并存的恢复与发展、高等教育双重体制机制的形成与突破、高等教育区域布局与类型结构调整等方面的研究，集中讨论了我国高等教育体制改革和结构调整问题。

高等教育质量建设与质量保障专题研究，在概述 40 年来高等教育质量观演变的基础上，以本科教育质量为核心，聚焦国家层面的高等教育质量工程（项目）和本科教学评估制度，介绍人才培养模式改革与一流本科教育建设的新进展及"五位一体"的本科教学评估制度的形成和发展，并对 40 年来我国高等教育质量保障的特征、经验进行了总结和反思。

中国特色世界一流大学建设专题，主要研究了世界一流大学建设的中国模式问题。通过对改革开放前我国的重点大学制度与改革开放后实施的"重中之重""211 工程""985 工程""2011 计划"，以及目前的"双一流"建设的回顾和对比分析，概括出我国建设世界一流大学的目的在于建设高等教育强国，为实现中华民族伟大复兴服务；坚持党的领导是我国建设世界一流大学的政治基石；坚持社会主义制度集中力量办大事是我国建设世界一流大学的制度优势；立足中国大地，广纳国际先进经验是我国建设世界一流大学应该遵循的基本策略。

关于中国高等教育体系的改革与完善，我们认为中国需要建设自己的世界一流大学，以增强高等教育的国际竞争力；同时也需要建设一个完善的国家高等教育体系，以发挥高等教育系统合力，满足经济社会发展需要和人民群众接受高等教育的需要。因此，我们从学术型与职业型高等教育的关系、中央和地方高等教育的关系、公办与民办高等教育的关系出发，来研究高等职业教育改革发展、新建地方本科高校转型发展、民办高等教育的改革发展等问题。

关于学位与研究生教育改革和发展，我们在回顾改革开放以来我国学位与研究生教育改革发展历程的基础上，将我国学位与研究生教育改革发展的主要成就概括为：建立并完善了学位与研究生教育体系，使我国步入了世界研究生教育大国行列，为科教兴国战略、人才强国战略、高等教育强国战略、创新驱动发展战略提供了重要支撑。通过概括学位与研究生教育改革发展的主要成就，总结了我国学位与研究生教育改革发展的基本特色和主要经验。

高等教育法制体系与法治化建设专题，全面系统地回顾了改革开放以来我国高等教育法治化的历程，集中讨论了我国高等教育法制体系建设与规范化办学问题。站在实现国家治理体系和治理能力现代化的高度，从依法治教和依法治校的角度出发，对实现我国高等教育治理法治化进行了展望。

高等教育对外开放和国际交流合作专题研究，在回顾 40 年来我国高等教育对外开放和国际交流合作历史进程的基础上，全面总结了我国高等教育对外开放和国际交流合作所取得的主要成就和经验，并且从全球化和高等教育深度国际化角度指出我国高等教育国际交流与合作的发展趋向。

第三部分为"总"，即第十一章。主要是从总体上概括高等教育改革发展的中国模式和中国道路。从 40 年来我国高等教育改革发展的实践出发，以"中国模式"作为概念工具，从理论层面总结高等教育改革发展的中国道路和中国经验，包括"有为政府"与"有效市场"兼顾的高等教育改革发展顶层设计，遵循"体制改革"与"政策创新"的根本路径，坚持"重点建设"与"省际竞争"的具体策略等。

（三）

本书先由我确定研究和写作思路，并拟出了比较详细的写作提纲。科学出版社先后在北京和南京组织了两次讨论会，最终确定了写作提纲。之后，我组织有关研究人员一边研究和写作，一边对写作提纲进行微调，最终形成了本书的框架和内容体系。

本书是全体撰稿人员集体努力的结果，从讨论到成稿，只有半年时间。大家克服各种困难，凝心聚力开展书稿研究和撰写工作。承担具体撰稿任务的情况如下：前言由我撰写；第一章由武汉理工大学教育科学研究院马廷奇教授和我共同撰写；第二章由南京师范大学教育科学学院王建华教授和博士研究生郭书剑合作撰写；第三章由我和华中科技大学教育科学研究院博士研究生梁彤合作撰写；第四章由重庆大学高等教育研究所蒋华林教授撰写；第五章由大连理工大学高等教育研究院苏永建博士撰写；第六章由中南民族大学教育学院胡炳仙副教授撰写；第七章由湖北大学教育学院李梦卿教授撰写；第八章由三峡大学高等教育研究所赵军教授撰写；第九章、第十章由武汉理工大学教育科学研究院马廷奇教授撰写；第十一章由南京师范大学教育科学学院王建华教授和博士研究生李海龙合作撰写。全书由我最后统稿，在统稿过程中，因受篇幅限制，我对有关章节的内容进行了大量删改和调整，并对部分观点进行了相应修正。

　　在写作过程中，我们参考和引用了国内外学者的相关研究成果，在此表示感谢。

　　本书的写作提纲和有关内容先后在北京和南京的讨论会上进行过讨论。感谢丛书总主编钟秉林教授的提携和指导，感谢其他各位分卷主编所提出的建议和意见。

　　本书的出版，得益于科学出版社的精心策划和组织，特别是责任编辑乔宇尚为此付出了辛勤劳动，在此一并表示感谢。

　　本书成稿时间短，加之我们水平和能力有限，不免存在不足和疏漏。希望得到专家学者和广大读者的批评指正。

张应强

2018 年 7 月 18 日于华中科技大学

目 录

第一章
改革开放 40 年我国高等教育事业的发展

　　我国的改革开放事业最早是从高等教育领域开始的。邓小平同志恢复工作后，主动向中央要求分管教育和科技工作，率先在高等教育领域领导和实施改革开放。在进行高等教育整顿，恢复高等教育基本秩序的基础上，从适应党的工作重心转移到经济建设上来和世界科技革命发展新趋势出发，设计了我国高等教育改革开放的路线图，我国高等教育由此进入改革开放新时期。本章将在回顾 40 年我国高等教育改革开放历程的基础上，全面总结 40 年来我国高等教育改革开放取得的历史性成就，概括改革开放 40 年我国高等教育改革发展的主要特征。

第一节　改革开放 40 年高等教育改革发展的基本历程

自 1978 年党的十一届三中全会开启我国改革开放进程以来，40 年春风化雨，人民生活实现了由贫穷到温饱，再到总体小康的跨越式发展。伴随着改革开放 40 年进程，我国高等教育秩序得到迅速恢复，实现了从精英教育到大众化教育，乃至普及化教育的跨越式发展，实现了从外延式发展向内涵式发展的适应性转变，成功开辟出一条中国特色社会主义高等教育改革与发展道路。

一、高等教育各项事业的恢复和整顿

党的十一届三中全会打破了"两个凡是"的束缚，解放了思想，为高等教育领域拨乱反正、正本清源打下了思想基础，高等教育事业从此实现了历史性转变，进入了恢复和发展阶段。1978 年上半年，中央在京分别召开全国科学大会与全国教育工作会议，邓小平提出："科学技术是生产力，这是马克思主义历来的观点……正确认识科学技术是生产力，正确认识为社会主义服务的脑力劳动者是劳动人民的一部分，这对于迅速发展我们的科学事业有极其密切的关系。"[①]要"提高教育质量，提高科学文化的教学水平，更好地为社会主义建设服务……我们要提高人民教师的政

---

① 邓小平. 在全国科学大会开幕式上的讲话（一九七八年三月十八日）. 邓小平文选（一九七五—一九八二年）. 北京：人民出版社，1983：82-97.

治地位和社会地位。不但学生应该尊重教师，整个社会都应该尊重教师。"①1978 年
8 月，教育部召开部属高校座谈会，广泛讨论如何加速高等教育发展、扩大高等
教育规模以促进社会经济建设等问题，中国高等教育振兴的大幕就此徐徐拉开。
1950—1988 年，国家召开了 3 次全国高等教育工作会议，反复强调深化改革、加
速发展、提高质量、提高效益等问题。

1. 恢复高考制度

"文化大革命"开始，高校招生考试制度首先被废止。1966—1969 年，我国
所有大专院校均停止招生，教师与学生被下放劳动，高等教育陷于全面瘫痪。"文
化大革命"结束后，教育改革如何进行和大学怎么办成为全社会关注的焦点。1977
年 5 月 24 日，邓小平在同王震、邓力群谈话时尖锐地指出："同发达国家相比，
我们的科学技术和教育整整落后了二十年。科研人员美国有一百二十万，苏联九
十万，我们只有二十多万，还包括老弱病残，真正顶用的不很多。"②此后，邓小
平主动向中央提出分管科技、教育工作。对于教育工作，包括大学招生制度等问
题，此时他已经有了比较成熟的思考和方案。

在正式决定恢复高考前，邓小平多次谈到科技和教育问题，提出了两条意见：
第一，高等学校招生要恢复文化考试制度。"要经过严格考试，把最优秀的人集
中在重点中学和大学。""不管招多少大学生，一定要考试，考试不合格不能要。
不管是谁的子女，就是大人物的也不能要，不能'走后门'。"第二，提倡高等学
校招生"两条腿"走路，允许高中毕业生直接上大学。1977 年 7 月 23 日，在同
张文峰、高勇谈话时邓小平指出："教育要两条腿走路，要有重点。大学要从工
农兵中招生，重点学校可以从应届高中毕业生中招生。"③8 月 1 日，他在听取方
毅、刘西尧汇报工作时指示："办教育要两条腿走路，学校可以搞多种形式，总的目
标是尽快地培养一批人出来……科技大学由科学院包下来，直接招生，军队院校由军
队包……一年准备，从明年开始两条腿走路，一半直接招生，一半从别的路子来，特

---

① 邓小平. 在全国教育工作会议上的讲话（一九七八年四月二十二日）. 邓小平文选（一九七五—一九八二
年）. 北京：人民出版社，1983：100-107.

② 邓小平. 尊重知识，尊重人才（一九七七年五月二十四日）. 邓小平文选（一九七五—一九八二年）. 北
京：人民出版社，1983：37.

③ 人民网. 邓小平：以教育战线作为改革开放突破口.（2018-12-06）[2018-12-31]. http://cpc.people.com.cn/
n1/2018/1206/c69113-30445951.html.

别是理工科。开学时间统一到秋季好。"①邓小平最初的想法是，1977年用一年的时间做准备，1978年正式恢复高考，生源一半是应届高中毕业生，一半来自社会，然后逐步走向正规。然而，就在他复出主持召开科学和教育工作座谈会期间，这个方案被提前实施了。

恢复高考的决策过程，始终是在邓小平的主持下进行的。1977年7月29日，邓小平提议召开一个科学和教育工作座谈会。按照要求，中国科学院和教育部分别在科学院系统和高等院校邀请了吴文俊、马大猷等33位专家学者，于8月4日至8日在北京饭店举行了科学和教育工作座谈会，邓小平自始至终主持座谈会。在邓小平引导下，提高教学质量、改革招生制度成为主要话题之一。当时，教育部全国高等院校招生工作会议刚刚结束，已经形成了1977年高校招生方案。该方案的招生方式依然沿袭"自愿报考，群众推荐，领导批准，学校复查"的原则。邓小平最初"同意今年的招生基本上还按原来的办法"，但在座谈会上，武汉大学化学系副教授查全性发言强烈要求立即改进大学招生办法，引发了热烈讨论。与会者纷纷发言，赞同"一定要当机立断，只争朝夕，今年能办的就不要拖到明年去办"的意见，建议党中央、国务院下大决心改革现行招生制度。邓小平当场决断："今年就开始改，不要等了。"8月8日，邓小平在科学和教育工作座谈会总结发言中明确宣布："今年就要下决心恢复从高中毕业生中直接招考学生，不要再搞群众推荐。从高中直接招生，我看可能是早出人才、早出成果的一个好办法。"②

1977年8月13日至9月25日，教育部在北京召开全国高等学校招生工作会议。各省、自治区、直辖市文教办或教育局和招生办公室的负责人，国务院有关部委和少数高等学校的代表共80余人参加了会议。由于当时正在举行党的十一大，"两个凡是"思想还有较大市场，在要不要废止群众推荐、恢复高考招生制度，以及如何看待"文化大革命"前17年教育路线"两个估计"等问题上，与会者争论不休。9月19日，邓小平召集教育部部长刘西尧等人谈话，严肃提出"教育部要争取主动。你们还没有取得主动，至少说明你们胆子小，怕又跟着我犯'错误'"。"你们要放手去抓，大胆去抓，要独立思考，不要东看看，西看看。把问

---

① 人民网. 邓小平与恢复高考. （2007-10-18）[2018-12-31]. http://edu.people.com.cn/GB/8216/85218/6398001.html.

② 人民网. 邓小平与恢复高考. （2014-03-07）[2018-06-20]. http://dangshi.people.com.cn/n/2014/0307/c85037-24559282.html.

题弄清楚，该怎么办就怎么办。该自己解决的问题，自己解决；解决不了的，报告中央。教育方面的问题成堆，必须理出个头绪来。现在群众劲头起来了，教育部不要成为阻力……你们起草的招生文件写得很难懂，太繁琐……总之，招生主要抓两条：第一是本人表现好，第二是择优录取……办事要快，不要拖。"①几天后，招生工作会议结束，新的招生文件基本定稿。

1977 年 10 月 12 日，国务院批转了《关于 1977 年高等学校招生工作的意见》，规定从 1977 年起，高等学校招生制度进行改革，恢复统一考试制度。11 月 3 日教育部、中国科学院联合发出《关于 1977 年招收研究生的通知》，研究生招生工作开始恢复；1978 年国务院批转了教育部《关于 1978 年高等学校和中等专业学校招生工作的意见》。1977 年共有 570 万名考生参加高考，录取 27.3 万人；1978年有 610 万名考生参加高考，录取 40.2 万人。②恢复高考招生制度，重新确立了选拔人才的公平竞争原则，调动了亿万青年学习知识的积极性，振奋了广大教师的精神，在教育界乃至全国调动了学科学、学文化的积极性。

2. 恢复派遣留学生工作

1966 年 6 月 30 日，中央人民政府高等教育部（以下简称高等教育部）下发了《关于推迟选拔、派遣留学生工作的通知》，提出为使拟出国留学人员"在无产阶级'文化大革命'的斗争中进一步得到锻炼和提高，经请示中央批准，今年选拔、派遣留学生的工作决定推迟半年进行"。虽然 1973 年和 1974 年中华人民共和国外交部（以下简称外交部）、国务院科教组先后向有关方面呈递了《关于1973 年接收来华留学生计划与留学生工作若干问题的请示报告》，以及《关于改进和加强出国留学生选派、管理工作的请示报告》，但"文化大革命"期间，我国向海外派遣留学生的工作基本中断，派遣留学生的数量极其有限。

这引起了邓小平同志的高度关注。1978 年 6 月 23 日，邓小平同志在听取清华大学校长兼党委书记刘达的工作汇报时，作出了关于扩大派遣留学生的重要指示："我赞成留学生的数量增大，主要搞自然科学。要成千成万地派，不是只派十个八个……这是五年内快见成效、提高我国科教水平的重要方法之一。"针对

---

① 邓小平. 教育战线的拨乱反正问题（一九七七年九月十九日）. 邓小平文选（一九七五—一九八二年）. 北京：人民出版社，1983：63-68.

② 陈至立. 改革开放二十年的我国教育. (2004-08-16) [2018-06-20]. http://old.moe.gov.cn/publicfiles/business/htmlfiles/moe/moe_90/200408/3161.html.

一些人的担忧，邓小平指出，"不要怕出一点问题，中国留学生绝大多数是好的，个别人出一点问题也没有什么了不起，即使一千人跑掉一百个，也只占十分之一，还剩九百个"。邓小平要求，"我们要从外语基础好的高中毕业生中选派一批到外国进大学。今年三四千，明年万把人。这是加快速度的办法"。①在邓小平讲话后不到 20 天，教育部就向国务院提交了《关于加大选派留学生数量的报告》。报告提出，立即选拔 3000 人派出留学，还对留学生管理机构、派出前的集训工作、回来后的工作安排都提出了建议。

此后，教育部（1985—1998 年为中华人民共和国国家教育委员会，简称国家教委）陆续与美国（1978 年）、英国（1979 年）、埃及（1979 年）、加拿大（1979年）、荷兰（1979 年）、意大利（1980 年）、日本（1981 年）、联邦德国（1981 年）、法国（1981 年）、比利时（1981 年）、澳大利亚（1986 年）等国政府达成派遣或交换留学生协议。1978 年以后的 10 年间，以公派生为主的留学生被派向世界上先进的美、英、日、德、法、比利时、加拿大，以及北欧的一些国家，每年派出数量为 3000 人。1985 年，国家取消了自费出国留学资格审核，从此，出国留学的大门完全打开。当时留学工作的方针是"广开渠道，力争多派"，留学生经过严格挑选后公费派出，这些留学生的回国一定程度上缓解了"文化大革命"后的人才断层危机。扩大派遣留学生是思想解放的标志性成果，是中国对外开放的开端，它打开了人们的眼界，激发了改革开放的活力。

3. 恢复和整顿教学工作

1978 年全国教育工作会议后，教育部印发了《关于做好高等学校专业设置与改造工作的意见》，提出了专业设置与改革的原则。教育部成立了高等学校专业调整办公室，向全国 89 位著名科学家、教授发函征求专业调整意见。各地、各校也进行了大量国内外高校专业设置情况调查。教育部于 1978—1979 年分别召开了文科、理科、工科等学科专业调整会议。为使高校的专业设置适应国家经济建设和社会发展的需要，教育部对学科比例进行了调整，其中财经、政法学科比例有较大上升。针对高等学校专业设置不规范，且过细过窄的情况（1978 年的专业类别为 810 种，1980 年突破 1000 种），从 1982 年开始，教育部首先从工程技术学科开始调整专业划分。1984 年修订的《普通高等学校本科专业目录》将工科

---

① 人民网. 邓小平与恢复高考. （2014-03-07）[2018-06-20]. http://dangshi.people.com.cn/n/2014/0307/c85037-24559282.html.

专业从 664 种减少到 255 种，适当放宽了一些专业的业务范围，统一了专业名称。

教育部先后恢复理科、工科各学科的教材编审委员会的组织和工作，将其逐步改为各学科教学指导委员会。这些委员会是 20 世纪 60 年代初期贯彻《中华人民共和国教育部直属高等学校暂行工作条例（草案）》（以下简称《高教六十条》）时由教育部部长聘任的几百名教授、科学家组成的教学咨询组织。这些委员会对于高校教学工作的恢复和整顿具有重大影响。从 1979 年开始，它们在审定高校专业目录、教学计划、教学大纲、教材建设计划，以及教材的编审、出版中发挥了重大作用。与此同时，与理、工、农、医、财经、政法、外语等有关的各业务部门及高校先后召开了各科类、各种形式的教学工作和教材工作会议，逐步审定并经教育部批准印发了各科类的教学计划、教学大纲，编审出版了大量教材。到 1984 年底，编审出版的教材达 6000 余种。

4. 建立了学位制度

1980 年第五届全国人民代表大会常务委员会（以下简称全国人大常委会）第十三次会议通过了《中华人民共和国学位条例》（以下简称《学位条例》），这是我国第一部经全国人大常委会批准的国家教育法律。《学位条例》颁布后，国务院学位委员会于 1980 年 12 月 1 日成立，该委员会依据《学位条例》对硕士、博士研究生教育制度进行了配套完善，先后颁布了《国务院学位委员会关于审定学位授予单位的原则和办法》（1981 年 2 月 24 日）、《中华人民共和国学位条例暂行实施办法》（1981 年 5 月 20 日）。其后，教育部据此对《高等学校培养研究生工作暂行条例（草案）》进行了修订和补充，颁布了一系列补充规定和通知。1978 年 10 月 11 日，中国社会科学院研究生院成立；1978 年 10 月 14 日，中国科学技术大学研究生院成立。在这些制度保障下，研究生教育取得长足进展。

1978 年报考研究生的人数达 65 000 人，210 所高等学校和 162 个科研机构总共录取了硕士研究生 10 708 人，突破招生计划 1000 余人。[①] 1981 年 11 月，国务院批准首批博士学位授予单位 151 个，学科、专业点 812 个，指导教师 1155 人，其中高校占 70%；硕士学位授予单位 358 个，学科专业点 3185 个，其中高校占84%。[②] 1982 年开始招收博士研究生，1983 年 5 月 27 日，国务院学位委员会和北京市政府在北京人民大会堂联合召开博士学位和硕士学位授予大会，共授予 18

---

① 《中国教育年鉴》编辑部. 中国教育年鉴：1949—1981. 北京：中国大百科全书出版社，1984：629.
② 高奇. 中国高等教育思想史. 第 2 版. 北京：人民教育出版社，2001：410.

人博士学位。我国高级专门人才的培养，逐步走上基本立足于国内的道路，标志着学位制度建立和研究生教育取得决定性进展。

5. 落实知识分子政策，加强师资队伍建设

在 1978 年 3 月召开的全国科学大会上，邓小平同志发表了《在全国科学大会上的讲话》。他阐明了马克思主义关于科学技术在社会发展中的地位和作用的理论，旗帜鲜明地提出"科学技术是生产力……从事体力劳动的，从事脑力劳动的，都是社会主义社会的劳动者……正确认识科学技术是生产力，正确认识为社会主义服务的脑力劳动者是劳动人民的一部分，这对于迅速发展我们的科学事业有极其密切的关系……科学技术人才的培养，基础在教育。我们要全面正确地执行党的教育方针，端正方向，真正搞好教育改革，使教育事业有一个大的发展、大的提高……在人才的问题上，要特别强调一下，必须打破常规去发现、选拔和培养杰出的人才。"①他强调要尊重教师的劳动，提高教师的质量，提高教师的政治地位和社会地位。

在邓小平同志的倡导和支持下，一批知识分子的冤、假、错案得以纠正。1978年 11 月，中共中央组织部发出《中共中央组织部关于落实党的知识分子政策的几点意见》，强调对知识分子要正确估计；做好复查和平反冤案、假案和错案工作；要充分信任、放手使用知识分子；努力改善知识分子的工作条件和生活条件等。根据这一精神，高等学校首先开展了复查和平反冤、假、错案工作。同时，针对"文化大革命"期间教师职称评定工作停顿，新教师多缺乏严格教学和科研工作训练等情况，将"文化大革命"前评定和提升的教授、副教授、讲师、助教一律恢复职务，同时根据"坚持标准，保证质量，全面考核，择优提升"的原则分期分批开展教师职称评定工作。1979 年 11 月 27 日，教育部发布《关于高等学校教师职责及考核的暂行规定》，明确了助教、讲师、副教授和教授的职责和考核依据，将政治表现、业务水平和工作成绩作为考核主要内容。另一方面，采取脱产进修、重点补课、教学实际锻炼等方式，提高新教师的水平，对部分无法任教的教师安排转岗。

---

① 邓小平. 在全国科学大会开幕式上的讲话（一九七八年三月十八日）. 邓小平文选（一九七五—一九八二年）. 北京：人民出版社，1983：82-97.

二、高等教育加快发展与改革探索时期

1982 年召开的党的十二大确定了至 20 世纪末实现国民生产总值比 1980 年"翻两番"的总目标，教育和科学被明确为经济发展的战略重点。1983 年，国务院批转了教育部、中华人民共和国国家计划委员会（以下简称国家计委）《关于加速发展高等教育的报告》。1983 年 5 月，教育部召开的第二次全国高等教育工作会议指出：高等教育工作的根本指导思想是从中国实际出发，走自己的道路，努力为社会主义现代化建设服务，逐步形成具有中国特色的社会主义高等教育体系。会议确定继续贯彻"调整、改革、整顿、提高"的方针，重点讨论了加快高等教育发展问题，提出要依靠老校挖潜，适当扩大规模。

1985 年发布的《中共中央关于教育体制改革的决定》，对高等教育改革发展进行了顶层设计，确定了高等教育改革和发展的战略，拉开了新时期高等教育改革探索的序幕。该决定提出到 20 世纪末，"建成科类齐全，层次、比例合理的体系，总规模达到与我国经济实力相当的水平；高级专门人才的培养基本上立足于国内；能为自主地进行科学技术开发和解决社会主义现代化建设中重大理论问题和实际问题做出较大贡献"的改革发展总目标。该决定要求改变政府对高等学校干预过多的管理体制，扩大高等学校的自主权；改革高等学校的招生计划制度和毕业生分配制度；改变科类比例及专科、本科比例不合理状况。该决定是与我国经济体制和科技体制改革相配套的纲领性文件，对促进高等教育改革发展具有重要的意义。

党的十三大后，国家教委于 1988 年初召开了第三次全国高等教育工作会议。会议对十一届三中全会以来高等教育取得的成绩进行了总结，充分肯定了九年来高等教育改革发展取得的历史性成就。会议还提出了高等教育进一步改革发展的目标：①把培养符合社会主义建设需要的人才作为高等学校的主要任务，高等学校要努力向社会输送大批素质优良的人才；②把竞争机制引入高等学校；③高等学校要根据社会的需要，在不同层次上办出特色和水平；④进一步发挥高等学校的办学潜力，提高办学效益；⑤积极开展各种形式的社会服务；等等。

这一时期高等教育的改革与探索，主要在以下方面：①高校逐步获得一定的办学自主权。国务院发布的《高等教育管理职责暂行规定》明确了中央部门和地方政府对高校的管理职责和权限；国家教委发布的《普通高等学校设置暂行条例》

规定了各类高校办学的基本标准和条件。在这些国家方针、政策的指导下，高等学校具备了一定的办学自主权，开始自主开展联合办学，接受委托培养，自主分配部分毕业生；自行调整专业服务方向，制订教学计划和教学大纲，编写和选用教材。②国家教委开始进行教育质量评估，并组织了课程、专业和学校水平评估的试点工作。1988年，国家教委出台了《关于加强普通高等学校本科教育工作的意见》，提出了深化本科教育教学改革的十条措施。③从1982年开始，教育部（国家教委）着手全面修订文、理、工、农、医等各类本科专业目录，这是第二次由国家组织进行的普通高等学校本科专业目录调整。这次专业目录修订和专业整顿，推进了专业名称的科学化、规范化，使专业口径得到了一定程度的拓宽，恢复和增设了一批财经、政法类专业。到1987年底，专业调整到671种。1989年国家教委着手第三次本科专业目录的修订工作，历时四年多，在前两次修订工作的基础上，进一步拓宽专业口径和专业范围，调整、归并了一批专业。1993年7月正式颁布的《普通高等学校本科专业目录》中，规定专业设置为504种，专业种类比修订前有了大幅减少。④进行招生、毕业生分配制度改革。教育部根据经济体制改革和教育体制改革的要求，缩小了毕业生国家计划分配的范围，扩大了办学部门、地方和学校分配毕业生的自主权，实行多渠道的分配办法，即地方院校毕业生全部由地方制定计划进行分配；中央业务部门所属院校的毕业生，国家根据需要抽调一部分在中央部门之间进行调剂；其余由主管部门按行业进行分配。国家编制计划直接分配的毕业生，主要用于加强重点、调剂质量和保证某些特殊需要，并适当照顾薄弱部门和边远省区。1985年，毕业生分配政策有了较大调整，如国家计划招生学生的毕业分配，"实行在国家计划指导下，由本人选报志愿、学校推荐、用人单位择优录用的制度"。1989年，国家教委所属院校，除少数试点院校实行由学校推荐、用人单位择优录用的"双向选择"外，其余大部分院校实行在国家分配方针政策指导下"供需见面"的分配办法，自下而上地编制分配计划。至此，高校毕业生分配制度改革在全国范围内铺开。

三、市场经济转型期的高等教育体制改革

1992年春，邓小平同志发表南方谈话。1992年10月召开的党的十四大确立了建立社会主义市场经济体制的改革目标。1992年11月，全国普通高等教育工作会议在北京召开。计划经济体制下形成的国家集中计划、中央部门和地方政府

分别办学并管理的高等教育体制，存在很多问题：政府对高等学校事务包得过多，统、管得过死；中央部门和地方政府分别办学造成"条块分割"，单科性、行业性学校过多，结构布局不尽合理，办学效益不高；教学上存在专业口径过窄、人文教育薄弱、培养模式单一、教学内容陈旧、教学方法过死等弊端；教学工作投入不足和教学质量局部滑坡；等等。针对这些问题，该会议提出：高等教育发展要坚持规模、结构、质量、效益协调发展的方针，坚持走以内涵式发展为主的道路；在高等教育改革中，教育思想和教育观念改革是先导，体制改革是关键，教学改革是核心，适应社会主义市场经济体制和社会发展的需要、提高教育质量和办学效益是根本目标。1993 年初，中共中央、国务院颁布《中国教育改革和发展纲要》，进一步明确了高等教育改革和发展的目标、战略、方针和思路。

1. 办学体制改革

办学体制改革主要是改变单一的政府包揽办学的体制，解决好政府和社会之间的关系，目标是建立以中央和省（自治区、直辖市）两级政府办学为主体、社会各界参与共同办学的新体制和新格局。在计划经济体制下，政府包揽了整个教育事业。随着经济体制向社会主义市场经济体制转轨，确立了以公有制为主体、多种所有制经济共同发展的目标。1993 年颁布的《中国教育改革和发展纲要》提出，改变政府包揽办学的格局，逐步建立以政府办学为主体、社会各界共同办学的体制。随着改革的深化，各地开展了办学体制改革的试验，逐步突破了单一政府包办的教育办学体制，办学主体呈现多元化趋势。这一时期，各地纷纷借鉴民办教育的管理经验，结合实际对传统公办学校办学体制进行改革，公办学校在办学体制上逐步出现一些探索性尝试。1992 年，四川省出现了改革开放以来第一所正规的民办学校，引起了全国教育界的广泛关注。此后，经过几年的发展，初步形成了以公办为主，民办、民办公助、与境外合作办学等多种形式为辅的办学新格局。

2. 管理体制改革

管理体制改革是高等教育改革的重点和难点，主要解决三个方面的问题：条块关系问题、中央与地方的关系问题、政府与学校的关系问题。解决途径以"共建、划转、合并、合作办学和参与办学"为主。1985 年颁布的《中共中央关于教育体制改革的决定》提出要对高等教育管理体制进行改革。1995 年国务院办公厅转发的《关于深化高等教育体制改革的若干意见》中提出，要着重抓好高等教育管理体制改革。改革的目标是：争取到 2000 年或稍长一点时间，基本形成举办者、管理者和办学者职责分明，以财政拨款为主多渠道经费投入，中央和省、自治区、直辖市人民政府两级管理、分工负责，以省、自治区、直辖市人民政府统筹为主，条块有机结合的体制框架。1994 年在上海、1995 年在南昌、1996 年在北戴河、1998 年在扬州，国务院办公厅相继召开了四次高等教育管理体制改革座谈会，进行总结和探索，提出了五种改革形式，即"共建""合作""合并""协作""划转"，推动了全国高等教育管理体制改革的深化。1998 年 1 月在扬州召开的全国高等教育管理体制改革经验交流会上，明确提出了"共建、调整、合作、合并"的管理体制改革八字方针，形成了中央和省级政府两级管理、分工负责，以省级政府统筹为主，条块有机结合的体制。通过高等教育管理体制改革，初步建立了一个适应社会主义市场经济的高等教育宏观结构和新型高等教育管理体制的框架。

3. 投资体制改革

这方面的改革主要是改变高等教育经费单一依靠国家拨款的局面，建立以国家财政拨款为主、多渠道筹措高等教育经费的新体制，征收用于教育的税费、收取非义务教育阶段学生的学杂费、校办产业收入、社会捐资集资和设立教育基金等。同时，改革高等学校的财政拨款机制，将"按人头拨款"转变为"教育基金制"，针对不同层次和类别的高校，实行不同的拨款标准和拨款办法，充分发挥拨款的宏观调控作用。

4. 招生、收费和毕业生就业制度改革

通过"两个计划相结合"（即"国家任务计划和调节性计划"）的过渡，建立了招生宏观调控机制；通过"供需见面和一定范围内双向选择"的过渡，建立了毕业生"面向人才市场、自主择业的新就业制度"；通过"双轨并存"（公费和自费）和"招生并轨"改革，确立了大学生缴费上学制度。从 1994 年开始，在 46 所高校进行"招生并轨"改革试点取得成功经验后，改革力度连续三年加大；到 1997 年，全国已有的 1000 多所普通高校全部实行并轨，所有普通高等学校的"招生并轨"工作顺利完成，实现了普通高等学校学生缴费上学，此后逐步建立和完善了奖、贷、助学金及特殊困难补助制度。

5. 高校内部管理体制改革

高校内部管理体制改革优化了高等学校内部管理体制，提高了管理水平；积极推进了高校人事制度和分配制度改革，在合理定编的基础上，对教职工实行岗位责任制和聘任制，在分配上按工作实绩拉开差距；通过政策导向、思想教育和物质激励相结合，打破了平均主义，调动了教职工的积极性，促进了学校内部运行机制的转换和办学水平、办学效益的提高，增强了高校主动适应社会的能力，形成了高校"自我发展、自我约束"的机制。

四、高等教育大众化发展时期

1999 年 6 月，党中央、国务院召开的改革开放以来的第三次全国教育工作会议，明确了高等教育大发展的基本思路，即为增强国力和国际竞争力，迎接 21世纪的机遇和挑战，必须把教育放在优先发展的战略位置；扩大现有普通高校和成人高校的招生规模，尽可能满足人民群众接受高等教育的需求，保证教育适度优先发展。1999 年 6 月，中共中央、国务院发布《中共中央国务院关于深化教育改革，全面推进素质教育的决定》，重申"扩大高中阶段教育和高等教育的规模，拓宽人才成长的道路，减缓升学压力。通过多种形式积极发展高等教育，到 2010年，我国同龄人口的高等教育入学率要从现在的百分之九提高到百分之十五左右"。上述政策文件的制定与会议的召开，为我国高等教育迅速扩张奠定了政策与思想基础。1999 年全国高校普通本专科实际招生规模为 159.68 万人，比 1998年增加 51.32 万人，增幅达 47.4%。2000 年和 2001 年继续扩大招生，使得我国高等教育规模迅速扩张，高等学校在校生总规模从 1998 年的 643 万人，增加到 2001年的 1214 万人，净增 571 万人，四年间几乎翻了一番。2003 年达到 1900 多万人，高等教育毛入学率达到 17%，进入了大众化发展阶段。

高等教育扩大招生推动了高等职业教育的发展，高等教育层次结构得到了优化。2005 年，全国普通高等学校共计 1792 所，与 1998 年相比，共增加普通高等学校 770 所，其中本科院校 111 所，专科层次学校（含职业技术学院）659 所；高等职业学校比 1998 年增加了 8.11 倍。2007 年全国高等职业教育招生 284 万人，比 1998 年增长了 6 倍，在校生达到 860 万人。同时，高等教育扩招优化了高等学校的布局结构。扩招期间，新建了许多地市级高校，促使高等学校布局重心下移，给许多地市带来了发展机遇，有利于城市化建设的进程。1999—2000年，教育部备案的地市级高校增加了110多所，占全国新增高校总数的50%。[①]

高校扩招推动了高等教育办学体制改革，多元化、社会化办学模式得到试验和发展。例如，采用"新机制"快速发展起来的"二级学院"，其性质由"国有民办"在实践探索中演变为"独立学院"，办学主体包括政府、企业和民间机构等，其投入、经营和管理实现了多元化，挖掘了高等学校的潜力，吸引了社会资金对教育的投入，扩大了民办高等教育的规模。1998年，全国由社会力量举办的具有颁发大学本科毕业文凭资格的民办高校仅有16所；到2008年，全国有民办高校640所（含独立学院322所），在校生401.3万人。

当然，随着我国高等教育快速进入大众化发展阶段，有些问题扩招以前就在部分高等学校中存在（如学科专业结构问题），有些问题则是扩招引起的（如银行贷款、教师负荷等问题），这些问题实际上是高等教育的规模、结构、质量和效益之间存在矛盾的表现，有些是发展过程中必然出现的问题，只能通过发展来解决：①大学毕业生就业问题随着待业规模的扩大而演变为社会问题，引起了社会各方面的高度关注。②高校师资不足，教师负担过重。扩招后，教师教学和管理的对象骤然增加，许多教师在工作中疲于奔命；同时，扩招期间高校补充了大量青年教师，教师之间的竞争加剧。③高等学校面临债务风险。中国社会科学院发布的《2006年：中国社会形势分析与预测》显示，2005年以前，我国公办高校向银行贷款总额达1500亿~2000亿元，几乎所有的高校都有贷款。毋庸讳言，这也是高等教育快速扩张所产生的必然现象，以及高等教育发展过程中所要付出的代价。

2010年《国家中长期教育改革和发展规划纲要（2010—2020年）》颁布实施。该规划纲要关于高等教育改革方面的规定主要有：①提升人才培养质量，在全国若干所高校实施"基础学科拔尖学生培养试验计划"（以下简称"拔尖计划"），即"珠峰计划"；②"211工程""985工程"建设由重点支持学校向着重点支持学科转向，提出建设一流大学同时建设一流学科的要求；③在招生制度方面，倡导克服一考定终身的现行招生制度弊端，探索新型招生录取方式，着重考查学生综合素质，避免"唯分数论"；④在体制改革方面，推进高校去行政化，增强高校办学自主权，大力支持民办教育发展，促进高校管办评分离，加大省级政府对于高等教育的统筹管

---

① 改革开放30年中国教育改革与发展课题组. 教育大国的崛起：1978—2008. 北京：教育科学出版社，2008：195-196.

理权等。①可以说，这一规划纲要的颁布实施，标志着我国高等教育由以规模扩张为核心的外延式发展向以提升质量为核心的内涵式发展转变。

第二节 改革开放 40 年高等教育改革发展的主要成就

改革开放以来，我国坚持改革开放的基本国策，高等教育改革与发展取得了辉煌成就，积累了极其宝贵的实践经验。高等教育发展进入新时代，总结高等教育改革与发展的历史成就，正视存在的现实问题，有利于探索未来高等教育改革发展之路。

一、高等教育大众化与高等教育体系建设

高等教育规模的扩张必然伴随着高等教育结构与体系的变革，高等教育结构与体系的变革为高等教育规模扩张提供了必要的制度支撑。高等教育大众化，其外在特征是高等教育规模扩张，内在特征则是高等教育结构与体系变革。在大众化进程中，我国高等教育结构与体系正经历着深刻的变革。②可以说，这种变革是我国高等教育改革与发展的缩影。当前，我国高等教育在适应社会经济发展及大规模发展的过程中，已经形成了比较完善的结构体系。

1. 教育层次结构的现状与发展趋势

经过多年的改革和发展，我国已经形成了比较完备的高等教育层次结构体系，高层次人才培养已基本上能立足于国内。特别是 1999 年以来，我国高等教育开启了大众化进程，普通高等学校在校本科、专科、研究生人数大幅增长，高校的办学潜力得到充分发挥，办学效益大幅度提高，层次结构也发生了明显变化。在 2000 年前，由于成人高等教育主要以专科学历为主，在全国高等教育在校生

---

① 李硕豪，陶威. 我国高等教育改革历程回顾与建议. 现代教育管理，2017（3）：1-9.
② 潘懋元，肖海涛. 中国高等教育大众化结构与体系变革. 高等教育研究，2008，29（5）：26-31.

中，专科生所占的比例远远大于本科生。1994 年，专科生占在校生总数的比例最高，达到 64.52%。从 1995 年开始，普通高校本科在校生比例迅速上升；2004 年，本科生的比例首次超过专科生；2006 年，本科生比例已经达到 48.67%。在高等教育在校生中，研究生比例一直比较低。1978 年，研究生为 1.07 万人，占全国高等教育在校生总数的 0.8%，2006 年已达到 4.65%。[①]

我国高等教育大众化的任务，主要是发展专科层次的高等职业技术教育，以培养我国经济社会发展急需的各种高级技能型专门人才。根据《中华人民共和国国民经济和社会发展第十一个五年规划纲要》，2006—2010 年我国需要培养专科层次的高级技能型人才 1100 万人。本科教育是普通高等教育的基础，在高等教育层次结构中处于承上启下的重要位置。本科教育的主要任务是为社会培养具有专门知识和技能的应用型高级专门人才，同时也为研究生教育层次输送优秀生源。因此，创新本科人才培养模式、深化教学改革、提高本科教育质量，是当前我国学术型高校面临的主要任务。当然，研究生教育也要继续发展，但是应当稳步地、持续地发展。研究生是高等教育体系中的高精尖专门人才，不可能也不必要大众化。[②]今后，我国高等教育发展要在不断调整高等教育类型结构的前提下，根据现代科技进步、学科分化和经济结构的变迁，不断优化与调整高等教育的层次结构。

2. 学科结构的现状与发展趋势

在高等教育大众化过程中，高等教育学科结构也出现了比较明显的变化，突出表现在两个方面：一是文科与理科的比例关系；二是基础学科与应用学科的比例关系。长期以来，由于计划经济模式对人才规格的要求，以及整个社会经济发展所处的工业化阶段的需要，"重理轻文"现象较为严重，理科的规模远远超出文科的。1998 年理科和文科学生数的比例是 1.64∶1，理科规模明显超出文科；2004 年，这一比例为 1.07∶1，文、理科布局不均的现象在大众化过程中得到了比较明显的改善。同时，在大众化过程中，基础学科与应用学科之间的比例结构也得到了一定程度的优化。1998 年二者的比例为 1∶2.88，2004 年达到 1∶2.98。虽然变化并不显著，但还是可以看到应用学科的比例呈上升趋势。我国在经济转型和产业结构升级过程中，急需大量应用型人才。因此，在教育规模总体进一步扩大的过程中，应将

---

① 中国高等教育学会. 改革开放 30 年中国高等教育发展经验专题研究. 北京：教育科学出版社，2008：360.
② 吴丽卿. 关于我国高等教育层次结构调整的思考. 大学教育科学，2007（3）：34-37.

高校扩招的重点放在工、农、经管等应用学科的新型专业上，同时瞄准高新技术、围绕新兴产业进行学科专业的改革和调整。从社会发展趋势来看，发展应用学科是我国高等教育在学科专业结构优化与调整中必须关注的重要问题。

3. 高校结构的现状与发展趋势

高等教育大众化过程也伴随着不同类型高等教育机构的调整过程。总体而言，我国高等教育大众化主要是通过正规高等教育系统的扩张来实现的，体现了较为明显的"结构复制"特征。同时，在高等教育规模扩张中，地方性高等学校规模显著扩大，而部属高校和重点高校基本上保持原有规模。这就是说，我国高等教育大众化的任务主要是由大量的地方高校来承担的。20 世纪 90 年代后期的高教管理体制改革与高校布局结构调整实现了高校优势互补，调动了中央、地方及社会各界参与办学的积极性，密切了高校与区域经济社会发展的联系，使高校办学效益明显提高，为高等教育大众化提供了有效支撑。但我们也必须认识到，我国经济社会发展水平总不平衡，必然造成高等教育的非均衡发展及高等教育结构体系的分化。从较为理想的状态而言，不同层次、不同种类、不同形式的高等教育都应该得到有效发展。从教育层次来看，高职高专、教学型本科院校、教学研究型大学、研究型大学应该各安其位，发展自身的优势与特色；从人才培养规格来看，应建立不同层次和类型的学校体系；从办学形式来看，社会力量办学是高等教育大众化进程中的一支重要力量，各种营利和非营利的社会性高等教育机构也应得到发展。

4. 高等教育经费结构与民办教育发展

高等教育大众化发展是以高等教育的高投入为前提的。据统计，2000 年以前，财政拨款在中央与地方高校总经费中所占比例基本相近，自 2000 年开始，地方高校的这一比例与中央高校相比开始下降。1994 至 1996 年，中央和地方高校间生均教育经费支出差距逐渐缩小；但从 1997 年开始这一差距迅速扩大，尤其是在管理体制改革力度较大的 1998 年，差距更是比前一年扩大了 54.77%。从绝对数来看，1994 年中央高校生均教育经费支出是地方高校的 1.28 倍；到 2001 年已增长为 2.01 倍。两类高校之间经费差距快速扩大的原因，除了国家对中央高校的经费政策倾斜和地方财政能力有限之外，还在于 1999 年开始的高校扩招及地方高校在多渠道筹资方面的局限性。另外，地方高校在规模迅速扩大的同时，教育经费——尤其是预算内教育经费拨款并未出现相应程度的快速增长，加之其他经费来源渠道有限，造成两类学校经费差距迅速拉大。[①]2005 年，我国教育经费中财政性经费占 GDP 的比例为 2.82%，仍然处于世界不发达国家的水平。因此，在政府投入严重不足的情况下，如何拓宽经费来源渠道是我国高等教育大众化发展的一个重要课题。

经过 40 年的发展，我国民办高等学校不仅在数量上达到了相当规模，在质量上也逐步得到社会的认可，形成了一定的结构、层次和办学特色，逐步成为我国高等学校的重要组成部分。2016 年，全国普通高校共 2596 所，其中，民办高校 742 所（含独立学院 266 所），占全国普通高校总数的 28.58%。从民办高校招生规模和在校生规模来看，2002—2016 年，民办高校招生数、在校生数持续增长。以 2016 年为例，全国民办普通本专科招生 181.83 万人，占全国普通本专科招生 748.61 万人的 24.29%；全国民办普通本专科在校生 634.06 万人，占全国普通本专科在校生 2695.84 万人的 23.52%。[②]

二、高等教育体制改革与发展机制创新

改革开放 40 年来，我国高等教育取得了跨越式发展，为适应经济社会发展需要创造了条件。在过去多年的改革实践中，我们已经初步确立了与社会主义市场经济相适应的高等教育新体制，构建了高校与政府、社会，以及高校之间的新型关系。新型高等教育体制有效运行的基础是架构起政府宏观管理、市场适度调节、社会广泛参与、学校自主办学的高等教育发展机制，并且形成保障这种新体制运行的有效机制。[③]

1. 高等教育体制的适切机制

高等教育体制改革不是孤立的产物，而是社会发展的需要，特别是适应改革开放后经济体制变化所带来的新形势的需要。①高等教育体制改革要适应社会主义市场经济体制的需要。在我国原来的高等教育管理体制下，所有的高等学校都被置于

---

① 刘彦伟，胡晓阳. 20 世纪 90 年代中后期我国普通高等教育经费来源结构的变动. 高等教育研究，2005，26（6）：34-39.

② 教育部. 2016 年全国教育事业发展统计公报.（2017-07-10）[2018-03-21]. http://www.moe.edu.cn/jyb_sjzl/sjzl_fztjgb/201707/t20170710_309042.html.

③ 谈松华. 体制创新与高教改革. 中国高等教育，2002（5）：28-30.

政府之下，反映了为部门和产品经济服务的特点。社会主义市场经济体制改革给高等教育体制带来深刻的变革，经济发展不再主要由行业、部门按条块来规划和组织，而是由区域来规划和组织。②高等教育体制改革要满足科学技术发展的需要。长期以来，部门所属高校培养的人才主要是为本部门服务，专业面越来越狭窄。而社会的发展，特别是知识经济的产生对人的复合性、适应性要求越来越高，迫切需要改变这种人才知识结构不合理的状况。因此，体制改革一个很重要的原因就是要加强学科交叉和综合性，提高办学质量。③高等教育体制改革要有利于增强高等学校的办学活力。高等教育管理体制改革一个很重要的目的就是增强高等教育的活力。《中共中央关于教育体制改革的决定》明确指出，"政府有关部门对高等学校统得过死，使学校缺乏应有的活力"，因此要"简政放权"，一是扩大学校的办学自主权，二是调动各级政府办学的积极性；《中国教育改革和发展纲要》进一步明确指出，要"进行高等教育体制改革，主要是解决政府与高等学校、中央与地方、国家教委与中央各业务部门之间的关系，逐步建立政府宏观管理、学校面向社会自主办学的体制"。④高等教育体制改革要适应国家对国民经济运行行政管理改革的需要。随着社会主义市场经济体制的建立和国家机构改革的深化，中央政府部门的机构设置和职能发生了重大变化，一些部门进行了撤并调整，政府部门管理经济和企业实行"政企分开"。在这种背景下，高等教育管理体制需要作出相应的调整。

2. 政府宏观管理机制

由于长期受计划经济体制的影响，我国高等教育在很大程度上仍然保持了以国家办学和政府管理为主的教育体制，高等学校主动适应社会、依法自主办学的体制还没有真正形成，高校自律意识还不够强，自主发展的能力还不够高，高等学校的教学、科研等与社会需求之间的协调程度还有待进一步提高。面对高等教育规模不断扩大，多样化趋势迅速扩展，高等教育多格局办学的形势已日趋明显。为此，必须在继续巩固和完善以中央与地方两级办学为主的体制的同时，积极推进政府宏观管理机制的创新。

（1）国家教育行政主管部门应重点管理和支持一些体现国家水平的高水平研究型大学和特色型大学，鼓励它们冲击国际先进水平，为推进国家整体科技进步及区域经济和社会发展服务。绝大多数本科院校应由地方财政支持，纳入地方管理，为地方服务，促进地方科技、经济、社会的发展，成为地方科技创新与人才培养的主力军。特别是随着地方经济实力的不断增强，区域经济一体化趋势日趋明显，高等教育管理的重心要逐步降低。

（2）各级教育行政主管部门应切实担负起所有类型高等教育的管理和支持责任，改变重视公办教育、轻视民办教育的管理倾向；强化政府代表国家和社会管理高等教育的责任，为各类高等教育的发展创造公平的发展环境；要加大对民办高等教育的管理和指导力度，积极研究、总结按照新机制、新模式举办的独立学院（二级学院）、大学城、网络学院、软件学院等新型教育形式的办学规律，针对不同的教育形式，在管理模式、办学条件、师资队伍、教学管理等方面严格办学管理制度，规范其办学行为，强化管理规范和质量标准的约束，有效保护受教育者的权利和利益。

（3）国家教育行政管理机关应积极研究和探索职能的转变，由管"学校"向管"教育"转变。各级教育行政主管部门应逐步减少对其所属学校的直接管理，更加注重对"教育"的管理，重点加强对教育的宏观调控和政策指导。政府管理教育的着眼点应从学校的办学和管理，逐步转向教育的效果和社会影响，更加关注"受教育者"的学习、成才，以及权益保护。

（4）政府应积极推进管理模式创新。由于长期受计划经济体制的影响，政府教育行政管理部门习惯于用计划手段和行政审批方式直接管理教育事业，不习惯用法律的、经济的、政策的、信息的方式实行宏观调控。这里既有思想观念和行为习惯的原因，也有利益分配的因素影响，涉及市场经济条件下政府职能和政府行为的法律规范问题。法律既保证政府有力地行使其职能，又制约政府的行为，有利于政府职能的明确界定。政府管理高等教育基本原则是：凡属市场调节的领域，政府主要规范市场运作，发挥市场的调节作用；凡属市场不起作用的领域，则政府进行行政管理。政府是行政机构，高等学校是教学和学术机构，两者的活动内容与方式不同。因此，政府管理高校应遵循教育规律与学术规律，进行宏观管理和间接管理。

3. 高校自主办学机制

确定高等学校的法人资格、给予高校充分的办学自主权是高等教育体制改革的重要内容，也是近年来高等教育发展始终充满活力的重要原因。我国高校的法人地位是逐步明确的。[①]从法律条文来看，1995 年制定的《中华人民共和国教育法》明确规定："学校及其他教育机构具备法人条件的，自批准设立或者登记注

---

① 孙霄兵. 高等教育体制改革的历史成就及其发展方向. 中国高等教育，2008（15）：35-38.

册之日起取得法人资格。"1998 年颁布的《中华人民共和国高等教育法》规定："高等学校自批准设立之日起取得法人资格。高等学校的校长为高等学校的法定代表人。高等学校在民事活动中依法享有民事权利，承担民事责任。"但在具体的实践过程中，高等学校法人地位及办学自主权的实现还必须有管理机制的支撑。因为只有在政府宏观管理、市场适度调节和社会广泛参与的前提下，学校才能真正依法自主办学。在学校作为政府附属机构接受指令性行政管理的条件下，学校的办学自主权是不完整和不充分的，也是很难付诸实施的。而在政府转变职能之后，如果没有市场的规范运作和社会参与，学校也很难形成自我发展和自我制约机制，真正实现自主办学。因此，学校自主办学能不能变为现实，将取决于学校内部是否能建立起符合教育规律，并主动适应和促进经济和社会发展与变革的运行机制，这种机制需要一整套组织、制度，以及运作系统与程序。

（1）校内决策与校外参与。学校自主办学必然要求同社会保持密切的联系，以适应不断发展和变化的时代要求。学校的发展只有在满足社会需求的条件下，才有广阔的前景；学校的特色，只有在为社会服务的实践中才能逐步形成；学校的质量与水平，也只有得到社会的检验和确认，才能经得起时间的考验。随着大学越来越成为现代社会的"轴心机构"，其生存与发展更是同社会发展息息相关，更加需要广泛的校外参与。

（2）行政权力与学术权力的平衡。高等学校作为一种学术机构，它的主要活动领域是与学术相关的，因此要注意发挥专家、学者等专业人员在学校决策与管理中的重要作用；同时，学校行政管理的任务繁重复杂，需要一批熟悉教育规律和学校管理的行政人员从事行政管理。实践中，如何体现这两种人员与两种权力的结合，是体制创新的重要课题。

（3）集权管理与分权管理。在高等学校规模不断扩大，学科专业门类越来越多的条件下，学校实际上已经成为一个复杂的组织系统，管理层次相应增加，原先那种由校部直接决策与管理的体制已经不能适应新的发展需要了，实行集权与分权相结合的新体制是必然的选择。学校内部的权责分配，应按照学校规模的大小、科类的多少，以及校园的集中与分散等具体情况而有所区别。

4. 市场调节机制

市场在教育运行中的作用和政府与市场之间的相互关系，是高等教育体制改革的一个基础性问题。从适应计划经济体制向适应市场经济体制转变，就是要改变单一的政府行政计划主导教育运行的体制和机制，充分发挥市场在教育资源的配置、教育政策的实施，以及人才培养等方面的适度调节作用。所谓适度调节，一方面是指市场在一定范围和一定程度上对教育运行发挥调节作用；另一方面，这种调节作用必须在政府宏观管理和遵循教育规律的条件下实现。体制创新的重点是解决市场调节的领域与方式问题。就要素市场与教育运行的关系而言，劳动力市场、资金（资本）市场、技术市场对高等教育的影响更加直接，充分而恰当地发挥市场调节机制的作用，将会促进高等教育的体制改革与创新。就高等教育体制创新中的市场调节的重点而言，有以下几个领域。

（1）改变政府包揽办学的格局，不断扩大教育投资渠道，逐步建立以政府办学为主、社会各界共同办学的体制，是深化办学体制和投资体制改革与创新的主要内容。目前我国积极鼓励民办高等教育发展正是积极有效的途径之一。但在高等教育办学体制和投资体制上，市场准入的范围仍然过窄，还有很大的发展空间。可以通过鼓励社会各方力量举办民办高等学校、公办学校改制，以及各种形式的合作办学，从多方面吸纳社会资金投入高等教育。

（2）完善劳动力市场的运作是推进招生和就业制度改革，带动高等教育运行机制改革的关键。经过多年的招生和就业制度改革，指令性计划的作用已经减弱，但与劳动力市场相配套的社会保障制度、住房制度及医疗制度等方面的改革还没有到位，这对高校的招生就业制度改革必然产生影响，也对教育结构的多样化发展产生不利，因而日益成为影响教育体制改革与创新的主要因素之一。

（3）技术市场的发展对于高校的科学研究，尤其是研究成果的转化和产业化具有重要的促进作用。在高校科研中，基础性研究同市场之间并没有直接的关系；而大量应用性研究，从课题的选定到成果的转化和应用，如果脱离市场的实际需要，其研究经费和条件、成果的实际效益都会受到制约。因此，高校在科研管理体制、运作机制上，应把学术原则与市场机制有机结合起来。

三、高水平大学发展与重点学科建设

20世纪90年代以来，我国开始了新一轮高等教育重点建设，目标是建设具有世界高水平的学科和大学，重大政策措施是"211工程"、"985工程"和"双一流"建设。这些建设政策的实施，为我国建设若干所世界一流大学和一批世界一流学科发挥了重要作用，使学校办学实力明显提升，并有力地推动了我国高等教育的改革与发展及高等教育质量的提高。

（1）从办学条件来看，我国高水平大学建设的办学经费得到了有效落实，配套基础设施建设取得了长足发展。"211 工程"和"985 工程"所需建设经费采取中央、部门、地方和高等学校共同筹集的方式解决。1995—2005 年，"211 工程"共向高校投资 368.26 亿元，其中中央专项资金 78.42 亿元，部门配套资金 60.49 亿元，地方政府配套资金 85 亿元，学校自筹资金 144.35 亿元。在资金的使用安排上，用于重点学科建设的经费为 165.41 亿元，用于公共服务体系建设的经费为 71.05 亿元，用于师资队伍建设的经费为 24.09 亿元，用于配套基础设施建设的经费为 107.71 亿元。①在"985 工程"一期建设（1998—2001 年）中，中央专项资金共投入 140 亿元。2004—2007 年，"985 工程"二期建设中中央专项资金达 189 亿元。②据统计，通过"211 工程"专项经费投入，以及结合其他重大建设计划，"211 工程"学校单价 10 万元以上的仪器设备数量由 1995 年的 10 386 台（件）增加到 2005 年的 60 078 台（件）；20 万美元以上的仪器设备数量由 1995 年的 233 台（件）增加到 2005 年的 2125 台（件）；2005 年的仪器设备总值为 497.13 亿元，是 1995 年 92.98 亿元的 5.3 倍③。近年来，国家财政性教育经费逐年增长，2016 年我国财政性教育经费为 31 373 亿元，比上年增长 7.36%，国家财政性教育经费的投入连续五年超过 4%。随着"双一流"建设进入实施阶段，其中央专项资金、非专项资金，以及地方政府支持资金必将会有大幅增加。

（2）在科学研究水平方面，重点大学及其学科建设使学校科研水平和社会服务能力明显提升。1995—2005 年，"211 工程"学校承担了全国 1/2 的国家自然科学基金项目和"973 计划"（即国家重点基础研究发展计划）项目，1/3 的"863 计划"（即国家高技术研究发展计划）项目；产出了一大批具有重大影响的科研成果，获得国家自然科学奖、国家技术发明奖和国家科技进步奖一、二等奖的数量占全国的 1/3。1995 年，全国高校被 SCI（science citation index，科学引文索引）收录的论文数总和，还不及美国哈佛大学和麻省理工学院两所学校同期被 SCI 收录的论文数。我国早期设置研究生院的 28 所"211 工程"大学，与国际公认的北

① "211 工程"部际协调小组办公室. "211 工程"发展报告（1995—2005）. 北京：高等教育出版社，2007：12.

② 中国教育新闻网. ［60 年教育纪事］迈向世界一流大学的国家战略.（2009-09-28）［2018-03-20］. http://www.jyb.cn/high/gjsd/200909/t20090928_313808.html.

③ 教育部. "211 工程"建设及取得的成就. ［2018-03-21］. http://old.moe.gov.cn/publicfiles/business/htmlfiles/moe/moe_1980/.

美最好的 62 所大学，即美国大学协会（Association of American Universities，AAU）成员高校的 SCI 论文发表和被引用次数平均值之比，从 1995 年的 1∶15.1 和 1∶51.7，缩小到 2005 年的 1∶3.6 和 1∶6.2。[①]随着中国高校教育实力的不断增强，中国各重点高校在世界顶级期刊中发表的文章也越来越多，相比于 2012 年，2016 年各重点高校的论文数量几乎翻了一番，特别是北京大学，当年的论文数量就达到了 1137 篇。2018 年 4 月，在中国知网·中国科学文献计量评价研究中心发布的高被引论文数量排行榜中，前二十强高校基本上都是"双一流"A 类建设高校，北京大学和清华大学的高被引论文数量位居我国高校前两位，而且高被引论文的总数也都超过了 2 万篇。

（3）从师资队伍来看，高水平大学和重点学科建设造就了一大批学术带头人和骨干教师。为推进"211 工程"建设，教育部先后推出了"长江学者奖励计划""长江学者和创新团队发展计划""新世纪优秀人才支持计划""青年骨干教师培养计划"等，引入和培养了一大批中青年优秀专家，增强了高水平大学的师资力量。2005 年，"211 工程"高校教师具有博士学位的有 51 211 人，是 1995 年8829 人的 5.8 倍；45 岁以下具有高级职务的教师为 54 750 人，是 1995 年 19 623人的 2.8 倍；有正高职称的教师占全国高校正高职称教师总数的 61%，教师具有博士学位的人数占全国高校具有博士学位教师总数的 87%。同时，一大批优秀青年学者已经迅速成长为学术带头人。各大学积极吸纳海外智力资源来校任教。截至 2005 年，"211 工程"高校累计共有 2340 名青年学者入选教育部"新世纪优秀人才支持计划"；764 位教师获得"国家杰出青年科学基金"资助；有 63 个团体入选"国家自然科学基金创新研究群体"；871 人入选教育部"长江学者奖励计划"特聘教授；112 个团队入选教育部"长江学者和创新团队发展计划"。[②]

（4）从学生培养来看，重点学校及其学科建设对高层次人才培养成效显著。自"211 工程"和"985 工程"实施以来，高校人才培养质量不断提高，已基本实现立足于国内培养高层次人才的目标。1995 年，"211 工程"高校在校学生中有本科生 62.15 万人，硕士研究生 7.89 万人，博士研究生 2.19 万人；2005 年，在校学生中本科生为 157.95 万人，硕士研究生为 48.58 万人，博士研究生为 14.30

---

① 中国教育新闻网. "211 工程"十年建设成效. (2009-09-23) [2018-03-20]. http://www.jyb.cn/high/xwbj/200909/t20090923_312736.html.

② 教育部. "211 工程"建设及取得的成就. [2018-03-21]. http://old.moe.gov.cn/publicfiles/business/htmlfiles/moe/moe_1980/.

万人。1995—2005 年,"211 工程"高校累计毕业的本科生 242.17 万人、硕士研究生 50.62 万人、博士研究生 11.69 万人、留学生 11.27 万人。"211 工程""985 工程"高校仅占全国普通高等学校的 6%,却承担了全国 4/5 的博士研究生、2/3 的硕士研究生、1/2 的留学生和 1/3 的本科生的培养任务。①据统计,2017 年研究生招生规模排在第一位的是中国科学院大学,达到了 8257 人。招生总人数排在第二位到第十位的是吉林大学、华中科技大学、武汉大学、四川大学、浙江大学、北京大学、上海交通大学、中山大学和山东大学。以上十所大学的招生人数均超过了 5000。

（5）学科结构优化,重点学科建设成效显著。在重点学科建设项目中,既有国际前沿的新兴学科,也有关乎国计民生的传统学科,还有亟待培育和扶持的薄弱学科。通过重点学科建设,各高校的学科层次和院系设置有了较大的调整,重点大学的学院和学科设置日益趋于向综合性、多科性发展,基本形成了综合性、多科性的学科格局。各高校确立了学科建设在学校发展中的核心地位,推进了学科布局的调整,优化了重点学科结构,基础学科、应用学科和新兴的交叉学科都得到了不同程度的发展,学科的综合实力得到了前所未有的提高,基本建成了适应我国现代化建设需要的重点学科体系。国家公布的"双一流"建设高校及建设学科名单显示,一流大学建设高校共 42 所,一流学科建设高校共 95 所;共 108 门学科 465 次入选一流学科。其中,原"985 工程"大学都进入一流大学建设高校建议名单,原"211 工程"大学都进入一流学科建设高校建议名单,重点大学的学术实力可见一斑。

四、高等教育教学改革与教学改革机制创新

1. 教学改革的主体由政府转向高校自身

在高校教学改革过程中,任何改革决策都有一个决策主体。计划体制下决策的主体是政府及高校主管部门,市场经济体制下决策的主体是高校自身。随着我国高等教育体制改革的进行,教学改革决策的主体由政府逐渐向高校自身转变,这是改革开放以来我国高校教学改革的基本特征之一。人才培养是高校的基本职能,教育体制的变革归根到底是要为高校人才培养创造良好的制度环境。

---

① 教育部. "211 工程"建设及取得的成就. [2018-03-21]. http://old.moe.gov.cn/publicfiles/business/htmlfiles/moe/moe_1980/.

我国高校教学改革政策的有效推进是与高校自主性的增强联系在一起的,因为高校最清楚教学工作及人才培养中存在的问题,并有能力作出改进。高校作教学改革决策时能预测未来,以社会需求为导向,以培养人才的社会适应性为目标,因此,教学改革决策在大多数情况下能与社会发展对人才培养的实际要求相一致;而政府决策时主要考虑的是社会效益和人才培养的共性问题,很少考虑政策执行成本及高校的具体情况,常会导致政策实施效果大打折扣。事实上,我们现在仍处于政府决策与高校决策并存的阶段,政府仍然在很大程度上掌控着教学改革进程和教学改革的项目与资源,高校作为教学改革主体的积极性尚需充分发挥。如果能给予高校更多的教学自由,使教学改革决策的主体能真正从政府转向高校自身,那么教学改革的效率会进一步提高。

2. 教学改革由政府推动逐渐转向高校之间竞争

改革开放以来,我国高等教育改革的主要动力来自通过高等教育体制改革引入竞争机制。高校之间的竞争推动了教学资源的优化配置及教学改革的自主性进程。尽管政府可能不时会运用行政手段来管理高校,但利益驱动机制必定促使高校率先进行教学改革,或采取与政府讨价还价的方式获取某些教学资源。不可否认,高校的"自主"发展及讨价还价的过程加大了政府集中管理的难度。例如,20 世纪 90 年代中后期,不少高校不顾可能与可行与否,盲目撤"系"设"院"、盲目增设新专业、盲目扩大招生规模、争相开办实验班等,使高等教育领域一度出现混乱现象。表面上轰轰烈烈的教学改革,实际上是缺乏制度规范的表现。直到今天,我们仍然可以看到,不少高校都在忙于"教学改革",政府仍然热衷于集中管理和项目化管理。尽管如此,我们在讨论高校教学改革成就的时候,也决不能忽视高校之间的竞争机制对推动教学改革的重要作用。当然,如何从高校之间的竞争转向学科专业之间的竞争,让教学资源配置的决策由学科专家作出,将是今后教学管理改革探讨的重要课题。

3. 政府对高校教学活动由计划控制转向宏观调控

在市场经济体制下,高度集中的教学管理体制越来越难以适应人才多元化的实际需求。改革开放以后,人才市场需求是调节人才培养的信号,也是高校作出教学改革选择的引导机制;需求诱发供给,有了人才需求的市场机制,什么样的人才受到人才市场欢迎,高校就作出培养相应人才的教学改革抉择。事实证明,用市场信号引导高校教学资源配置，远比政府行政计划更有利于教学改革的推进和人才培养质量的提高。

市场机制是在政府职能改革中逐步引入的，这是我国高校教学改革的一个重要特点。随着我国高等教育体制改革的深入，政府部门逐渐不再直接插手高校具体教学活动管理，而是通过资金投入、政策调节、教学评估、信息发布等手段引导并规范高校教学改革。例如，"十一五"期间，中央财政安排 25 亿元专项资金支持"质量工程"建设，目的是对本科高等教育教学改革起到激励和辐射作用；2003 年开始的首轮本科教学工作水平评估是政府在高等教育方面依法行政和转变职能的重要标志。实践证明，教学评估对于强化教学工作的中心地位、加大教学投入、规范教学管理、提高教学质量具有积极的促进作用；教育部建设的高校教学基本状态数据库系统及高等学校本科专业设置预测数据库系统，对加强社会及政府对高校办学活动的监督、导向和评估发挥了积极作用。可以说，宏观调控保证了高校教学活动从计划管理到市场调节的平稳过渡，避免了在高等教育大发展时期出现严重失序及质量滑坡的现象，从而保证了高校发展与教学改革并行不悖。当前，特色发展、质量发展已成为高校教学改革的基本趋势，在这一过程中政府如何进一步科学规范高校教学活动，达到政府宏观调控与市场调节的平衡，仍然是今后改革的重点。

4. 高校办学由封闭转向开放

在计划经济体制下，政府对高校从招生、专业设置、培养计划制定，到毕业生分配都实施自上而下的集权式管理，高校只是完成政府规定的人才培养任务。20 世纪 80 年代启动的高等教育体制改革，扩展了高校与外界联系的渠道，使高校得以根据自身的实际情况面向社会依法自主办学，并通过不断发挥自己的比较优势形成办学特色。这是我国高等教育快速发展的重要基础。

高校开放办学促进了高校教学管理制度创新。在封闭的环境中，没有比较、没有竞争，高校及教师对教学改革缺乏动力，学生学习没有压力，低效率的教学管理体制可以长期存在。在开放的环境中，高校可以时刻感受到社会及人才市场需求带来的压力，人才培养质量与效率成为检验体制优劣和教学改革成功与否的唯一标准。实践中，不仅高校竞争力成为高校教学改革的有力"杠杆"，学科专业之间的竞争也已经成为推进高校发展的动力。同时，开放办学还促进了教学管理主体的多元化。当前，政府、高校、用人单位、第三部门、学生及其家长都属于高校教学质量的"利益相关者"①，高校人才培养模式改革、质量保障体系建设、教学资源整合等离不开这些利益相关者之间的有效协调和配合。所以说，开放办学是推动教学改革、教学资源整合的重要因素；没有开放办学，就不会有今天的高等教育发展及教学改革成果。

五、高等教育科技创新与高校科技体制改革

改革开放以来，高校进一步强化人才培养、科学研究和服务社会这三大职能，为国家和区域创新体系建设提供了人才和智力支持。

1. 高校科技队伍不断壮大

40 年来，高等学校形成了非常稳定的高水平科技人才队伍。高校研究与开发人员由 1986 年的 15.7 万人，发展到 2007 年的 27.2 万人，约占全国研究与开发人员总数的 15%左右。同时，在校研究生数量由 1986 年的不足 10 万人，发展到 2007 年的 100 多万人，形成了高校科技创新的强大生力军。2004 年，教育部启动了创新团队建设项目，到 2007 年已经建设 245 个创新团队。据统计，1955—2007 年当选的两院（中国科学院和中国工程院）院士，来自高校的约占全国的 38.81%，并且来自高校的两院院士有逐年增加之势。②截至 2017 年，我国各高校共有高端人才（两院院士、长江学者、"国家杰出青年科学基金"获得者、"国家优秀青年基金"获得者、"青年千人计划"入选者）9693 人。其中，清华大学高端人才储备量最大，共 718 人；其次为北京大学，共 689 人；浙江大学 474 人，排名第三；上海交通大学 460 人，排名第四；中国科学技术大学 407 人，排名第五。以上 5 所学校的高端人才储备数均在 400 人以上，共占各大高校高端人才总数的 28.35%。③

2. 高校科技创新体系不断完善

改革开放以后，我国明确了高校科研职能，确立了将重点高校建设办成教育、科研"两个中心"的任务，高校科研呈现勃勃生机。尔后，随着科教兴国战略的

---

① 李福华. 利益相关者理论与大学管理体制创新. 教育研究，2007（7）：36-39.

② 人民网. 改革开放 30 年来中国高校科技体系取得六大成就.（2008-12-12）[2018-03-21]. http://scitech. people.com.cn/GB/8525050.html.

③ 凤凰网. 盘一盘大学各家的高端人才家底，看看谁家最殷实?.（2017-01-23）[2018-03-21]. http:// wemedia.ifeng.com/7573846/wemedia.shtml.

实施和各项举措的落实，高校科研体制改革不断走向深入，特别是通过高校科技创新平台和人才工程建设，极大地提高了科技创新能力和社会服务能力。目前已基本形成了国家创新体系中的大学科研架构——"三个金字塔+一个平台"，即以国家实验室、国家重点实验室和省部级重点实验室为主体的"知识创新体系"，以国家工程（技术）研究中心和省部级工程（技术）研究中心为主体的"工程技术创新体系"，国家哲学社会科学创新基地，以及包括国家大学科技园、国家技术转移中心等在内的"成果转化与服务平台"。在产学研建设方面，截至 2015 年，1762 所普通高校累计与企业共建博士后流动站 2200 余个，共建研发机构 1 万余个，与企业联合承担科研项目 8.8 万项，项目合同金额 303.6 亿元，来自校企合作项目的发明专利申请 2.4 万项，授权 1.2 万项；累计与企业联合共建校内实习实训基地 2.7 万个，校外实习实训基地 18.9 万个，有近半数的学校，可以安排一半以上的学生进入稳定合作的企业实习；共开设 1.7 万门创新创业课程，开展创新创业项目 8.4 万项，获得国家级创新创业大赛奖 3 万余项；积极聘请来自企业、行业的教师 14.8 万人，派去企业实践的教师 7.2 万人，其中，高职专科院校聘请企业、行业教师，派教师去企业实践，比本科院校更加积极。

3. 高校科技成果的社会经济发展贡献率不断提高

改革开放 40 年来，高校科技成果层出不穷，并通过多种形式向社会转化和产业化。高校以全国 9.4% 的研发人员，7% 的研发经费，发表了全国 80% 以上的 SCI 论文，牵头承担了 80% 以上的国家自然科学基金项目和国家重大研发计划项目，支撑着 164 万名硕士研究生和 34 万名博士研究生的培养。尤其是近年来，高校的科技创新绩效突出，在国家创新体系建设中发挥着不可替代的作用。《中国普通高校创新能力监测报告 2016》显示，普通高校是获得国家"三大奖"（国家自然科学奖、国家技术发明奖、国家科学技术进步奖）的重要机构。2016 年在国家自然科学奖一等奖空缺的情况下，全国高校获得自然科学奖二等奖 28 项，占授奖项目总数 42 项的 66.7%；获得国家技术发明奖通用项目二等奖 38 项，占通用项目授奖总数 47 项的 80.9%，专用项目一等奖 2 项，占全国专用项目授奖总数的 2/3；获得国家科学技术进步奖通用项目 106 项，占通用项目授奖总数的 80.3%，其中，高校为第一完成单位的获奖项目 64 项，占通用项目授奖总数的 48.5%。[①]

---

① 杨舒. 普通高校科技创新 综合实力快速提高——专家解读《中国普遍高校创新能力监测报告 2016》. 光明日报，2017-10-10（9）.

4. 高校科技成果转化和产业化不断发展

改革开放 40 年以来，高校凭借人才、科技优势，不仅为国家培育了诸如大型集装箱检测、航空管制、飞机制动等高新技术企业，而且搭建了全方位、多层次和高水平的产学研合作平台，高校参与区域经济建设和企业合作的能力逐渐增强。①高校在以企业为主体、市场为导向、产学研相结合的技术创新体系当中，发挥着生力军作用，有些高校与国有大中型企业建立了长期的合作关系。②高校积极参与建设具有特色和优势的区域创新体系，发挥了骨干、支撑和引领作用。2015 年 8 月，《中华人民共和国促进科技成果转化法》修订；国家实施"中国制造 2025""2011 计划"等推进大众创业、万众创新；教育部深入推进"校企联盟"行动计划和"蓝火计划"。这些都为高校开展科技创新、服务社会发展创造了良好条件。③高校科技成果转化率不断提高。据统计，我国高校科技成果转化收入（=专利许可收入＋从企业获得的研究经费）占研发经费的比例超过 30%，而美国、德国、法国、日本等国高校这两项指标占其研发经费的比例均不到 15%。这表明，我国高校科技成果转化的总体情况比较乐观；但也存在"重数量，轻质量"的科技评价导致的专利质量不高，专利成果难以有效转化的问题。①

5. 高校科技实力和科技创新能力持续增强

第一，高校学科建设取得突出成效。2012—2016 年，我国进入 ESI（essential science indicators，基本科学指标）前 1%的学科数从 279 个增加到 770 个，有学科进入 ESI 前 1%的高校从 91 所增加到 192 所；2017 年我国高校年度科技论文数量达到全球年度科技论文总数的 1/8，高影响力论文数量同步增加。第二，高校科技经费总额达到 6531 亿元，高校服务企业和社会需求获得的科研经费总额超过 1791 亿元，占高校科研经费总额的 27.4%。科技成果直接交易额超过 130.9 亿元，发明专利授权量超过全国年发明专利授权总数的 1/5。②第三，2016 年，全国共有 118 所高等学校作为主要完成单位获得了 2016 年度国家科学技术三大奖通用项目 172 项，占通用项目总数 221 项的 77.8%。其中，作为第一完成单位的 75 所高校获奖项目数为 130 项，占通用项目授奖总数的

---

① 杜德斌. 全面客观认识我国高校科技成果转化问题. 光明日报，2015-12-12（7）.
② 澎湃新闻网. 教育部：我国高校年度科技论文数量达到全球八分之一.（2017-09-28）[2018-03-21]. https://www.thepaper.cn/newsDetail_forward_1809167.

58.8%。①根据教育部科技发展中心 2017 年 3 月公布的《至 2016 年底有效发明专利排名前 50 名高校》，截至 2016 年底，在榜单前 50 名的高校拥有的有效发明专利总量达 116 156 件。

第三节　改革开放 40 年高等教育改革发展的主要特征

"文化大革命"结束之后的高等教育改革发展，虽然仍然存在着高等教育资源布局不合理、办学同质化等问题，但总体而言高等教育改革是成功的，为我国经济社会发展提供了强有力的人才支撑。概括而言，改革开放 40 年来我国高等教育改革发展呈现出鲜明的时代特征。

一、把提升质量作为高等教育改革发展的核心

坚持把教育摆在优先发展的战略地位，是中国社会主义现代化建设长期坚持的重大战略方针。20 世纪 90 年代中期以来，我国政府把科教兴国战略、人才强国战略、可持续发展战略作为三大国家战略，对高等教育改革与发展不断作出新部署。高等教育在学总规模从 1998 年的 786 万人增加到 2016 年的 3699 万人，毛入学率也从不到 10%增长到 42.7%。在高等教育在学规模不断增长的同时，我国始终将提高人才培养质量作为重点，不断健全教学质量保障体系，努力优化高等教育结构，突出办学特色和办学水平。同时，为进一步缩小同发达国家研究与开发的差距，全面参与国家创新体系建设，通过实施 "211 工程" 和 "985 工程"，加快一流大学和重点大学建设步伐，培育一批重点学科、新兴学科、交叉学科，造就一批高层次人才。高等学校取得大批高质量科研成果，科技创新与服务能力进一步增强，在国家和地方的重大战略决策中发挥了重要作用。2010 年 7 月发布的《国家中长期教育改革和发展规划纲要（2010—2020 年）》，对到 2020 年的我

---

① 教育部科技发展中心. 高校获 2016 年度国家科学技术奖励情况.（2017-01-09）[2018-03-21]. http://www.moe.edu.cn/s78/A16/moe_789/201702/t20170220_296718.html.

国教育改革发展进行了全面部署，提出要使高等教育结构体系更为合理、教育教学质量全面提高、办学特色更加鲜明，高等学校的人才培养、科学研究和社会服务整体水平全面提升，建成一批国际知名、有特色、高水平的高等学校，若干所大学达到或接近世界一流水平，为把我国建设成为人力资源强国和创新型国家奠定坚实的人才基础。

多年来，特别是自 1992 年全国普通高等教育工作会议以来所进行的改革，一直把质量放在非常重要的位置上。改革的基本经验之一，就是坚持质量是学校的生命线，提高教育教学质量是高等教育的永恒主题，教学工作是学校经常性的中心工作。实践证明，如果脱离了质量去改革、去发展，就可能会使我国的高等教育改革误入歧途。我国从来没有像现在这样重视教学改革，把教学改革当作核心，教学改革是核心这一重要理念，将激励和推动着教学改革的不断深入。①

（1）全面深化高等学校人才培养模式改革。在教育观念上，牢固树立人才培养在高校工作中的中心地位，全面实施素质教育，以培养学生的社会责任感、创新精神和实践能力为重点，更加注重科学精神教育、人文素养教育和终身学习能力培养。在培养方式上，鼓励高校自主进行改革试验，注重学思结合、知行统一、因材施教，大力倡导和积极推进启发式、讨论式教学，激发学习者独立思考和创新的意识，重视培养学习者收集处理信息以获取新知能力、分析解决问题能力，以及团结协作和社会交往能力。在制度建设上，依法明确政府管理高等学校的职责，扩大高等学校办学自主权，探索建立现代大学制度，为学校更好地培养人才创造良好环境。

（2）构建科学的人才培养评价体系。建立符合国情的、科学规范的评估制度和指标体系，包括多元化的人才发展潜质测评机制，对高校人才培养过程进行宏观政策引导；鼓励专门机构和社会中介机构对高校学科、专业、课程等的水平和质量进行评估，探索与国际高水平教育评价机构合作，建立高等学校质量年度报告发布制度；倡导高等学校依据社会用人需求信号改进人才培养模式，实现经济社会发展和人才培养发展的有机结合。

（3）加大政府投入力度，形成有利于人才培养、成长的终身学习体制。2012年，我国财政性教育经费占 GDP 的比例达到 4%。强化政府在高等教育投入上的

---

① 周远清. 开放是前提　改革是关键——30 年中国高等教育改革开放的经验. 中国高教研究，2008（11）：1-2.

责任，鼓励社会支持高等教育发展，完善高校学生资助政策体系，保证不让一个学生因家庭贫困上不起大学；加大中西部高等教育支持力度，实施中西部高校基础能力建设工程、对口支援西部高校工作，到 2017 年 9 月，已有 100 所高校对口支援 75 所西部高校；坚持以终身学习理念为指导，积极探索建立普通教育与职业教育，学校教育、社会教育和家庭教育相互贯通、有机衔接的制度体系，搭建多层次、多类型的人才成长"立交桥"；创造条件逐步建立弹性学习制度、工学交替制度、教师和企业科技人员相互兼职制度等，充分发挥高等学校在推进终身学习中的重要作用。

二、始终根据国家发展战略推进高等教育改革

1985 年 5 月 27 日，《中共中央关于教育体制改革的决定》颁布实施，目的是从根本上扭转教育体制与经济体制改革不相适应的状况。该决定强调我国高等教育发展的战略目标是：到 20 世纪末，"建成科类齐全，层次、比例合理的体系，总规模达到与我国经济实力相当的水平；高级专门人才的培养基本上立足于国内；能为自主地进行科学技术开发和解决社会主义现代化建设中重大理论问题和实际问题作出较大贡献"。

从确定教育体制改革开始，国家战略决策就把教育事业发展放在了首要位置。党的十三大报告《沿着有中国特色的社会主义道路前进》指出："把发展科学技术和教育事业放在首要位置，使经济建设转到依靠科技进步和提高劳动者素质的轨道上来……科学技术进步与管理水平的提高，将在根本上决定我国现代化建设的进程，是关系民族振兴的大事。"1992 年党的十四大报告明确提出，"必须把教育摆在优先发展的战略地位，努力提高全民族的思想道德和科学文化水平，这是实现我国现代化的根本大计"。根据邓小平同志提出的社会主义初级阶段"三步走"发展战略，结合我国教育实际情况，1993 年中共中央、国务院颁布了《中国教育改革和发展纲要》。该纲要指出，到 20 世纪末，我国教育发展的总目标是"形成具有中国特色的、面向 21 世纪的社会主义教育体系的基本框架。再经过几十年的努力，建立起比较成熟和完善的社会主义教育体系，实现教育的现代化"。党的十五大报告《高举邓小平理论伟大旗帜，把建设有中国特色社会主义事业全面推向二十一世纪》结合世纪之交国内外形势，响亮地提出了实施科教兴国战略和可持续发展战略，并要求"要从国家长远发展需要出发，制订中长期科学发展规划，统观全局，突出

重点，有所为、有所不为……增强自主创新能力"。对于高等教育，则强调要集中力量办好一批重点大学和重点学科，为此我国高等学校及专业、学科进入调整期，实现教育资源的优化配置，规模效益、办学效率得到不同程度的扩大和提高。1995年启动的"211 工程"，为我国创新人才的培养和国家创新体系的建设奠定了重要基础。1999 年，《中共中央国务院关于深化教育改革，全面推进素质教育的决定》颁布，提出要"通过多种形式积极发展高等教育，到 2010 年，我国同龄人口的高等教育入学率要从现在的百分之九，提高到百分之十五左右"，确立了我国高等教育从精英化教育阶段向大众化教育阶段迈进的高等教育发展命题。[①]

三、高等教育发展模式适应性转型

改革开放后，我国高等教育曾经历过外延式发展模式阶段。高等教育外延式发展模式主要是指在高等教育发展过程中，注重有形生产要素的投入，且有形生产要素主要用于规模的扩张，如学校办学面积的扩大，在校学生数、教师员工数量、学科数目等横向量的增加上。外延式发展模式在一定时期内具有其存在的意义，但由于其对有形生产要素过度依赖，资源使用效率低下，缺乏对高等教育质量发展的关照，经过一定发展阶段后，矛盾便会集中爆发。例如，近年来我国高等教育中出现高校财务危机、因毕业生素质能力低下而导致的就业难、在高中毕业生中出现的"弃（高）考潮"等问题，高等教育面临信任危机，挑战巨大。与外延式发展模式相反，高等教育内涵式发展更加注重对无形生产要素的使用，以及有形生产要素使用效率的提高和使用结构的平衡。在提高有形生产要素使用效率的同时调整其使用结构，使有形生产要素的使用更多地以发展高等教育的内涵和品质为目的，而不以横向量的发展为其基本目标；更加注重对无形生产要素的挖掘和利用，以先进的大学理念、高效合理的学校管理制度、完善科学的学科课程、深厚的校园文化和大学精神、科学合理的高等教育办学结构等立体地促进高等教育全面发展。内涵式发展模式不仅节约了对有形生产要素的使用，提高了其利用效率，还可以不断增强对无形生产要素的使用力，同时全面提升了高等教育的质量，增强了高等教育对国家经济社会的服务功能和国际竞争力。[②]

例如，1999 年实行高等教育扩招政策以来，我国高等教育无论是在院校数量，

---

① 史秋衡. "三个面向"：高等教育改革与发展的战略指针. 中国高等教育，2013（20）：18-20.
② 伍宸，洪成文. 论中国高等教育发展模式的转型——基于发展经济学视角. 现代教育管理，2013（7）：11-16.

还是在校学生数、学位授予量等数量指标上，都经历了前所未有的发展。这种高等教育发展模式在高等教育发展水平较低阶段有其合理性，如培养了大批高素质人才、加快了我国高等教育大众化进程等。但随着我国高等教育的外延式发展，高等教育粗具规模，质量问题开始浮现。提升高等教育质量，必须走内涵式发展之路，必须从重数量规模向重质量内涵发展方向转变。改革开放以来，我国高等教育培养了大批优秀人才，但是比照我国经济实力增长及科学技术创新等要求，还存在着明显不足。为此，需要进一步提升人才培养的水平，走高等教育内涵式发展之路，控制教育规模，创新人才培养模式。[1]

四、以体制改革和政策保障促进高等教育健康发展

推动高等教育事业的科学发展，必须靠改革来提供源源不断的动力。《国家中长期教育改革和发展规划纲要（2010—2020 年）》以人才培养体制改革为核心，全面谋划了教育体制改革的新思路、新方向，其中大部分内容都涉及高等教育领域，展现了一系列新的改革切入点和政策措施亮点，如更新人才培养观念、创新人才培养模式、改革教育质量评价和人才评价制度、改革考试招生制度等。该规划纲要还第一次明确提出了建设现代学校制度的整体构想，明确了"依法办学、自主管理、民主监督、社会参与"的现代学校制度内涵，要求构建政府、学校、社会之间的新型关系。推进政教分开、管办分离，落实和扩大学校办学自主权，关键在于完善中国特色现代大学制度，包括坚持和完善党委领导下的校长负责制，探索教授治学的有效途径，探索建立高等学校理事会或董事会，健全社会支持和监督学校发展的长效机制，推进产学研用相结合，等等。与此相关，深化办学体制和管理体制改革是高等教育体制改革的主要着眼点。一是明确政府办教育、管教育的权责边界；二是依据法律法规和宏观政策引导学校完善内部治理结构；三是形成社会参与办学、提高学校绩效的有效机制。

要顺利实现高等教育事业发展目标，完成好各项改革发展任务，没有必要的经费支持和良好的制度安排是不行的。《国家中长期教育改革和发展规划纲要（2010—2020 年）》部署了保障措施，特别提出要加强高等学校教师队伍建设，在经费投入方面实行以举办者投入为主、受教育者合理分担培养成本、学校设立

---

[1] 王恒. 推动高等教育内涵式发展. 光明日报，2013-03-24（7）.

基金接受社会捐赠等多渠道筹措经费的机制。同时，该规划纲要明确提出设立高等教育拨款咨询委员会，增强经费分配的科学性；在高校试行设立总会计师职务，公办高校总会计师由政府委派。这也比照了国际通行做法，目的就是要强化制度监督、社会监督、媒体监督，让高等教育领域公共资源配置在阳光下运行。[1]

---

① 张力. 认清高等教育改革发展的新阶段新指向. 中国高等教育，2010（17）：4-6.

第二章

40 年来我国高等教育发展观的演变

"高等教育发展观是指人们在观念层面上形成的关于高等教育应该怎样发展和如何发展的总的、较为系统的看法。"[1]改革开放 40 年来我国高等教育发展观主要围绕着三个基本问题而发生演变：一是国家如何看待高等教育，即将高等教育摆在什么样的战略地位；二是国家如何管理高等教育，即如何进行权力分配；三是国家要求高等教育培养什么样的人才，即高等教育发挥哪些功能的问题。[2]从整体上梳理并分析 40 年来我国高等教育发展观的演变，有利于总结和把握高等教育发展规律，有利于正确认识与处理今后高等教育发展过程中遇到的理论与实践问题。本章借鉴马克斯·韦伯的社会学理论框架，从政治论、经济论和价值论三个维度，梳理改革开放 40 年来我国高等教育发展观的演变，以阐明高等教育发展背后深层次的观念(思想、理念)因素。

---

[1] 陈学飞，展立新. 我国高等教育发展观的反思. 高等教育研究，2009，30（8）：1-26.
[2] 建设高等教育强国发展战略研究课题组. 建设高等教育强国. 北京：高等教育出版社，2016：5.

第一节　理解高等教育发展的三个维度

一、社会科学研究中的三维分析框架

在社会科学研究中，三维分析框架往往被运用于不同学科和不同领域之中，不少学者将其独到见解与学说建立在三维分析框架之上。汪丁丁曾指出，中国人在日常生活中经历着的许多困扰可依照三个维度加以排列：一是物质生活的维度，二是社会生活的维度，三是精神生活的维度。对物质生活、社会生活和精神生活的分析与探讨成为他长期聚焦"中国社会基本问题"的"三维分析框架"。[1]同样，他也依据物质生活、社会生活和精神生活这三个维度对"幸福"进行界定。[2]此外，他还提出一个"中国社会三重转型期"的假设，这"三重转型"指的是"政治转型"、"经济转型"和"文化转型"。[3]在《新政治经济学讲义：在中国思索正义、效率与公共选择》一书中他指出，"物质生活-社会生活-精神生活"三维分析框架，不仅可以与马克斯·韦伯阐释"社会结构"概念时所采用的政治维度、经济维度和价值维度相互表达，也可以与迈克尔·曼考察的社会权力的四重来源——经济的、文化的、政治的和军事的框架相互表达。[4]教育学界也有不少研究采用三维分析框架梳理和归纳国内外教育发展历程与演变问题。程天君在

---

① 汪丁丁. 新政治经济学评论：第 30 卷. 上海：上海人民出版社，2015：199-200.
② 汪丁丁. 什么样的人生是值得追求的. 北京：中央广播电视大学出版社，2012：192.
③ 汪丁丁. 转型期中国社会的社会科学研究框架. 财经问题研究，2011（7）：3-13.
④ 汪丁丁. 新政治经济学讲义：在中国思索正义、效率与公共选择. 上海：上海人民出版社，2013：622.

《教育改革的转型与教育政策的调整——基于新中国教育 60 年来的基本经验》一文中，将 1949—2009 年的教育改革历程划分为两大时期，认为前 30 年的重大教育改革多由政治统领，而后 30 年的重大教育改革则常以经济主导，可统称为作为政治-经济改革的教育改革。在反思历史经验与存在问题的基础上，他提出了"教育改革的转型"之命题，主张从"作为政治-经济改革的教育改革"走向"作为社会-文化改革的教育改革"①。在高等教育研究领域，伯顿·R.克拉克在《高等教育系统——学术组织的跨国研究》一书中提出了高等教育系统"三角协调模式"，国家权力、市场、学术权威分处三角形的一角。"每个角代表一种模式的极端和另两种模式的最低限度，三角形内部的各个位置代表三种成分不同程度的结合。"②克拉克将意大利、苏联、瑞典、法国、美国、英国、加拿大、日本等国的高等教育系统安排到三角形内部的不同位置，在概念空间内详细描述各国高等教育的整合力量及其形态。作为一种分析框架，"三角协调模式"不仅为作者本人提供了逻辑性极强的思维导图，还为广大读者和研究者清晰理解和把握作者研究思路、论证方式与研究结果提供了依据。陈学飞和展立新发表于 2009 年的《我国高等教育发展观的反思》一文，也依据高等教育在实践中遇到的基本矛盾，将 1949—2009 年我国高等教育发展观的演变划分为两大历史阶段：第一大阶段为 1949—1976 年，以解决高等教育领域的"革命"与"建设"矛盾为首要任务；第二大阶段为"文化大革命"结束至 2009 年，以解决高等教育改革与国民经济发展之间的矛盾为首要任务。如他们所言，第一阶段着重解决的是高等教育的"政治"属性问题，第二阶段着重解决的是高等教育的"经济"属性问题，这两个阶段的共同点在于都忽视了高等教育活动的"认识论"问题。"学者们历来强调的都是些高等教育的'功能性'问题（如办什么样的大学问题），而很少主动去讨论高等教育的'本质性'的问题（如大学是什么的问题）。"③

二、高等教育发展观演变的框架选择分析

从方法论角度看，马克斯·韦伯为我们认识社会历史现象提供了一个十分明

---

① 程天君. 教育改革的转型与教育政策的调整——基于新中国教育 60 年来的基本经验. 北京大学教育评论，2012，10（4）：33-49.

② 克拉克 B R. 高等教育系统——学术组织的跨国研究. 王承绪，徐辉，殷企平，等译. 杭州：杭州大学出版社，1994：159.

③ 陈学飞，展立新. 我国高等教育发展观的反思. 高等教育研究，2009，30（8）：1-26.

晰的三维分析框架——政治论、经济论与价值论。马克斯·韦伯社会学方法论及其研究视角主要建构在政治、经济及价值三大领域。首先，作为一个自由主义者，马克斯·韦伯敏锐地对经济与政治领域之间的界限作出了明确划分。其次，马克斯·韦伯也"试图把'意识形态'现象纳入与经济和政治秩序的'物质'利益的某种相互关系之中"①。最后，得益于启蒙运动哲学的影响，作为个体的人也成为韦伯社会科学方法论分析的基本单元和出发点。②对个体的人的重视和关注使韦伯自然地成为人文主义中文化自由主义的代表。马克斯·韦伯认为，"教育以及人格的社会生产要取决于政治学和经济学"③。由此可见，政治、经济、价值（即人的发展）及三者之间的关系在马克斯·韦伯社会学思想及其理论中占据核心地位。本节参照马克斯·韦伯社会学理论框架，从政治论、经济论和价值论三个维度对改革开放40年来我国高等教育发展观及其演变进行梳理和分析。

首先，政治论要求高等教育为国家发展、政治活动服务。政府与大学的关系是高等教育理论研究与实践操作中不能回避，也不应回避的话题。在高等教育为政治服务的理念下，政府对大学的干预和影响不断增强。"当然政府的这种干预和影响在不同国家作用方式并不完全一致，有的采取一种直接和显性的干预方式，有的是采取间接和隐性的干预方式，但是无论如何，政府对大学的干预在不断加强确实是身居大学内外的人都有所感知的。"④其次，经济论要求高等教育为社会经济发展服务。一方面，高等教育的发展离不开物质支撑，社会经济的发展是高等教育发展的基本保障；另一方面，社会经济的发展离不开高等教育的支持，高层次、专业化人才与创新型科学研究成果是社会经济发展的动力源泉。在高等教育为社会经济发展服务的理念下，高等教育开始进入市场、面向行业、参与到激烈的竞争环境之中，高等教育大众化、市场化，科学知识商品化现象随之出现，大学生就业难、高等教育质量下降、高校公司化问题一并产生。最后，价值论要求高等教育为人的全面发展服务。培养全面发展的人是教育活动的根本目的。从这一点来看，与政治论和经济论相关的高等教育的有用性只是高等教育价值论的一个重要的副产品。如约翰·S.布鲁贝克所言，"如果作为培养一个全面发展的、有价值的人的结果，学生也成为国家或教会、企业或学问的一种财富，那也很好，

---

① 马克斯·韦伯. 马克斯·韦伯社会学文集. 阎克文，译. 北京：人民出版社，2010：48.
② 马克斯·韦伯. 马克斯·韦伯社会学文集. 阎克文，译. 北京：人民出版社，2010：57.
③ 马克斯·韦伯. 马克斯·韦伯社会学文集. 阎克文，译. 北京：人民出版社，2010：75.
④ 昌晓莉，吴平. 大学性向论. 南京：南京大学出版社，2016：13.

但这种教育的主要目标决不能以这种结果为条件"①。

　　总之，任何一个国家、任何一个时期的高等教育的发展无不受政治、经济、价值的影响，支配高等教育发展的观念（思想或理念）无不与高等教育政治论、经济论与价值论相互作用。实践中高等教育的发展是由多种因素决定的。不过，在不同时期高等教育的发展会受到某些主要因素（矛盾）的约束，从而对某一时期高等教育的发展观产生重大影响。为全面细致地研究政治论、经济论和价值论对改革开放 40 年来我国高等教育发展观的影响，下文试围绕不同时期和阶段的主要因素（矛盾），通过"两两分析"对我国高等教育发展观的演变进行梳理与探讨。

第二节　高等教育发展转向"经济论"

　　1949—1978 年，我国高等教育发展观以政治论为核心，经济论与价值论居于边缘地带；改革开放之后，我国高等教育发展观逐步从政治论转向经济论，且兼顾价值论。整体上看，我国高等教育发展观由政治论转向经济论，对改革开放后高等教育的快速发展具有非常重大的意义。

　　1976 年 10 月，"文化大革命"结束。各行各业百废待兴，拨乱反正、实现国家的全面复兴十分迫切。1978 年 12 月，党的十一届三中全会召开。全会一致同意把全党工作的重点和全国人民的注意力转移到社会主义现代化建设上来。从此，我国进入社会主义改革开放新时期。思想的解放、观念的变革成为我国高等教育发展的关键和先导。②1979—1980 年，《教育研究》上先后发表了《根据实践是检验真理的唯一标准，探讨教育工作中的规律》《补好真理标准讨论这一课，教育问题要来一次大讨论》等文章，对"两个凡是""两个估计"及过去教育上提出的具有方针性的口号提出了异议，指出不能用语录代替科学。随后，《新华文摘》《文汇报》先后转载或发表了相关文章，对当时教育上的种种"左"倾思

　　① 约翰·S. 布鲁贝克. 高等教育哲学. 王承绪，郑继伟，张维平，等译. 杭州：浙江教育出版社，1987：81.
　　② 潘懋元，肖海涛. 中国高等教育思想发展 30 年. 教育研究，2008（10）：3-10.

想提出了批判性思考。①

  教育部于 1979—1980 年曾召开过两次科学和教育工作座谈会，对教育战略转移过程中所存在的问题进行了总结，以贯彻党的十一届三中全会的精神，确立教育为社会主义现代化建设服务的战略地位和发展方向。②当时我国社会的主要矛盾已由阶级矛盾和阶级斗争，转变为人民日益增长的物质文化需要同落后的社会生产力之间的矛盾，而"现代化建设的中心是经济建设，经济建设的根本任务是发展生产力，发展生产力的关键则要靠科技，而科技的发展及科技人才的培养，又依赖于教育的振兴与发展"③。1982 年 9 月，胡耀邦在中国共产党第十二次全国代表大会上的报告《全面开创社会主义现代化建设的新局面》指出："四个现代化的关键是科学技术的现代化……今后必须有计划地推进大规模的技术改造，推广各种已有的经济效益好的技术成果，积极采用新技术、新设备、新工艺、新材料；必须加强应用科学的研究，重视基础科学的研究，并组织各方面的力量对关键性的科研项目进行'攻关'；必须加强经济科学和管理科学的研究和应用，不断提高国民经济的计划、管理水平和企业事业的经营管理水平；必须大力普及初等教育，加强中等职业教育和高等教育，发展包括干部教育、职工教育、农民教育、扫除文盲在内的城乡各级各类教育事业，培养各种专业人才，提高全民族的科学文化水平。"④1983 年，《国务院批转教育部、国家计委关于加速发展高等教育的报告的通知》指出"为了实现党的十二大提出的奋斗纲领，各条战线和各个地区都深感专门人才缺乏，迫切要求教育先行，为国家早出人才，多出人才。因此，加速发展高等教育事业，已成为刻不容缓的大事，必须采取有力措施，促使整个高等教育事业在近期（五年左右）就有计划按比例地有一个较大的发展，并为今后更大的发展打下基础"。同时，通知强调，为使这一重大战略决策得到落实，必须采取有力措施尽快扭转教育同国民经济和社会发展不相适应的局面。这就迫切要求加速发展高等教育，为四化建设培养和输送数量较多、质量较高的各类专门人才。中央着重解决重大项目的建设投资，希望各部门、各地区充分认识这一问题的重要性和迫切性，多拿出一些钱来办教育，要像抓经济建设重点项

---

① 程凯. 当代中国教育思想史. 开封：河南大学出版社，1999：352-354.
② 程凯. 当代中国教育思想史. 开封：河南大学出版社，1999：356.
③ 程凯. 当代中国教育思想史. 开封：河南大学出版社，1999：354-355.
④ 人民网. 全面开创社会主义现代化建设的新局面——胡耀邦在中国共产党第十二次全国代表大会上的报告.（1982-09-08）[2018-12-30]. http://cpc.people.com.cn/GB/64162/64168/64565/65448/4526430.html.

目那样抓好教育。

经过 1977—1984 年的恢复与重建，我国高等教育重新走上常态化发展道路。伴随着整个社会从"以阶级斗争为纲"到"以经济建设为中心"的转变，经济论取代政治论成为我国高等教育发展观的核心要义。改革开放以来，高等教育实现战略大转移、确定服务经济社会发展之方向，是社会转型和发展提出的要求，也是高等教育自身调整和发展的动力。40 年来，我国高等教育发展观从政治论转向经济论，是符合基本国情、符合时代发展需要、符合人民意愿的一次重大变革。

第三节 高等教育发展中"经济论"与"价值论"的冲突

1978 年以来，在"以经济建设为中心""发展才是硬道理"等战略思想指导下，为经济发展服务成了新时期我国高等教育发展观的主要内容。"高等教育为经济发展所作出的贡献，成了国家投资于高等教育和高等教育得以存在和发展的主要动因。"[1]在改革开放的新形势下，"教育要面向现代化，面向世界，面向未来"（以下简称"三个面向"）成为我国教育改革和发展的重大战略指导方针。改革开放 40 年来，我国的高等教育事业蓬勃发展，取得了举世瞩目的伟大成就，"三个面向"起了历史性、战略性和导向性的作用。

一、高等教育"经济论"发展观的确立

为发挥高等教育在社会主义现代化建设中的战略作用，必须促使高等教育摒弃阶级斗争色彩浓厚的政治论发展观，实现"三个面向"，并以经济论为核心发展观。由此，高等教育为社会经济发展服务的合法性在一系列相关法律、政策、举措的支持下逐渐确立。

---

[1] 王建华. 中国高等教育合法性地位的历史变迁. 江苏高教，2001（4）：23-26.

1. 民办高等教育的发展

党的十一届三中全会以后，随着国家经济体制改革的进行，地方工业、集体工业、家庭工业开始兴起，个体工商户也十分活跃。为适应经济社会发展需要，高等教育领域内也积极推动民办高等学校的发展。民办高等学校的社会适应性强，能以最快的速度、最灵活的形式兴办大批相关专业，培养出大量社会急需的人才。1982 年颁布实施的《中华人民共和国宪法》第十九条规定："国家鼓励集体经济组织、国家企业事业组织和其他社会力量依照法律规定举办各种教育事业。"这为社会主义现代化建设新时期的社会力量办学提供了法律依据。在《中共中央关于教育体制改革的决定》的推动下，各类民办高等学校得到较快发展。1987 年国家教委发布的《关于社会力量办学的若干暂行规定》从宏观层面为民办高校的发展指明了方向，并给予政策支持。在改革开放新时期，鼓励、支持与发展民办高等教育对于促进各类高等教育主动适应经济和社会发展的多方面需要具有积极意义。在解决教育资源投入不足的问题上，民办高校也较公办高校更易解决：民办高校不需国家财政拨款，只要给予适当的政策支持就可以通过投资、收费等渠道获得社会、家庭的投入；民办高校毕业生不需政府包分配，他们有更加多元的面向市场的选择；民办高校还可以利用社会上的教育资源办学。[1]1992年，邓小平南方谈话解决了市场经济姓"资"还是姓"社"的问题，这给民营经济的发展提供了更加广阔的舞台，由此民办高等教育进入快速发展期。民办高等教育的发展是经济论高等教育发展观的直接产物，发掘社会潜力、集聚社会资本创建非公办高等教育的形式使民办高等教育成为我国高等教育系统的重要组成部分。这不仅有利于高等学校加大专门人才培养规模、提高其服务社会经济发展的能力，还可以为活跃社会资本、拉动内需作出重要贡献。

2. 高等教育产业化

基于国家高等教育投资不足、过于僵化的计划经济体制制约了高等教育的发展，以及改革初期所避开的问题现在成为进一步改革的瓶颈等原因，人们便想着通过产业化来吸引民间资本的介入，从而激活当时我国僵化的高等教育体制，促进我国高等教育的大发展。[2]1992 年 6 月，《中共中央 国务院关于加快发展第三

---

① 潘懋元. 对发展民办高等教育若干问题的认识. 中国高等教育，1999（13/14）：21-23.
② 王建华. 中国高等教育合法性地位的历史变迁. 江苏高教，2001（4）：23-26.

产业的决定》把教育事业明确列为第三产业，而且视其为"对国民经济发展具有全局性、先导性影响的基础行业"。在"谁投资、谁所有、谁受益"的产业发展原则下，"以教育消费拉动经济内需从而带动相关产业发展的思想进入了教育政策层面，大量民间资本纷纷进入教育产业，各级政府在对待教育产业的态度上也明显放开"[①]。1992 年 10 月，江泽民同志在中国共产党第十四次全国代表大会上的报告《加快改革开放和现代化建设步伐 夺取有中国特色社会主义事业的更大胜利》（以下简称党的十四大报告）指出："第三产业的兴旺发达，是现代化经济的一个重要特征。"报告提出要大力发展第三产业，"不仅有利于促进市场发育，提高服务的社会化、专业化水平，提高经济效益和效率，方便和丰富人民生活，而且可以广开就业门路，为经济结构调整、企业经营机制转换和政府机构改革创造重要条件。要发挥国家、集体、个人三方面的积极性，加快第三产业的发展，使之在国民生产总值中的比重有明显提高"[②]。报告提出，要鼓励多渠道、多形式社会集资办学和民间办学，改变国家包办教育的做法。在相关政策的驱动下，为满足日益增长的高等教育需求，缓解办学经费紧张的局面，我国高等教育在 20 世纪 90 年代走上产业化发展之路。以社会经济发展的需求为指向、以促进高等教育产业自身发展为目的的高等教育产业化，本质上将高等教育事业性劳动变为生产性劳动。[③]

3. 高等学校大扩招

20 世纪 90 年代，经济论的高等教育发展观的突出表现是高等学校扩招及其所引起的高等教育大众化。党的十四大确定建立社会主义市场经济体制为我国经济体制改革的目标。为进一步适应国家经济社会发展和建立社会主义市场经济体制的要求，1993 年 1 月，国务院批转国家教委《关于加快改革和积极发展普通高等教育的意见》，指出"首先使现有学校达到合理的办学规模，同时进一步发挥学校的办学潜力，提高整体效益"。到 2000 年，规模效益应有明显提高，校均规模本科院校由现在的 2500 人提高到 3500 人左右，专科院校由 1000 人提高到 2000 人左右。是年，中共中央、国务院发布的《中国教育改革和发展纲要》再次指出，"90 年代，高等教育要适应加快改革开放和现代化建设的需要，积极探索发展的

---

① 陈先哲. 我国社会第二次转型与高等教育秩序重建. 高等教育研究，2012，33（1）：5-9.

② 人民网. 加快改革开放和现代化建设步伐，夺取有中国特色社会主义事业的更大胜利——在中国共产党第十四次全国代表大会上的报告.（1992-10-12）[2018-12-30]. http://cpc.people.com.cn/GB/64162/64168/64567/65446/4526308.html.

③ 杨小平. 高等教育学. 重庆：重庆出版社，2006：369.

新路子，使规模有较大发展，结构更加合理，质量和效益明显提高"。1997 年，党的十五大提出实施科教兴国战略和可持续发展战略，强调在科教领域积极深化科技和教育体制改革，促进科技、教育同经济的结合。1999 年，党中央、国务院根据当时经济社会发展的需求和人民群众的愿望，作出了扩大高等教育招生规模的重大决策，当年普通高校招生从 1998 年的 108.36 万人扩大到 159.68 万人。从 1999 年开始实施的高校扩招充分反映了高等教育发展的经济论思维。扩招之所以启动，重要原因之一就是 1998 年 11 月经济学家汤敏向中共中央提出了《关于启动中国经济有效途径——扩大招生量一倍》的建议。①

二、"经济论"与"价值论"两种高等教育发展观的冲突

在经济主义道路上走得越远，高等教育越会面临两种遭遇：一是优质高等资源的分配不公所导致的社会平等与公平问题；二是高等教育规模扩张与质量下降的矛盾。由于缺乏相应的监督管理，在不完善的市场机制的主导下，我国高等教育办学质量问题日益显现，并成为一种社会问题，深受大众关注。面对高等教育质量下降、办学乱象丛生的现实，高等教育研究者和管理者开始反思经济论高等教育发展观，反思教育与社会、经济的关系，反思高等教育与市场经济的关系，反思教育的"适应性"与"超越性"。

这股产生于 20 世纪 80 年代的思潮与来自西方自由主义的价值观念相结合，共同赋予教育浪漫主义色彩，引发人们对高等教育本质的思考、对高等教育传统的追忆和对高等教育理想的向往与对高等教育经济主义的批评、对高等教育市场化的批评和对学术资本主义的批评。"由于目前任何一种经济理论本身都不甚关心高等教育的本质、功能、分工、文化传统、行为规范、精神追求等涉及高等教育本质属性的问题，所以，那些深受经济学理论影响的高等教育政策，有时候就会显得难以严格区别高等教育活动和相关的经济活动，以至于在高等教育商品化、市场化和产业化等问题上出现比较明显的偏差。""因此，在目前这种情况下，对于我国高等教育发展观而言，还必须做的一件事就是让高等教育活动回归其学术活动本位，即回归人才培养和知识再生产活动的本位。"②学界对高等教育发展经济论与价值论冲突的思考始于对高等教育与商品经济关系的研究。对于如何看

---

① 陈学飞，展立新. 我国高等教育发展观的反思. 高等教育研究，2009, 30（8）：1-26.
② 陈学飞，展立新. 我国高等教育发展观的反思. 高等教育研究，2009, 30（8）：1-26.

待高等教育与商品经济的关系，学界主要有两种看法：一种观点认为，商品经济对高等教育的作用是积极的。例如，王红乾的《高等教育如何适应商品经济的发展》、林克的《高等学校如何主动适应经济和社会发展的需要》，以及李同明的《高等教育应当与经济发展相互适应与协调》等文章总结了改革开放以来高校适应社会经济发展的基本经验，并就高校如何更好地适应经济发展提出建议。另一种观点认为，商品经济对高校造成了冲击。潘懋元在《正确对待商品经济对高等教育的冲击》一文中指出，"当前中国高等教育所面临的实际问题是商品经济对高等教育的冲击"，"对待高等教育的改革、发展，我们首先要根据教育外部的规律，必须适应商品经济的发展，同时，也必须根据教育内部的规律，要符合我们教育自身的价值、特点、规律"①。

在党的十四大确定建立社会主义市场经济体制以后，高等教育与社会主义市场经济的关系成为高教理论界和广大高等教育工作者关心和讨论的热点。在此背景下，一些高等教育研讨会先后于 1992—1993 年召开，正面、深入地探讨相关理论。1992 年 11 月上旬，由湖南大学、南京航空学院、华中理工大学三校共同举办的"第四届全国大学教育思想研讨会"于湖南韶山召开，会上集中讨论了高等教育与社会主义市场经济的关系问题。11 月中旬，国家教委中南地区教育管理干部培训中心和《高等教育研究》编辑部又在武汉邀请有关专家就"社会主义市场经济与高等教育改革"专门进行了座谈。②1993 年 1 月上旬，由国家教委高等教育研究中心和北京市高等教育研究所联合主办的"高等教育与社会主义市场经济问题理论讨论会"在北京举行。与会代表主要就社会主义市场经济对高等教育的影响、高等教育自身规律和市场经济规律的不同、高等教育与市场经济的关系、高等教育如何主动适应社会主义市场经济、高等教育的体制改革和新的运行机制等问题进行了深入的讨论。③是年 10 月，国家教委高等教育研究中心、北京市高等教育研究所联合杭州大学再次就"高等教育与社会主义市场经济关系"召开了学术研讨会。④类似学术研讨会的召开，既反映了学术界对"高等教育与社会主义市场经济关系"的关注，也反映出当时我国高等教育发展中经济论与价值论之间存在着冲突与矛盾。

① 潘懋元. 正确对待商品经济对高等教育的冲击. 高等教育研究, 1989 (3): 1-7.
② 刁正邦, 冯向东, 游心超, 等. 高等教育与社会主义市场经济的关系. 高等教育研究, 1993 (1): 3-16.
③ 李志仁. 高等教育与社会主义市场经济问题理论讨论会综述. 高等教育研究, 1993 (2): 28-32.
④ 林正范. 高等教育与社会主义市场经济关系学术研讨会综述. 高等教育研究, 1994 (1): 40-42.

除围绕"高等教育与市场经济"关系的讨论外，高等教育发展经济论与价值论的冲突还体现在对"高等教育是否具有产业性质""是否应走产业化道路"等问题的争论。邵森万在其1989年发表的《高等教育的产业性质及其产业化的意义》一文中，明确指出高等教育具有产业性质，并认为"高等教育的一切弊端，皆源于把高等学校看作事业单位，不承认高等教育的产业性质，致使高等教育走上一条官教化、政治化的道路"①。基于高等教育的特殊性，方耀林则认为"高等教育产业化"的观点是不成立的，"他们所设想的产业化实为'企业化'，这种'产业化'不是也不可能是教育发展的正确方向"②。1994年，王善迈在《高校发展科技产业的几个问题》一文中认为，高校发展校办科技产业和高科技产业具有积极意义，不仅有利于促使高校为经济与社会发展服务，还有利于推动高等学校自身改革与发展。③孟明义在《高校从事产业活动得不偿失》一文中则认为，高等学校发展产业是一个急功近利的决策，是一个扬其短而避其长的做法。"普通高等学校不应当大力发展产业和从事其他经济活动，尤其是不能为了得到收入而从事这些活动，这倒不是什么'清高'，而是因为这种做法不符合社会发展的长远需要和教育自身发展的客观规律，与高等学校的社会职能背道而驰。"④世纪之交，高等教育产业化问题仍是学者研究的焦点。杨德广发文《发展教育产业的必要性和现实意义》，引用大量数据和资料论证教育产业和教育市场之说，认为我国应大力发展高等教育阶段的教育产业，建立教育市场。⑤孙喜亭在《教育具有"产业"属性，但教育不是"产业"》一文中则提出，教育事业的发展不可盲目地跟着经济风向走，如"教育市场化""教育产业化""教育商品化"等口号的提出，就容易导致教育偏离自己的运行规律，而导致失误。⑥

高等教育发展经济论与价值论的冲突是高等教育外部规律与内部规律的冲突，本质上也是高等教育是满足社会经济发展需要还是个体发展需要的问题。围绕高等教育内外部规律而形成的"适应论"与"超越论"也一直是高等教育理论研究和实践领域中一对主要的矛盾。20世纪80年代的高等教育学理研究大多思考的是高等教育如何更好地与社会经济发展相适应的问题。1989年，冷余生在《高

---

① 邵森万. 高等教育的产业性质及其产业化的意义. 高等教育研究，1989（3）：32-35.
② 方耀林. "高等教育产业化"评析. 高等教育研究，1990（4）：29-33.
③ 王善迈. 高校发展科技产业的几个问题. 高等教育研究，1994（4）：14-18.
④ 孟明义. 高校从事产业活动得不偿失. 高等教育研究，1994（4）：19-22.
⑤ 杨德广. 发展教育产业的必要性和现实意义. 高等教育研究，1999（6）：51-56.
⑥ 孙喜亭. 教育具有"产业"属性，但教育不是"产业". 高等教育研究，2000（2）：23-25.

等教育适应性的若干理论问题》一文中，就如何科学地理解高等教育的适应性、如何建立高等教育主动适应社会发展的有效机制等若干理论问题进行了一些探讨。①同年，潘懋元教授就高等教育适应性问题提出"被动适应"与"主动适应"的观点，认为"被动适应"是一种盲目的适应，并不是按照教育的客观规律办教育；而"主动适应"是一种自觉的适应，只有主动适应，才能遵循与运用教育规律办教育。"主动适应是走出'教育商品化'的困惑的途径，建立主动适应的机制才能使我们的高等教育向着正确的方向深化改革，健康发展。"②与"适应论"的观点不同，鲁洁教授于 1994 年发表《道德教育——一种超越》一文，提出教育的"超越论"。在 1996 年的《论教育之适应与超越》一文中，鲁洁教授再次强调，教育必然具有超越的特征。教育超越的核心就是，"要培养出能改造现存世界的人，也即是具有实践意识和实践能力，能超越现实世界、现实社会的人"③。在我国"适应论"长期占据主导地位，政府部门一直要求高等教育适应政治、经济发展的需要，相对忽视高深知识生产的特殊性。

　　改革开放 40 年来，我国高等教育发展中一直存在经济论与价值论的冲突。面对经济论主导下的高等教育市场化、功利化的现实，人们开始对高等教育今后的发展表示担忧，这种忧虑源自人们对高等教育优良传统的留恋，也源自人们对高等教育优良品质的追求。在经济论高等教育发展观驱动下，在高等教育巨资投入的刺激下，我国高校一味追求学术 GDP，而忽视了人才培养的全面性与创造性，忽视了高等教育的根本价值与理想信念。这些问题都是我国高等教育未来发展中需要注意避免的。

第四节　高等教育发展中"价值论"与"政治论"的融合

　　改革开放后，科学与教育迎来了"春天"，但在一度非常重视物质经济发展

---

① 冷余生. 高等教育适应性的若干理论问题. 高等教育研究，1989（2）：15-19.

② 潘懋元. 高等教育主动适应经济与社会发展的理论思考——在第二次全国大学教育研讨会上的发言. 教育评论，1989（1）：1-4.

③ 鲁洁. 论教育之适应与超越. 教育研究，1996（2）：3-6.

的背景下，人的发展在我国高等教育发展中也经历了从被忽视到以立德树人为中心的发展过程。

一、高等教育发展"价值论"的新趋势

改革开放 40 年来，我国高等教育吸取历史经验与教训，摒弃了"以阶级斗争为纲"的发展模式，建立起了符合中国特色社会主义要求的现代高等教育体系。在新时期如何认识并处理好高等教育与政治、经济、社会的关系成为关乎高等教育发展方向与未来的重要问题。

我国高校的根本任务是立德树人，培养德智体美劳全面发展的社会主义事业的建设者和接班人。1995 年，为贯彻落实《中共中央关于进一步加强和改进学校德育工作的若干意见》和《中国教育改革和发展纲要》，根据《中华人民共和国教育法》的有关规定和要求，国家教委颁布试行《中国普通高等学校德育大纲》。1997 年，党的十五大报告提出："建设有中国特色的社会主义，必须着力提高全民族的思想道德素质和科学文化素质，为经济发展和社会全面进步提供强大的精神动力和智力支持，培育适应社会主义现代化要求的一代又一代有理想、有道德、有文化、有纪律的公民。"加强大学生思想道德和科学文化素质教育，促进社会主义精神文明建设，遂成为 21 世纪高等教育的重大使命。1998 年 4 月，教育部高等教育司发布《关于加强大学生文化素质教育的若干意见》，主要是强调对大学生加强文学、历史、哲学、艺术等人文社会科学方面的教育，同时对文科学生加强自然科学方面的教育，以提高全体大学生的文化品位、审美情趣、人文素养和科学素质。在世纪之交，加强文化素质教育不仅是时代发展的要求，还是我国高等教育改革的需要，更是大学生全面发展的需要。《关于加强大学生文化素质教育的若干意见》指出，"加强文化素质教育，从更深的层面和更综合的角度体现德、智、体全面发展的要求，是新形势下全面贯彻党的教育方针的重要举措"。为进一步加强和改进高等学校德育工作，全面推进素质教育，教育部于 2001 年 3 月发布《教育部关于加强普通高等学校大学生心理健康教育工作的意见》，对大学生心理健康教育工作的主要任务与内容、原则、途径与方法、队伍建设和管理等方面提出了具体规定。总的来说，21 世纪以来，我国高等教育在发展中更加注重发扬价值论内涵，更加注重发挥高等教育对于提升学生思想道德和文化素质的积极作用。

二、"价值论"与"政治论"两种高等教育发展观的融合

党的十六大以来，高等教育发展观中价值论与政治论的融合更加紧密，突出体现在以下几个方面。

（1）高等教育坚持以科学发展观为指导。党的十六届三中全会第一次提出了科学发展观的概念，即坚持以人为本，树立全面、协调、可持续的发展观，促进经济社会和人的全面发展。2007 年，党的十七大更加明确了科学发展观的含义，科学发展观第一要义是发展，核心是以人为本，基本要求是全面协调可持续，根本方法是统筹兼顾。为贯彻落实科学发展观，高等教育发展也要"以人为本"，促进人的全面发展，这是科学发展观的本质和核心，是教育工作全面落实科学发展观的核心任务。高等教育要以育人为本，以学生为主体；高等学校办学要以人才为本，以教师为主体。[①] 高等学校要在教育工作的每一个环节贯彻以人为本的方针，办好让人民满意的教育。

（2）高等学校加强大学生思想政治教育。1998 年，《中华人民共和国高等教育法》以法律的形式强调了思想政治教育在高等教育中的地位和作用。面对国际国内形势的深刻变化，大学生思想政治教育既面临有利条件，也面临严峻挑战。2004 年 8 月，《中共中央国务院关于进一步加强和改进大学生思想政治教育的意见》指出，在实施大学生思想政治教育的基本原则指导下，加强和改进大学生思想政治教育的主要任务有：①以理想信念教育为核心，深入进行树立正确的世界观、人生观和价值观教育；②以爱国主义教育为重点，深入进行弘扬和培育民族精神教育；③以基本道德规范为基础，深入进行公民道德教育；④以大学生全面发展为目标，深入进行素质教育。近年来，随着思想政治教育科学化的发展，高校思想政治教育的学科设置不断调整，学科地位不断提升。2005 年 12 月，国务院学位委员会和教育部发布《关于调整增设马克思主义理论一级学科及所属二级学科的通知》，决定在《授予博士、硕士学位和培养研究生的学科、专业目录》中增设马克思主义理论一级学科及所属二级学科，思想政治教育成为马克思主义理论一级学科下设的二级学科。由此，思想政治教育专业名称在学士、硕士、博士三个

---

① 周济. 用科学发展观统领教育工作全局——周济部长在教育部 2005 年度工作会议上的讲话. 基础教育外语教学研究，2005（2）：3.

层次得到统一，思想政治教育的学科建设取得重要进展。[①]2017 年 2 月，中共中央、国务院印发了《关于加强和改进新形势下高校思想政治工作的意见》，提出要强化思想理论教育和价值引领，把理想信念教育放在首位，要发挥哲学社会科学育人功能，加强哲学社会科学学科体系建设，要加强对课堂教学和各类思想文化阵地的建设管理，要加强教师队伍和专门力量建设等。

（3）高等教育参与社会主义核心价值体系建设。2006 年 10 月，党的十六届六中全会通过的《中共中央关于构建社会主义和谐社会若干重大问题的决定》第一次提出了"建设社会主义核心价值体系"的重大命题和战略任务，明确提出了社会主义核心价值体系的内容，并指出社会主义核心价值观是社会主义核心价值体系的内核。2007 年 10 月，党的十七大报告《高举中国特色社会主义伟大旗帜　为夺取全面建设小康社会新胜利而奋斗》（以下简称党的十七大报告）进一步指出，"社会主义核心价值体系是社会主义意识形态的本质体现"。2012年 11 月，党的十八大报告《坚定不移沿着中国特色社会主义道路前进　为全面建成小康社会而奋斗》（以下简称党的十八大报告）明确提出"三个倡导"，即"倡导富强、民主、文明、和谐，倡导自由、平等、公正、法治，倡导爱国、敬业、诚信、友善，积极培育社会主义核心价值观"。由于高等教育的特殊性和重要性，必须把核心价值观作为根本性内容贯穿于高校教育教学的全过程和各方面，切实深化高校核心价值观教育。2017 年 10 月，党的十九大报告《决胜全面建成小康社会　夺取新时代中国特色社会主义伟大胜利》（以下简称党的十九大报告）提出，要培育和践行社会主义核心价值观，要以培养担当民族复兴大任的时代新人为着眼点，强化教育引导、实践养成、制度保障，发挥社会主义核心价值观对国民教育、精神文明创建、精神文化产品创作生产传播的引领作用，把社会主义核心价值观融入社会发展各方面，转化为人们的情感认同和行为习惯。根据这些要求，高等教育系统应将政治论与价值论相结合，深入开展社会主义核心价值体系学习教育。

（4）高校立身之本在于立德树人。党的十七大报告强调指出，要"坚持育人为本、德育为先，实施素质教育，提高教育现代化水平，培养德智体美全面发展的社会主义建设者和接班人"。这就把"立德"摆在"育人"的第一位，对教育提出新的要求。党的十八大报告提出"把立德树人作为教育的根本任务"，这

---

① 冯刚. 党的十六大以来大学生思想政治教育的创新与发展. 中国高等教育，2012（18）：9.

是党的全国代表大会报告中首次提出立德树人。按照立德树人的要求，"践行高
等教育的使命，就是我们的大学不仅要传授知识、培养能力，还要把社会主义
核心价值体系融入学校教育的全过程，引导学生树立正确的世界观、人生观、
价值观"①。为落实党中央的号召，教育部于 2014 年印发《关于全面深化课程改
革 落实立德树人根本任务的意见》，指出立德树人是发展中国特色社会主义教育
事业的核心所在，是培养德智体美全面发展的社会主义建设者和接班人的本质要
求。党的十九大报告进一步指出，要全面贯彻党的教育方针，落实立德树人根本
任务，发展素质教育，推进教育公平，培养德智体美全面发展的社会主义建设者
和接班人。新时期，高等学校一切工作的根本任务都是为了立德树人。从这个角
度看，高等教育发展的根本要务在于把立德树人作为中心环节，培养全面发展的
人；高校应坚持以立德树人统领学科建设、人才培养、科学研究、社会服务、文
化引领，以及国际交流等各项事业。

第五节　高等教育发展观的"变"与"不变"

高等教育发展观的演变是高等教育思想解放、改革创新的体现。改革开放 40
年来，政治论、经济论和价值论发展观与高等教育发展相伴相随。不同历史时期
以某一观念为主，其他观念为辅。"在不同的国家或地区，或在同一个国家或地
区的不同历史时期，高等教育发展观一般总是既包含着某些共同或一贯的东西，
也充满了某些特殊和变革的内容。"②40 年来，我国高等教育发展观既有"变"的
地方，也有"不变"之处。

一、高等教育发展观的"变"

高等教育发展要与政治、经济、文化的发展相适应，又有其自身的发展规
律。高等教育外部规律要求高等教育与时俱进，在变化中发展，在发展中变化。

---

① 瞿振元. 立德树人：大学理性的回归. 光明日报，2014-08-19（13）.
② 陈学飞，展立新. 我国高等教育发展观的反思. 高等教育研究，2009，30（8）：2.

"变"是高等教育发展的基本表现。40 年来，我国高等教育发展观的"变"集中于以下方面。

1. 从以阶级斗争为纲到以经济建设为中心

中华人民共和国成立后的 30 年间，"教育革命"一度使高等教育具有十分浓厚的政治色彩。党的十一届三中全会之后，坚持以经济建设为中心这一基本路线全面而深入地影响到了各个领域。20 世纪 80 年代启动的高等教育体制改革就是在推动经济体制改革的深入发展、有计划地促进社会主义商品经济发展的背景下进行的。1984 年 10 月颁布的《中共中央关于经济体制改革的决定》指出，要建立自觉运用价值规律的计划体制，发展社会主义商品经济。为适应社会主义商品经济的需要，教育体制改革势在必行。1985 年 5 月 27 日，《中共中央关于教育体制改革的决定》正式发布。该决定指出："在国家统一的教育方针和计划的指导下，扩大高等学校的办学自主权，加强高等学校同生产、科研和社会其他各方面的联系，使高等学校具有主动适应经济和社会发展需要的积极性和能力。"由此可见，改革高等教育体制机制、扩大高等学校办学自主权的出发点在于提高高校主动适应经济和社会发展需要的积极性和能力，为经济和社会发展服务是高等教育体制改革的目标所在。

2. 从"外延扩张"到"内涵发展"

党的十八大报告提出"推动高等教育内涵式发展"，党的十九大报告明确将"实现高等教育内涵式发展"作为战略任务。从"推动"高等教育内涵式发展到"实现"高等教育内涵式发展，这是在中国特色社会主义进入新时代、我国社会主要矛盾发生新变化的大背景下，高等教育发展方式变革的时代要求，也是我国高等教育自身健康发展的内在要求。自 20 世纪 90 年代末高等学校扩大招生规模、高等教育大众化进程开启以来，我国高等教育毛入学率迅速增长，2012 年达 30%，2013 年达 34.5%，2014 年达 37.5%，2015 年达 40.0%，2016 年达 42.7%，比 2012 年增长 12.7 个百分点[①]。2016 年，全国各类高等教育在学总规模达到 3699 万人，共有普通高等学校和成人高等学校 2880 所。研究生招生 66.71 万人，其中，博士生招生 7.73 万人，硕士生招生 58.98 万人。普通高等教育本专科共招生 748.61

---

① 我国高等教育毛入学率 4 年增长 12.7%. 人民日报，2017-07-11（12）.

万人，在校生 2695.84 万人，毕业生 704.18 万人①。预计到 2020 年，高等教育毛入学率将达到 50%以上，中国将进入高等教育普及化阶段。

近年来，我国高等教育大众化水平显著提高，2016 年高等教育在学总规模位居世界第一，已成为名副其实的高等教育大国，即将迎来高等教育普及化的新时代。高等教育规模扩张是高等教育发展的必经阶段，也是高等教育巨大发展成果的集中体现，但我们不应满足也不能满足于现阶段高等教育大众化所取得的成就。作为后发型高等教育大国，我国高等教育规模高速扩张也引发一系列消极效应。例如，人才培养质量与经济社会发展的要求有差距；学科专业结构与区域发展和产业转型升级的要求有差距；自主创新能力与国际竞争的要求有差距；高校自主办学和自我管理的能力与建设现代大学制度的要求有差距。②此外，高等教育发展过快不仅带来了高等教育经费全面紧张、学费普遍上涨和高等教育质量难以保证的问题，同时还带来了巨大的就业压力，并在很大程度上超过了社会承受能力。③这些问题的根本原因是发展不够科学，要害是质量不高。推动和实现高等教育内涵式发展对于高等教育长远发展具有重大意义。要实现高等教育内涵式发展，就必须促进高等教育发展由"量"到"质"的转变，由"外延扩张"到"内涵发展"的转变，其关键在于坚持把提高质量作为高等教育发展的中心任务，通过分层次的教育质量标准，引领高等教育以多样化的教育供给满足人民日益多样的、个性化的教育需要；坚持调整学校学科专业结构、区域发展布局结构，以解决高等教育发展不平衡、不充分的问题。④

二、高等教育发展观的"不变"

改革开放以来，我国高等教育改革与发展取得了举世瞩目的伟大成就，积累了许多宝贵经验，形成了中国特色的发展道路和办学模式。这些经验、道路和模式符合基本国情、符合人民利益、符合时代要求，只有长期坚持，才能保证高等教育又好又快地发展。

---

① 教育部. 2016 年全国教育事业发展统计公报.（2017-07-10）[2018-03-21]. http://www.moe.gov.cn/jyb_sjzl/sjzl_fztjgb/201707/t20170710_309042.html.

② 杜玉波. 全面推动高等教育内涵式发展. 中国高等教育，2013（1）：4-8.

③ 王洪才，曾艳清. 后大众化与我国高等教育发展战略选择. 华中师范大学学报（人文社会科学版），2010（3）：133-138.

④ 瞿振元. 高等教育内涵式发展：从"推动"到"实现". 人民日报，2017-12-21（17）.

1. 优先发展教育的思想不变

改革开放以来，教育对经济社会发展具有重大促进作用成为人们的共识。改革开放初期，邓小平对教育工作的多次强调与决策部署，反映了他对教育的重视及优先发展教育的思想。优先发展教育的内在逻辑是，"从对我国社会主义主要矛盾的分析中，确定社会主义初级阶段的最大政治任务是进行社会主义现代化建设——而现代化建设的中心是经济建设——经济建设的根本任务则是发展生产力——生产力的发展又在很大程度上依赖于科学技术的水平——科学技术水平的提高以及科技人才的培养必须建立在大力发展教育的基础上"①。从恢复全国高等学校招生考试制度到召开全国科学大会，再到出台《中共中央关于教育体制改革的决定》等，无不反映了国家优先发展教育的决心和信心。1992 年，党的十四大报告向全党、全国人民发出号召："我们必须把教育摆在优先发展的战略地位，努力提高全民族的思想道德和科学文化水平，这是实现我国现代化的根本大计。"这是我国第一次明确提出要把教育摆在优先发展的战略地位。随后，"国家保障教育事业优先发展"被写进《中华人民共和国教育法》中，教育优先发展获得法律保障。优先发展教育被历届党的全国代表大会报告所强调。1997 年党的十五大报告提出，"要切实把教育摆在优先发展的战略地位"；2002 年党的十六大报告《全面建设小康社会，开创中国特色社会主义事业新局面》提出"教育是发展科学技术和培养人才的基础，在现代化建设中具有先导性全局性作用，必须摆在优先发展的战略地位"；2007 年党的十七大报告提出"优先发展教育，建设人力资源强国"；2012 年党的十八大报告提出"要坚持教育优先发展"；2017 年党的十九大报告提出"优先发展教育事业"。

高等教育是教育事业的重要组成部分。党的十八大以来，我国对高等教育的发展更加重视。2012—2017 年，国家财政性教育经费支出占的比例连续保持在4%以上。2014 年以来，从《国务院关于深化考试招生制度改革的实施意见》到《统筹推进世界一流大学和一流学科建设总体方案》，再到《关于深化教育体制机制改革的意见》，这些上下贯通、关涉全局的顶层设计方案陆续出台，由国务院和相关部委具体实施，表明国家对高等教育发展始终给予高度重视和大力支持。尤其值得注意的是，2017 年 1 月，教育部、中华人民共和国财政部（以下简

---

① 程凯. 当代中国教育思想史. 开封：河南大学出版社，1999：315.

称财政部)、中华人民共和国国家发展和改革委员会（以下简称国家发展改革委）印发了《统筹推进世界一流大学和一流学科建设实施办法（暂行）》；9 月下旬，公布了"双一流"建设高校及建设学科名单，其中，世界一流大学建设高校 42 所，世界一流学科建设高校 95 所，"双一流"建设学科 465 个。在新的历史时期，"双一流"建设对提升我国高等教育发展水平、增强国家核心竞争力、促进高等教育长远发展，具有重要意义。

2. 高等教育为国家经济社会发展服务的思想不变

作为一项国家事业，高等教育服务国家需求是其获得合法性的根本所在。自中华人民共和国成立以来，高等教育积极服务于国家需求，为建设社会主义现代化国家作出巨大贡献。改革开放 40 年来，服务社会经济发展更是成为高等教育的发展目标和前进动力。

以高等教育重点建设工程为例，为社会经济发展服务、与社会主义现代化建设相适应是其基本出发点。"文化大革命"十年对国民经济和生产力造成严重破坏，产业衰败、物资匮乏的国情导致国家教育经费和资源短缺，要想恢复和重建高等教育，政府就必须集中有限精力与资源有重点地扶持和建设一批关乎国家整体利益和社会经济发展的重点大学，为改革开放培养各行各业紧缺的高端人才。1978 年教育部发布了《关于恢复和办好全国重点高等学校的报告》，恢复了"文化大革命"前的 60 所全国重点高等学校，并增加 28 所高校为全国重点高等学校。1978 年 2 月，《国务院转发教育部关于恢复和办好全国重点高等学校的报告的通知》强调，"恢复和办好全国重点高等学校是一项战略性措施，对于推动教育战线的整顿工作，迅速提高高等教育的水平，尽快改变教育事业与社会主义革命和建设严重不相适应的状况，是完全必要的。因此，办好全国重点高等学校，不仅是教育部门的任务，各省、自治区、直辖市和各部委都要给予足够的重视"。由此可见，国家已将高等教育重点建设提到战略性高度，将发展高等教育视为建设社会主义现代化强国的重要途径。

高等教育要为国家经济社会发展服务，这种思想也深刻体现在党和国家若干重大文件中。《中共中央关于教育体制改革的决定》指出："教育必须为社会主义建设服务，社会主义建设必须依靠教育。社会主义现代化建设的宏伟任务，要求我们不但必须放手使用和努力提高现有的人才，而且必须极大地提高全党对教育工作的认识，面向现代化、面向世界、面向未来，为九十年代以至下世纪初叶我国经济和社会的发展，大规模地准备新的能够坚持社会主义方向的各级各类合格人才。"《中华人民共和国教育法》第五条规定，"教育必须为社会主义现代化建设服务、为人民服务，必须与生产劳动和社会实践相结合，培养德、智、体、美等方面全面发展的社会主义建设者和接班人"。《中华人民共和国高等教育法》第四条规定，"高等教育必须贯彻国家的教育方针，为社会主义现代化建设服务、为人民服务，与生产劳动和社会实践相结合，使受教育者成为德、智、体、美等方面全面发展的社会主义建设者和接班人"。《国家中长期教育改革和发展规划纲要（2010—2020年）》也强调"高校要牢固树立主动为社会服务的意识，全方位开展服务"。党的十五大以来，在科教兴国和人才强国战略下，我国高等教育对国家社会经济发展的贡献显著提高。2012—2016年，高等教育为国家输送了超过3000万名大学毕业生；高校以全国9.4%的研发人员、7%的研发经费发表了全国80%以上的SCI论文；高校牵头承担了80%以上的国家自然科学基金项目和一大批"973计划"项目、"863计划"项目等国家重大科技任务；高校服务社会、服务企业的能力显著增强，服务企业、社会需求获得的科研经费总数超过1791亿元，占高校科研总经费的27.4%；科技成果直接交易额超过130.9亿元，发明专利授权量超过全国总量的1/5；教育部人文社科研究各类项目批准立项18 700余项，高校提交各类资政报告4.3万篇；大学生参加暑期"三下乡"活动累计高达2000余万人次，高等学校的学生成为志愿者服务重要的生力军和主力军。①

　　综上所述，改革开放40年来，我国高等教育发展观经历了从政治论向经济论的转变，也面临经济论与价值论的冲突，正迎来价值论与政治论的融合。今后不论高等教育发展观如何演变，以人才培养为中心，提高人才培养质量在高等教育发展观中都将处于更加重要的地位。基于此，在遵循高等教育发展规律的基础上，应更加注重并发挥高等教育生产、传播、应用高深学问的能力，更加注重并提高高等教育促进人的全面发展的根本价值，强化立德树人。只有这样，我国高等教育才能在新时代呈现新气象、展现新作为，为中华民族的伟大复兴作出贡献。

---

① 新浪财经. 教育部介绍从数据看党的十八大以来我国教育改革发展有关情况. （2017-09-20）[2018-03-21]. http://finance.sina.com.cn/roll/2017-09-28/doc-ifymkxmh7605744.shtml.

第三章
中国特色高等教育大众化之路

　　改革开放 40 年以来，我国高等教育取得了巨大成就，高等教育大众化成为推进高等教育现代化，甚至是中国社会现代化的驱动力之一。如果没有以扩招为始的高等教育大众化过程，我国的高等教育规模不可能有如此快速的发展。因此，对高等教育大众化中国道路的考察成为审视改革开放 40 年来高等教育发展的重要环节。

　　然而，我国高等教育大众化的发展并不如我们想象得那么平稳，高等教育系统内部依然问题重重，物质的、空间的大众化发展快于高等教育内部的大众化，数量与质量、政府控制与高校自主等矛盾相当突出。如何化解这些矛盾？当前的发展方式是否可以有效缓解矛盾，从而使未来的高等教育实现平稳可持续发展？事实上，中国高等教育大众化之所以发生如此多的问题，除了速度之快、规模之大前所未有之外，也与高等教育政府主导方式的内在逻辑有关。因此，本章试图通过对高等教育大众化历史进程的深度剖析，对大众化进程中具有中国特色的政府主导的运行逻辑进行探讨，以更好地促进中国高等教育改革和发展。

第一节　中国特色高等教育大众化道路的背景

我国现代高等教育的创生是国家意志的产物，政府主导高等教育发展具有历史必然性并逐渐成为高等教育发展的一种路径依赖。长期以来，我国高等教育规模偏小、同质化程度偏高、体系不健全的状况，不仅有悖于国际高等教育发展大趋势，也制约了我国经济社会的持续健康发展。因此，中国高等教育走上由政府强力推动并由政府全程主导的快速大众化道路有其必然性。

我国高等教育大众化的现实社会背景则要从改革开放的大环境说起。1992年邓小平发表南方谈话，肯定了改革开放和市场经济。大规模的国企改制开始推行，经营不善的国企纷纷倒闭，国企改制导致了国企不能再像之前那样大规模接收大学生，于是1996年国家启动了毕业生就业"双向选择、自主择业"试点工作；到1998年，大学生由国家分配工作的制度基本取消，当年70%以上的大学毕业生是自主择业的。同时，1992—1998年，由于国企改制、市场经济改革等原因，国内出现了大规模失业人员。

经济方面，20世纪90年代前期，我国经济过热，通货膨胀率极高，国家开始对过热的经济进行降温——也就是著名的"软着陆"。通过1993—1996年的"软着陆"，通货膨胀率从1994年的24.1%下降到1996年的8.3%，但与此同时，经济增速也大大放缓，国内需求疲软。1997年，亚洲金融危机爆发，我国从大局出发作出了人民币不贬值的决定（出口下滑，更需拉动内需）。这一系列社会经济背景的变化导致国家必须采取努力扩大内需的手段促进经济发展，确保政治和社会稳定。于是，我国政府把部分目光投向高等教育，决定通过高等教育大规模扩招来拉动内需，促进经济发展。

同时，我国高等教育也处于落后于发达国家的水平。20 世纪五六十年代，美国在各方面压力下，最先开启了高等教育大众化进程。到 20 世纪 60 年代，物质基础比较发达的欧洲国家率先回应，形成了世界上第二波高等教育大众化运动。20 世纪 70 年代以后，第三波高等教育大众化运动主要发生在一些处于社会和政治双重转型中的国家，其余的大多数国家也在进行高等教育大众化的努力。在国际普遍实行高等教育大众化的趋势下，1998 年，我国高等教育毛入学率只有 9.76%，且自 1978 年以来每年以平均 0.41% 的速度缓慢增长。由于已经丧失了发展先机，作为后发国家，为了不被先发国家远远甩在身后，我国必然要走向政府主导的赶超型高等教育发展道路。

在历史和现实的双重背景下，政府主导的强力推进高等教育大众化的政策就成了国家扩大内需、寻求经济增长的选择。而这一路径选择也是不同于发达国家高等教育大众化经验的尝试，中国特色的高等教育大众化道路也在发展过程中越发清晰。

第二节 中国特色高等教育大众化的道路选择和调整过程

我国高等教育大众化道路是一种国家自上而下的政策安排，是以政府推动为基本力量、以大学扩招为基本方式、以地方高校为主要承载者，服务于经济社会发展目标的伟大事业。在大发展过程中，高等教育大众化道路也在不断调整。

总体来讲，中国特色高等教育大众化道路是由政府设计、政府选择、政府推动、政府主导的。根据国家政策的重心转移和高等教育发展速度的变化，可以将近 20 年的高等教育大众化进程分为三个阶段。第一阶段是启动政策、开始加速扩张以做大规模的阶段（1999—2005 年）；第二阶段是在降速发展的同时调整政策以改善质量、完善体系的阶段（2006—2009 年）；第三阶段是进一步修正政策、加快调整结构和提升质量的阶段（2010 年至今）。不同的发展阶段有不同的政策重点，体现出不同的发展理念，并取得了不同的发展成就，也面临始终需要面对并一直试图解决的问题，如精英教育与大众教育的关系问题、高等教育公平与效率的关系问题、高等教育的规模速度与质量效益的关系问题、公办高等教育与民办高等教育及非传统高等教育的发展的关系问题等。

一、启动政策、开始加速扩张以做大规模的阶段：1999—2005 年

1998 年，教育部制定了《面向 21 世纪教育振兴行动计划》，1999 年 1 月获得国务院批复并正式公布，成为我国高等教育大众化启动的标志。该行动计划作为我国 21 世纪教育的行动纲领，提出了未来高等教育发展的两个重大战略构想：一要"积极稳步发展高等教育"，即在提高规模效益的同时，改革教学思想、内容和方法，不断提高教育教学质量；二要全面振兴教育事业，实现高等教育规模的较快扩大，至 2010 年高等教育毛入学率达到 15%的发展目标。该行动计划指出：在采用新机制和新模式的前提下，2000 年高等教育本专科在校生总数将达到660 万人；研究生在校生规模应有较大增长；高等教育入学率从 1997 年的 9.1%提高到 2000 年的 11%左右；普通高等学校生师比由 1997 年的 10：1 提高到 2000年的 12：1；独立设置的普通高校平均在校生规模达到 4000 人左右。①

1999 年 6 月，改革开放以来的第三次全国教育工作会议在京召开，会议进一步明确了高等教育大发展的基本思路，即为增强国力和国际竞争力，迎接 21 世纪的机遇和挑战，必须把教育放在优先发展的战略位置；要扩大现有普通高校和成人高校的招生规模，尽可能满足人民群众接受高等教育的需要，保证教育的适度优先发展。会议公布的《中共中央国务院关于深化教育改革，全面推进素质教育的决定》，再次重申"扩大高中阶段教育和高等教育的规模，拓宽人才成长的道路，减缓升学压力。通过多种形式积极发展高等教育，到 2010 年，我国同龄人口的高等教育入学率要从现在的百分之九提高到百分之十五左右"②。上述行动计划和决定，为中国高等教育迅速扩张奠定了政策与思想基础，开启了中国高等教育规模扩张的历史征程。在《面向 21 世纪教育振兴行动计划》施行的当年

---

① 《中国教育年鉴》编辑部. 中国教育年鉴 1999. 北京：人民教育出版社，1999：108-112.

② 《中国教育年鉴》编辑部. 中国教育年鉴 2000. 北京：人民教育出版社，2000：88.

（1999 年），我国普通高校本专科招生总数为 159.68 万人，比上年的 108.36 万人增加 51.32 万人，较上年增长 47.4%[①]，成为当时自改革开放以来高校招生数量最多、增幅最大、发展最快的一年。

2000 年是自 1992 年高等教育管理体制改革和结构调整工作开始以来改革力度最大、调整学校最多的一年。这一年的调整结束了部门办学体制，中央和省级政府两级办学、以地方管理为主的新体制框架基本确立。教育部利用这次管理体制改革和结构调整的契机，对高校布局进行了调整，对一些重点高校进行了合并，组建了一批新的综合性和多科性大学。此外，地方高校也根据实际需要进行了相应的调整。通过合并，高等学校数量有所减少，一些地区高校重复设置、单科性学校过多、办学规模效益低的状况有较大改善，高校布局结构日趋合理。[②]

2001 年后，我国高等教育在保持一定的规模增长幅度的同时，开始注重对高等教育内外部结构进行综合调整，主要对高等教育层次结构、区域结构及高校学科专业结构等进行调整。2000 年 12 月 20 日，教育部召开 2001 年度教育工作会议，教育部部长陈至立同志在会议上指出："'十五'期间，我国将进入依靠结构调整促进经济发展的新阶段。经济结构的战略调整要求进一步促进教育经济的结合，加大教育结构调整的力度。我国目前的教育结构存在着与经济社会发展要求不相适应的问题……从学科结构来看，与高新技术产业发展相关的人才以及高层次经营管理人才的培养相对滞后；从区域结构看，东西部差异和城乡差距仍十分突出。针对这些问题，教育的'十五'计划把加快教育结构调整作为重要的内容。"[③]在 2002 年的全国教育工作会议上，陈至立重申："必须坚持改革、发展、稳定的统一，坚持数量、质量、结构、效益的统一。要根据入世后经济结构调整和就业市场变化的趋势，加快高等学校和职业学校学科、专业结构调整的步伐。"

通过这一时期规模的加速扩张和结构的调整，我国高等教育规模结构得到初步改善。就规模扩张速度而言，高等教育毛入学率有大幅提升，从 1998 年的 9.76% 迅速增长到 2005 年的 21%，在扩招的第三年（2002 年）就提前实现了高等教育毛入学率达到 15% 的目标；本专科招生人数也由 1999 年的 159.68 万人增长到 2005 年的 504.46 万人，增长了约 216%。以层次结构为例，1998 年我国普通高校总数

① 《中国教育年鉴》编辑部. 中国教育年鉴 2000. 北京：人民教育出版社，2000：88.
② 《中国教育年鉴》编辑部. 中国教育年鉴 2001. 北京：人民教育出版社，2001：23-24.
③ 《中国教育年鉴》编辑部. 中国教育年鉴 2002. 北京：人民教育出版社，2002：19.

为 1022 所，其中普通本科高校 590 所，占普通高校总数的 58%；普通专科高校 432 所，占普通高校总数的 42%。1998、1999、2000 年三年普通高校本科院校数量占普通高校总数的比例保持在 56% 以上。2001 年后，本科院校的总量变化不大，但在普通高校中所占的比例则大幅降低，2001 年降至 49%，比上年降低了 9 个百分点；同时，普通专科高校快速增加，2001 年增加到 628 所，占总量比例突破 50% 大关，达到 51%。此后，普通本科高校数量虽逐年增加，但所占比例逐年降低，2005 年不足 40%。可见，从高等教育的层次看，形成了相对合理的梯次结构，见表 3-1。

表 3-1　1999—2005 年我国普通高等学校本专科数量、比例情况

年份	普通本专科院校总数/所	普通本科院校		普通专科院校	
		数量/所	占普通本专科院校总数比/%	数量/所	占普通本专科院校总数比/%
1999	1071	597	56	474	44
2000	1041	599	58	442	42
2001	1225	597	49	628	51
2002	1396	629	45	767	55
2003	1552	644	41	908	59
2004	1731	684	40	1047	60
2005	1792	701	39	1091	61

资料来源：1999—2016 年教育部发展规划司的《中国教育统计年鉴》

1999 年我国高等教育扩招的启动是出于刺激经济发展的意图。这表明国家将高等教育视为发展经济的工具，使高等教育成为直接推动经济发展的一种手段。这是在没有经过准确的规模增长测算的情况下，由政府完全主导、没有充分考虑高等教育发展规律而进行的决策。因此，这一阶段我国高等教育大众化走的是一条以高等教育推动经济发展和缓解就业压力先于人才培养与高等教育发展的内在要求为优先考量，以高等教育规模快速扩张和结构调整为工具，由国家制定政策强力推进的道路。

从 2000 年之后的几次全国教育工作会议来看，国家在价值选择上仍然关注高等教育促进经济发展的作用，以此为取向来对高等教育层次结构、区域布局和学科专业设置作出符合经济社会需要的调整安排。这一时期的高等教育价值选择是高等教育和经济的结合，除了关注高等教育发展的规模和速度之外，也关注高等教育的外部结构和布局；在发展模式上，通过大幅提升高校招生数量和对高等

教育层次结构多样化进行调整来提升高等教育毛入学率，政策的偏向使得高等教育大众化的进程快速推进，高等教育在 2002 年就进入了大众化阶段。快速地进入大众化阶段并不意味着高等教育自身已经达到了大众化质的要求，在随后的发展当中，政府的政策更多地针对其问题作出调整。

这一时期的高等教育发展体现了高等教育大众化中国道路的初始阶段特征，即政府面对国内外经济压力，在超脱于特定社会集团、阶层之需求或利益的目标之外，通过对其所掌控的资源进行集中和利用，实现经济的快速发展。同时，规模越大，公共开支也越大，资源动员偏好越强。[①]资源动员偏好直接要求权力的集中。这种基于绩效合法性的赶超式发展能够在短时间内达到目标，但这种强自主性的行动倾向忽视了重要的能力建设。

二、降速发展的同时调整政策以改善质量、完善体系的阶段：2006—2009 年

经过前一阶段的快速发展，我国高等教育毛入学率从 1999 年的 10.5% 快速上升到 2005 年的 21%，普通本科高校数量缓慢增长，专科高校数量快速增加，形成了本专科高校数量的比例 4∶6 的层次格局。其中，本专科招生比例结构也有了很大调整，招生总人数从 1999 年的 159.68 万人增加到 2005 年的 504.46 万人，本科和专科招生人数的比例从 1999 年的 7∶3 转变为 2005 年的 4.7∶5.3，在招生数量分布上更为均衡。

依靠规模扩张的外延式发展模式带来了意料之外的成就，也产生了诸多问题。这一模式有明确的规模和硬件上的目标，相对容易量化和实现，且周期较短，是具有效率的一种发展方式。但这种发展方式很容易导致路径依赖，形成发展思维和方式的惯性；过于关注数量，强调外在资源的供给和配置的增加；过于关注宏观体制的突破和变革，则会忽视学校内在资源的挖掘、整合和优化配置，以及教育质量、办学特色等发展的内在动力。例如，高校办学条件落后于需求扩张，高校教学用房、图书馆和仪器设备、食堂和浴室极为紧张，无法满足迅速增加的学生需要；师资处于紧张状况，结构性的短缺十分明显。[②]办学

① 吴稼祥. 公天下：多中心治理与双主体法权. 桂林：广西师范大学出版社，2013：79.
② 胡建华. "后发国家"高等教育大众化的基本特点. 教育发展研究，2002（1）：31-32.

条件的落后必然会导致高等教育质量下滑，由于大规模扩张，生源质量参差不齐也是不争的事实。[①]2003 年以后，毕业生就业市场基本处于供大于求的状态，就业形势渐趋紧张。面临诸多亟待解决的问题，高等教育大众化的政策选择必然要进行调整。我国既然走上了一条与众不同的高等教育大众化道路，这就意味着我们没有预设的路线图，只有善于处理不断出现的新问题，才能沿着正确的方向走上坦途。

自 2006 年始，我国高等教育进入稳定规模、注重提高质量的发展阶段。北京大学等重点高校明确宣布，为了保证教育质量，今后不再进行规模扩张。鉴于高等教育扩招所引发的一系列问题及学者的诸多批评，2006 年 5 月 10 日，国务院召开常务会议，听取高等教育工作汇报，指出高等教育规模扩张应适当放缓，重在提高教育质量。教育部提出 2006 年高等学校招生的增长幅度应严格控制在 5%以内，如超计划，高等学校将在新增研究生学位点审批及基本建设投资等方面受到影响。其后，中央有关部委共 14 个部门联合下发《关于切实做好 2006 年普通高等学校毕业生就业工作的通知》，要求各地方政府注意控制高等学校招生数量与增长幅度，稳定招生规模。

2007 年教育部、财政部印发《高等学校本科教学质量与教学改革工程项目管理暂行办法》，其核心内容是：建设我国高等学校"质量工程"，要以提高高等学校本科教学质量为目标，以推进改革和实现优质资源共享为手段，按照"分类指导、鼓励特色、重在改革"的原则，加强内涵建设，提升我国高等教育的质量和整体实力。"质量工程"包括"专业结构调整与专业认证、课程教材建设与资源共享、实践教学与人才培养模式改革创新、教学团队和高水平教师队伍建设、教学评估与教学状态基本数据公布和对口支援西部地区高等学校"六个方面的内容。"质量工程"资金由中央财政专项安排。《教育部 2007 年工作要点》也强调要切实把重点放在提高质量上，进一步提升高等学校人才培养质量和自主创新能力。例如，该要点第 23 条指出，要"全面实施高等学校教学质量与教学改革工程。适当控制招生增长幅度，相对稳定招生规模，做好 2007 年招生计划安排和管理工作，进一步把发展的积极性引导到提高质量上来。主动适应经济社会发展需要，完善本科专业设置与调整办法，建立专业设置预测机制。进一步加强分类指导，加强特色专业建设，引导和鼓励各级各类高校办出水平、办出特色"。提高高等教育质量主要通过三条途

---

① 王胜今，赵俊芳. 我国高等教育大众化十年盘点与省思. 高等教育研究，2009（4）：25-33.

径：一是重视普通高等院校的本科教学。2006 年，教育部成立质量工程项目规划工作组，开展历时一年的"高等学校本科教学质量与教学改革工程"立项研究的准备工作。2007 年，中央财政投入 25 亿元，启动"高等学校本科教学质量与教学改革工程"，以期提高普通高校本科教学质量。二是启动"211 工程"三期建设和创建"优势学科创新平台项目"，加大对研究型大学、重点大学中"211 工程"、"985 工程"二期和"优势学科创新平台项目"的资金投入。三是控制研究生招生比例，调整研究生培养结构。在今后几年内，将研究生扩招比例控制在 5% 以内；研究生教育重在质量，即加强研究生创新意识与创新能力的培养。

另外，2004 年教育部颁布的《2003—2007 年教育振兴行动计划》决定"实行以五年为一周期的全国高等学校教学质量评估制度"[①]。我国高校教学评估工作开始走上正规化和制度化轨道。在高等教育大众化进入平稳增速发展阶段后，高校教学评估工作也全面开展起来，相较于之前的部分评估和试点评估，此次政策调整的核心内容就在于开展全面而规范化的评估，可以看出高等教育系统开始更多地关注教育质量，希望通过评估来提升质量的决心。

从 2006 年国家放缓高等教育扩招速度后，"提高质量"成为各种政策文件的关键词，这体现了国家政策开始关注高等教育的整体实力提高和内涵式发展，政策目的不再是以明显的经济价值为优先选择，而是转变为以提升高等教育质量为优先，主动适应经济发展，国家政策对高等教育大众化道路的价值选择就体现在这一转变当中。高等教育大众化的发展模式则转变为稳步发展、提升内涵的模式，与上一阶段相比，战略决策更加科学合理。

这一阶段的政策方向的转变体现出国家对高等教育道路安排的变化，由于早期的强自主性国家行为的推动，政策的负面影响是不可避免的，而政策调整的方向的转变凸显出了政策逻辑的转向。可以看到，这一时期国家用质量评估的政策方式较多地关注了高等教育数量与质量的矛盾，用持续重点建设的政策来满足高等教育追求卓越的需求，但是对涉及高等教育根本的大学自主办学的呼声却没有回应。但总体而言，国家作为高等教育大众化进程的自变量，越来越多地考虑到与其他利益群体的互动，相比上一阶段已经有所改进。

---

① 2003—2007 年教育振兴行动计划. 中国教育报，2004-03-25（1）.

三、进一步修正政策、加快调整结构和提升质量的阶段：2010 年至今

经过前两个阶段的大发展，2009 年我国高等教育毛入学率已增长到 24.2%，第二阶段普通本专科高校数量持续平稳增长，继续维持比例为 4：6 的层次格局。其中，本专科招生数量的增速相较于第一阶段也趋于平缓，比例结构也基本保持稳定，招生总人数从 2005 年的 504.46 万人增加到 2009 年的 639.49 万人，本科和专科招生人数比例从 2005 年的 4.7：5.3 转变为 2009 年 4.9：5.1。可以看出，第二阶段的发展总体平缓，国家政策转变了快速实现规模扩张的思路，开始关注高等教育结构调整、发展方式转变等问题。

《国家中长期教育改革和发展规划纲要（2010—2020 年）》对高等教育提出了更具体的内涵式发展目标，以全面提高高等教育质量为核心任务，以提高人才培养质量、提升科学研究水平、增强社会服务能力、优化结构办出特色为主要内容，提出到 2020 年实现高等教育毛入学率达到 40%的目标。同时，针对教育管理体制，提出"以转变政府职能和简政放权为重点，深化教育管理体制改革，提高公共教育服务水平。明确各级政府责任，规范学校办学行为，促进管办评分离，形成政事分开、权责明确、统筹协调、规范有序的教育管理体制"。

2012 年教育部印发《教育部关于全面提高高等教育质量的若干意见》（以下简称《若干意见》），针对影响和制约质量提高的薄弱环节和突出问题，围绕大力提升人才培养水平、增强科学研究能力、服务经济社会发展、推进文化传承创新，提出了全面提高高等教育质量的具体措施。《若干意见》提出了高等教育内涵式发展的总体要求，即稳定规模、优化结构、强化特色、注重创新；针对束缚高等教育内涵式发展的突出问题，根据改革创新的要求，提出了一系列提高质量的硬招、实招，推动建立以提高高等教育质量为导向的管理制度和工作机制，把教育资源配置和高校工作的重点集中到强化教学环节、提高质量上来。另外，《若干意见》还提出了教育管理创新，根据转变政府职能和简政放权的要求，针对落实和扩大高校办学自主权提出了具体实施措施。

2015 年中央提出全面深化简政放权、放管结合的政策，2017 年教育部、财政部等五部门联合下发了《教育部等五部门关于深化高等教育领域简政放权放管结合优化服务改革的若干意见》。该文件涉及的内容非常广泛，包括学科专业设

置机制、高校编制及岗位管理制度、用人环境、职称评审、薪酬分配、经费管理、内部治理、监督服务等。2017 年 9 月发布的《关于深化教育体制机制改革的意见》，进一步强调："坚持放管服相结合。深化简政放权、放管结合、优化服务改革，把该放的权力坚决放下去，把该管的事项切实管住管好，加强事中事后监管，构建政府、学校、社会之间的新型关系。"

这一阶段的高等教育管理体制的变化，体现了国家对高等教育全面内涵式发展的重视，包括对高等教育质量、教育体制、教育管理方式等的变革，以及对于落实和扩大高校办学自主权的多次强调等，一系列的政策使我们能够清晰地看到政府通过政策安排和自身职能转变建设高等教育强国的决心。

在高等教育发挥越来越重要的作用的当代社会，政府必须同社会和大学保持密切联系，并创设制度化通道让政府的发展战略和政策得以落实，这也体现了政府从兼顾绩效合法性到追求绩效合法性和程序合法性的变化。虽然目前政府仍然作为高等教育的控制者，进行着制度和政策设计，但它的内在价值取向却有了变化——从"领航员"转变为"服务生"，在回应社会和大学的需求中更多地寻求自身职能的转变和多样化制度的互动。

经过近 20 年的高等教育大众化发展历程，高等教育大众化"中国道路"的选择在"变"与"不变"中持续对高等教育产生影响。"变"的是政策重心和发展内涵，"不变"的是政府对高等教育的主导地位和建设高等教育强国的目标。我国高等教育大众化从"快速扩张和结构调整"，经"提高质量"到"全面内涵式发展"的发展历程，表明我国高等教育发展思路日益理性。经过国家的政策调整，高等教育大众化走出了一条具有中国特色的道路，其特点还需进一步总结与提炼，以使中国特色高等教育大众化道路清晰可见。

第三节　中国特色高等教育大众化道路的特点

一、以政府主导为主要动力，突破资源约束快速发展

高等教育从精英化到大众化再到普及化的发展，日本用了 40 年，美国用了

60 年，而中国总共需要约 25 年时间。这一速度是具有超越性的。快速发展的背后是政府强力推动下的对资源约束的突破。1999 年之前我国高等教育还处于精英化阶段，1999 年扩招后全国全日制本专科在校生校均学生规模为 3815 人，生师比为 13.4∶1[①]；而 2000 年校均学生规模就上升到 5289 人，生师比增加到 16.3∶1[②]。仅仅一年时间，高校学生规模就有了如此快速的增长，突破了校舍、教师、生均经费等资源的限制，首先在速度和规模上达到甚至超越了预期目标。在管理体制层面，我国在 2000 年左右集中对高校管理体制和布局结构进行了改革和调整，形成了以地方管理为主的新体制框架，以更好地集中和利用地方资源，为高等教育规模扩张提供了资源支持。因此，我国高等教育大众化突破了物质资源和管理体制的约束，在高等教育大众化的初始阶段实现了规模和速度的飞跃发展，成为中国道路的特征之一。

二、以特色多样化促进高等教育大众化

世界各国的高等教育大众化进程都是建立在高等教育多样化基础上的。经过多年发展，我国高等教育大众化形成了以地方高校为主要承载力量，以民办高等教育为重要补充的发展格局。高等教育规模的快速扩大必然导致中央政府无法像以前那样对大学进行事无巨细的管理和资源供给，由此，2000 年我国形成了由中央和省级政府两级办学、以地方管理为主的新体制框架，在此基础上建立了一批立足于地方发展的地方本科院校。2017 年教育部发布的《中国本科教育质量报告》显示，新建本科院校数量占普通本科高校总数的 55.6%，占据全国普通本科高校的半壁江山，成为高等教育规模扩张的主要载体。除此之外，民办高等教育也为高等教育结构多样化作出了巨大贡献。作为市场调节和政府宏观调控的综合产物，我国民办高等教育已经形成了比较完整的规模化系统，2015 年我国民办高校共 734 所，占全国高校总数的 29%，在校生 610.9 万人，占全国在校大学生总数的 23%。与美国的社区学院和日本的私立大学不同的是，我国的民办高校是国家为增加高等教育系统的活力，引入社会力量办学的产物，作为公办高等教育的重

---

① 教育部. 1999 年全国教育事业发展统计公报.（2000-05-30）[2018-03-01]. http://old.moe.gov.cn/publicfiles/business/htmlfiles/moe/moe_633/200407/841.html.

② 教育部. 2000 年全国教育事业发展统计公报.（2001-06-01）[2018-03-01]. http://www.moe.gov.cn/s78/A03/ghs_left/s182/moe_633/tnull_843.html.

要补充发挥着培养技能型人才的作用。

扩大高等教育规模的方式除了新建地方高校和鼓励民办高校发展之外,还有举办高等教育自学考试,这也是一项富有中国特色的创举。我国的高等教育自学考试始于 1981 年,既作为一种国家考试制度,又作为一种新的教育形式而存在,具有灵活性、开放性和经济性等特点。高等教育自学考试的任务,是通过国家考试促进广泛的个人自学,推进在职专业教育和继续教育,为社会主义现代化造就和选拔德才兼备的专门人才,提高全民族的思想道德、科学文化素质。据统计,2007 年底,高等教育自学考试建档在籍考生达到 5829.3 万人,超过普通高校和成人高校在校生总和的两倍以上。[1]扩招之前,1998 年自学考试对高等教育毛入学率的贡献为 2.07%,到 2002 年,这一数据升至 6.59%,自学考试学生数占当年高校在校学生总数的 43.93%。[2]可见,自学考试这一开放性的制度在高等教育大众化进程中扮演了不可替代的角色。随着高校扩招,自学考试的规模稳中有升,这一方式对于高等教育大众化过程中受教育人口的增加、高等教育形式多样化和教育经费的节约等具有重要意义。

新建地方本科院校、民办高等教育和高等教育自学考试体现了高等教育系统结构的多样化、办学力量的多样化和教育方式的多样化。高等教育大众化最重要的意义不是规模的扩大,而是通过高等教育系统的多样化促进学习型社会的发展。我国高等教育大众化独特的多样性在于,数量和规模扩大的过程,是通过学校类型和教育方式多样化来推进的,满足了不同人群接受高等教育的需求,对国家人力资源的培养和充实具有极大贡献。

三、道路选择和调整与社会主义发展阶段相符

从 1999 年国家为促进经济社会发展作出高等教育扩招的决定开始,我国高等教育走上了快速实现大众化的道路。各项政策和数量指标的出台,使得高等教育变成一个可量化的为经济服务的工具,这承袭了改革开放以来以经济建设为中心的发展思路,是国家利用强制力推动和主导高等教育事业发展的尝试。在高等教育大众化的初始阶段,以快速扩大高等教育规模来拉动内需,辅之以高校管理

---

[1] 斯日古楞. 从高校扩招看高等教育自学考试规模变化:1999—2007 年实证分析. 清华大学教育研究,2010,31(4):74.

[2] 李晨希. 我国高等教育自学考试的可持续发展策略. 陕西师范大学硕士学位论文,2014:18.

体制改革和布局结构调整，形成了以地方管理为主的新体制框架，从而更好地集中和利用地方资源，为高等教育规模扩张提供了资源支持。随着规模的快速扩大，高等教育发展提前完成计划指标；进入大众化之后，外延式发展的弊端凸显。从2006年起，国家开始调整高等教育大众化的发展方式，以"质量工程"和本科办学水平评估为政策工具，转变发展思路，不再以高等教育的经济效益为目的，而是关注高等教育的质量内涵和整体实力提升，高等教育大众化进入稳定规模、注重提高质量的阶段。2010年以后，各项政策文件都指向质量提升、教育管理体制改革、结构优化等措施安排，以政府、学校和社会的多元互动和协调发展为目的，以实现高等教育内涵发展。2006年之后我国高等教育大众化发展思路的转变体现了国家治理高等教育能力的提升和方式的转型，从外延式发展向内涵式发展转变的高等教育大众化道路调整，与社会发展和国家治理能力现代化道路相契合。

从政策意图、指导思想和行动方案，以及所选择的政策工具和动员的资源来看，我国高等教育大众化道路的特色是中央政府充分利用计划与市场机制，拓展大众化所需的资源基础，统筹兼顾社会主义高等教育事业，并调动地方政府和高等学校的积极性，快速实现高等教育大众化，建设高等教育强国。考察中国特色高等教育大众化之路，可以发现国家逻辑主导了高等教育大众化进程。

第四节　中国特色高等教育大众化的评价

一、中国特色高等教育大众化的巨大成就

中国特色高等教育大众化的巨大成就，主要表现为在基础相对薄弱、条件相对有限且缺乏经验的背景下快速扩大了高等教育规模，完善了高等教育体系结构，进而影响了中国未来社会发展；还通过引入市场机制，改变了高等教育治理模式，影响了高等教育发展道路。

在高校扩招之前，我国高等教育处于缓慢发展的精英化阶段，承担着培养精英化的高级专门人才的任务，高等教育类型和形态具有单一的、僵化的特点。高等教育规模扩张后，首先受到冲击的就是精英化的高等教育理念和现实。大众化进程全

面启动之后，可以看到以地方新建本科院校为代表的，更适应大众化需求变化的机构类型的快速发展，它们一方面作为精英教育功能的补充，另一方面满足了新需求并扩大了高等教育外延，并且在发展中逐渐扩大了高等教育的功能。①

大众化进程带来的高等教育体制结构的完善和受教育机会的增加改变了社会对高等教育的认知，使接受高等教育从一种少数人的特权变为具有普遍意义的权利，使得高等教育与社会的界限被打破，从隔绝状态走向高等教育与社会相互渗透的状态。大众化阶段的高等教育以培养社会中坚阶层和专门人才为主要目的，高度重视职业教育，与精英化的人才培养理念有极大不同。而从精英教育到大众化教育的观念变革也倒逼着高等教育拓宽发展思路，改革高等教育体制和结构。例如，改革毕业生就业制度、改革招生制度、扶持民办高等教育发展等，改变了高等教育体制和结构，使高等教育焕发出新的活力。

从大众化对高等教育体系变革的影响来看，大众化促进了高等教育传统观念的转变，而转变中的高等教育观念也促使高等教育为寻求更为优化的发展道路而进行改革，政府的管理方式在上述因素的共同作用下随之改变。概言之，功能的改变形成了对结构和体制的冲击。

除此之外，大众化在一定意义上满足了高等教育的公平诉求。例如，中央政府统筹兼顾社会主义教育事业，通过扩招提供更多入学机会，扩大了入学机会方面的总体公平；高等教育成本分担多元化，改变了只是由政府承担高等教育成本的机制，由国家、社会和个人分担高等教育成本的做法在一定程度上消解了只有少数人享受着低成本高等教育所致的不公平；高等教育学生资助制度和体系的形成，为贫困学生接受高等教育减少了障碍，高等教育机会均等程度逐渐加深，成为增加大众化阶段高等教育公平因素的重要举措。总体来看，我国高等教育大众化增加了入学机会，使更多的人分享高等教育资源；长远地看，极大地改善了高等教育领域公平和机会不足的问题②；历史地看，随着接受高等教育人口的增加，人口红利将转变为人才红利。

总体而言，中国之所以能够实现如此快速、如此大规模、如此持续的高等教育发展，其原因在于实现了有为政府和有效市场的结合，以政府为主导，以市场为手段，来解决高等教育多样化带来的驱动力单一和激励不足的问题，这是高等

---

① 天野郁夫. 高等教育的日本模式. 陈武元, 译. 北京: 教育科学出版社, 2006: 122.

② 钟秉林, 赵应生. 我国高等教育大众化进程中教育公平的重要特征. 北京师范大学学报（社会科学版），2007（1）: 9.

教育大众化中国道路的核心所在。此外，在管理层面，2000 年以后形成的中央与地方两级管理高等教育的体制能够在保障中央权威的同时为地方提供发展空间，使发展高等教育所需的组织资源、制度资源和物质资源等得到释放，促进了高等教育大众化的发展。这些事实证明，对于社会主义公共事业而言，一个具有自主性和良好行动能力的领导核心是不可缺少的。

然而，这并不意味着在高等教育大众化过程中重塑的管理体制和高等教育体系形态完美无缺，更不意味着无须对此种发展模式进行新的探索。

二、中国特色高等教育大众化的局限性

从横向的比较视野来看，世界范围内较早实现高等教育大众化的国家，如美国、日本等，无不是先经历了高等教育体系结构的变革后，逐步实现毛入学率的增长而进入大众化阶段的，是一种质变和量变同步演进的自然发展过程。因此，其高等教育体系的适应能力是符合其承载力的，在准备妥善的基础上高等教育的发展就顺其自然地达成了。改革开放以后，我国在劳动力素质、资源和市场等方面与世界水平还存在巨大落差，为了促进经济发展，高等教育从社会边缘被拉到社会中心，担负了推动经济增长的任务，虽然发展成就有目共睹，然而过快的发展速度是以高等教育质量和自主性为代价的。

从发展的现象层面来看，首先，规模快速扩大达到了高等教育大众化的既定目标，但是发展内涵的缺失造成高等教育质量下降和体系结构固化；其次，量化指标作为衡量标准能促进高校规模化发展，但是财政资源投入不足和倾斜现象导致高等教育空间布局失衡，同质化问题较为突出；最后，高等教育国际声望逐年提升，我国高校在世界著名大学排行榜中表现抢眼，但是重点建设导致高校之间划分等级，缺乏公平竞争，"非名校"高校的发展前途堪忧。诸多矛盾堆积，需要深入分析其根源才能正中红心，标本兼治。

现象层面的问题来源于深层结构的失衡。高等教育深层结构的失衡主要表现为中央对地方政府的控制失衡、地方对中央政策的执行过度和高等教育自主性缺位。

（1）中央和地方政府对高等教育事业的控制失衡体现在某些管理过程中的过度干预和激励机制错位上。国家制定一系列政策对高等教育进行全方位干预，控制数量、监管质量，其目标是实现高等教育均衡发展、内涵提升，但是在这种过度干预的机制下，效果并不完全受目标导向的控制，后发国家的高等教育发展

往往需要集中资源、重点建设、快速赶超，这反过来也会造成资源向少数实力强的高校倾斜和集中；为了应对各项考核和监督检查，高校以指标为纲设立目标，竞相追逐统一目标，导致了高等教育盲目发展的局面，这种目标和效果的错位加重了高等教育体系的负荷。

（2）地方对中央政策的执行过度，体现在政策目标的超前达成和社会心理需求的不可预期方面。由于地方对政绩的追求，毛入学率成为高等教育领域的核心指标，引发了地方政府之间的竞争。以招生指标为例，从 1999 年起，我国普通本专科高校的实际招生数比计划招生数超出十几万人甚至几十万人，其中 2000 年、2002—2004 年的实际招生数均超出计划招生数 40 万人以上。[①]招生数量增长背后的毛入学率增长、大学城建设附带的巨大经济效益等与高等教育规模相关的要素成为地方政府发展区域经济的重要载体，导致地方政府对扩大高等教育规模的执着和狂热。如果说 1999 年中央政府打开了规模扩张的大门，那么随着规模的扩大，被广泛动员起来的资源以及地方政府为实现社会发展指标和争取中央资源所形成的竞争异化，导致了不完全受中央政府控制的发展动能的产生。这是一种自我强化机制，政策的短视本质也使得这种趋势愈演愈烈，从而使赶超式的发展目标得以提前超额达成。另外，政策的实施效果超出预期还与普遍的社会共识密切相关。改革开放后，高等教育的低速发展与经济的高速发展不相匹配，1993 年，素质教育的推行使得基础教育质量提升，然而高等教育尚未能够提供足够的空间来拓展素质教育的成果，难以满足城乡居民接受高等教育的需求。[②]扩招政策出台后，在社会上形成了广泛的共识和响应，历史形成的压制得到反弹，民众对投资高等教育趋之若鹜，甚至带有一定的盲目性，这一社会心理在某种程度上加快了高等教育的大众化步伐。

政策目标的超额完成一方面快速地从整体上扩大了高等教育规模，另一方面却直接导致了执着于规模扩张的外延式发展惯性，给高等教育内涵建设带来巨大阻力；同时，地方政府执行政策的偏离也会导致中央政策的宏观调控能力下降，影响政策的实施效果。

（3）高等教育自主性缺失导致体系升级转型困境。高等教育在初步形成多样化的类型结构后，其进一步发展就需要更大的市场，而社会也会对其提出相应

[①] 张应强, 彭红玉. 高等教育大众化时期地方政府竞争与高等教育发展. 高等教育研究, 2009, 30 (12): 1-16.

[②] 杨开明. 中国高等教育规模的实证分析. 教育与经济, 2006 (4): 17-22.

的人才需求，如果不能与社会建立起有效的互动，高等教育发展有可能陷入"内卷化"危机——闭门造车导致产出与需求不符、高等教育市场萧条等。以地方本科高校转型发展为例，作为我国高等教育的重要组成部分，地方本科高校大多诞生于我国加快发展高等教育事业的外延式扩张时期，是由不同类型或层次的学校合并或专科学校升格而成的。在建设过程中，由于政府管理和资源动员的主导遮蔽了市场的作用，这些院校在求大求全、攀高趋同的道路上深陷生存与发展困境。除地方院校外，体系内的其他类型高校也或多或少面临这样的困局。

另外，大众化进程的全面启动冲击了传统的精英化高等教育观念，促使高等教育体制机制改革和政府管理方式改变。概言之，功能的改变形成了对结构和体制的冲击，促使结构和体制改革。因此，基于加强对高等教育的有效管理的考虑，对既有制度进行自主性改革是必要的。

总体来看，我国高等教育大众化的根本局限，实际上是发展模式固化的问题，是既有发展模式对市场的某种遮蔽及对地方与学校自主性的相对抑制。在高等教育即将走向普及化的节点，如何转变发展方式、优化高等教育体系结构成为迫在眉睫的问题。

第五节　中国特色高等教育大众化道路的未来走向

第二次世界大战以来高等教育体系已逐渐成为一个多元化体系，在与政府、社会和市场的互动中发挥着影响力。作为后发的高等教育大众化国家，我国的优势在于能够集中资源广泛动员，学习先发国家高等教育大众化的体系结构。当高等教育大众化进入以提升质量为主的内涵式发展阶段时，由于质量因素的内隐特征，政府不可能穷尽高等教育和市场的需求，要解决高等教育长期发展的问题，根本在于转变高等教育发展方式，核心在于政府职能转变。高等教育发展方式的转变应正确处理以下四对重要关系。

首先要处理好政府与市场的关系。与高等教育从精英化向大众化过渡的阶段不同的是，从大众化进入普及化将会是较为平缓的自然过渡，需要公平、公开竞争的制度和环境。从理论上来说，市场能有效激发高等教育发展的活力，实现结构和决策的优化。以往的高等教育发展存在高校结构同质化或停滞不前等问题。2015 年，国家提出供给侧结构性改革的目标，体现出国家发展思路的重要转变，在高等教育领域体现为政府主要负责创造良好的条件和环境，维护市场秩序，发挥市场对高等教育资源的有效配置作用，以此来实现高等教育转型。

其次是正确处理中央与地方关于高等教育的权责关系。高等教育大众化的主要承载力量是地方高校，这一基本事实决定了其与地方政府是相互依赖的关系。中央政府应坚持对高等教育的宏观引导，减少和下放具体管理事项；地方政府要坚决贯彻中央政府政令，做好地区发展与高等教育发展的统筹协调。

再次要处理好政策与规划的关系。高等教育发展方式不仅受国家总体政策的影响，还受到各种项目、工程、中长期规划的影响，实际上处于两个治理体系下。在发展中难免由于功能重复或脱节而影响政策与规划的作用。因此，应当理清各类政策与规划之间的关系，以有效发挥其应有作用。

最后要处理好政府职能转变与高校内部治理结构转变的关系。政府职能的转变为高校内部治理结构的转变提供了思路与方向，高校内部治理结构的转变一方面应体现高校自身学术权力与行政权力的平衡，另一方面应体现出与政府职能转变方向一致的注重质量的内涵式发展模式。

中央政府统筹管理高等教育事业强有力地推进了我国高等教育大众化进程，中央-地方两级管理模式破除了僵化的管理体制，地方院校、民办高校和自学考试等形式为高等教育规模扩大提供了可能。具有中国特色的高等教育大众化发展道路取得了巨大成就，我国已经跃升为世界高等教育第一大国，建设高等教育强国的目标应在体量的优势下得到质量的加持。因此，高等教育应在中国道路的成功经验指引下，积极转变发展方式，平稳且高质量地过渡到普及化阶段，向建设高等教育强国迈进。

第四章
高等教育体制改革和结构调整

　　改革开放 40 年来，随着国家经济体制由计划经济体制向社会主义市场经济体制的过渡和发展，原来的高等教育体制和结构越来越表现出不适应，越来越多地影响和制约着高等教育的发展。为改变这种状态，国家明确了"体制改革是关键""优化高等教育的结构与布局"等改革思路和方针，持续深入推进高等教育体制改革与结构调整，为高等教育大发展提供了体制保障和结构支撑。

第一节　中央和省两级管理体制的形成与完善

1979 年 9 月，《中共中央、国务院关于加强高等学校统一领导、分级管理的决定（试行草案）》重新颁发，恢复了 20 世纪 60 年代初的高等教育管理体制。1985 年《中共中央关于教育体制改革的决定》发布，决定实行中央、省（自治区、直辖市）、中心城市三级办学的高等教育体制。1992 年 12 月，国家教委发布《关于加快改革和积极发展普通高等教育的意见》，明确逐步实行中央与省（自治区、直辖市）两级管理、两级负责的管理体制。此后，这一体制不断得到强化和完善，旨在理顺高等教育宏观管理体制，解决条块分割的问题。

一、统一领导、分级管理体制的恢复

党的十一届三中全会召开后，在全国统一部署下，教育战线开始拨乱反正，恢复和整顿教育秩序。1978 年 2 月，国务院转发教育部《关于恢复和办好全国重点高等学校的报告》，提出对全国重点高校要实行统一领导、分级管理。其中，面向省（自治区、直辖市）的重点高校，原则上由所在省（自治区、直辖市）领导，有关部委给予支持；面向全国和面向某地区的重点高校，多数实行以所属部委领导为主、部委和省（自治区、直辖市）双重领导的管理体制，只有一小部分高校由有关部委直接领导。

1979 年 9 月，中共中央批转教育部党组关于建议重新颁发《中共中央、国务院关于加强高等学校统一领导、分级管理的决定（试行草案）》的报告，明确"对高等学校实行中央统一领导，中央和省、市、自治区两级管理的制度"，以"加强对高等学校的领导和管理"，强调中央教育行政部门的权威。该决定明确指出，在高等教育工作中，各地区、各部门、各学校都要贯彻执行中央统一的方针政策，都要遵守中央统一规定的教学制度和其他重要的规章制度，都要按照全国统一的高等教育事业规划和计划办事；在中共中央和国务院的统一领导下，教育部、国务院其他各部委和省（自治区、直辖市）人民委员会，对高等学校的管理工作进行适当的分工合作，共同办好高等学校。由此，因"文化大革命"而中断的高等教育两级管理体制得以恢复，从而解决了对高等教育事业来说"一个亟待解决的问题"。

经过恢复性调整，教育部和有关部委加强了对直属重点高等学校的领导，由中央管理的高校数量显著增加。到 1981 年，在全国 704 所高校中，有 226 所由国务院有关部委直接领导管理；有 38 所由教育部直接领导管理；其余 440 所（占62.5%）由省（自治区、直辖市）直接领导管理。[①]1983 年 10 月，中共中央组织部印发《关于改革干部管理体制若干问题的规定》，决定对那些实行以中央各部门为主的双重领导的、影响较大的重点高校，实行以中央各部门管理为主的干部管理体制，从而进一步强化了两级管理体制。

二、中央、省、中心城市三级管理体制的探索

1984 年 10 月，《中共中央关于经济体制改革的决定》正式发布，对经济体制改革作出了重大战略部署。1985 年 3 月，《中共中央关于科学技术体制改革的决定》正式发布，对科技体制改革作出了重大战略部署。教育体制与经济、科技体制密切相关，经济、科技体制改革必然要求对其进行相应的调整和改革。1985年 5 月，中共中央发布的《中共中央关于教育体制改革的决定》认为，政府有关部门对高校管得过死，管了很多不该管的事情，而应该管的事情又没有很好地管起来，结果使高校缺乏应有的活力。因此，要求改变政府对高校管得过多的管理体制，扩大高校的办学自主权。同时，为调动各级政府举办高等教育的积极性，决定实行中央、省（自治区、直辖市）、中心城市三级办学的高等教育体制。

1986 年 3 月，为落实《中共中央关于教育体制改革的决定》精神，国务院发布

---

① 《中国教育年鉴》编辑部. 中国教育年鉴：1949—1981. 北京：中国大百科全书出版社，1984：237.

《高等教育管理职责暂行规定》，对国家教委、国务院有关部门和省（自治区、直辖市）人民政府的管理职责作出了明确规定。其中的一个关键目标是"逐步增强地方教育主管部门管理普通高校的职能，统一管理包括高等教育在内的各级各类教育"①。

随着一批中心城市的兴起，中央、省（自治区、直辖市）、中心城市三级办学的高等教育体制逐步形成。三级办学体制，实质上是对改革开放后一部分"先富起来"的中心城市经济社会发展对高等教育迫切需求的回应。"办自己的大学"，成为各中心城市政府的共同愿望，甚至像江苏沙洲这样的县级城市，也办起了全国第一所县办普通高校——沙洲职业工学院。②

三级办学体制突破了传统的中央、省（自治区、直辖市）两级政府两级管理的模式，在调动地方政府和社会各方参与支持高等教育发展、增强高等教育办学活力方面，取得了一定成效。但是，这种体制并没有真正处理和解决好政府与学校、中央与地方、学校与社会之间的关系和矛盾，高等教育管理体制仍待进一步探索。

三、中央与省两级管理、两级负责管理体制的确立

1992 年，党的十四大报告决定"下决心进行行政管理体制和机构改革"，加快政府职能转变，理顺市场和政府的关系、精兵简政、提高效率，以适应建立和完善社会主义市场经济体制的要求。为此，要"进一步改革教育体制、教学内容和教学方法，加强师资队伍的培养和建设，扩大学校办学自主权，促进教育同经济、科技的密切结合"。同年 12 月，国家教委《关于加快改革和积极发展普通高等教育的意见》进一步明确提出，要按照逐步实行中央与省（自治区、直辖市）政府两级管理、两级负责的管理体制的改革方向，加强地方政府的高等教育管理职能，进一步加强省级政府对辖区内国务院各部门直属高校的协调作用。其原因除受政治体制改革、行政管理体制改革等因素影响外，很重要的一点是国务院各部门对其所属高校的投资大幅减少，已不能支撑部门办学体制。从这个意义上说，此时的改革是一种"财政驱动型"改革，旨在使地方政府承担更多的高等教育投入。

1993 年 2 月，为贯彻落实党的十四大精神，中共中央、国务院印发了《中国

---

① 朱开轩. 贯彻党的十三大精神深化和加快高等教育的改革——在全国高等教育工作会议上的报告. 中国电力教育，1988（4）：5-14.

② 熊志翔. 广东中心城市本科院校的转型与发展. 高教探索，2011（3）：17-22.

教育改革和发展纲要》。该纲要认为，随着经济、政治、科技体制改革的日益深化，教育体制和运行机制已不能适应和满足发展要求。为此，必须进一步简政放权，着力"解决政府与高等学校、中央与地方、国家教委与中央各业务部门之间的关系，逐步建立政府宏观管理、学校面向社会自主办学的体制"，从而进一步确立中央与省（自治区、直辖市）政府两级管理、两级负责的教育管理体制；逐步形成以中央、省（自治区、直辖市）政府两级政府办学为主、社会各界参与办学的高等教育新格局；扩大省（自治区、直辖市）政府的教育决策权和统筹权（包括对区域内部属高校的统筹权）；同时，将地方高等教育发展的责任和权力都交给省（自治区、直辖市）政府，由省（自治区、直辖市）政府决定地方高等学校招生规模和专业设置。同年 11 月，《中共中央关于建立社会主义市场经济体制若干问题的决定》要求改革高等教育办学体制，使之逐步过渡到中央与省（自治区、直辖市）两级管理的体制（特殊行业除外），扩大地方和院校的办学自主权，以改变条块分割的状况。

四、中央与省两级管理、以省为主管理体制的形成与强化

1994 年 7 月，《国务院关于〈中国教育改革和发展纲要〉的实施意见》决定逐步调整中央业务部门的高等教育管理权限，逐步扩大省级政府的教育决策权和统筹权，建立起高等教育"两级管理，以省级政府为主"的体制：省级政府应对转由省级政府管理或实行联合办学的原中央业务部门管理的高校，连同省属高校进行统筹管理、合理布局；中央和省两级政府负责统筹管理有条件的中心城市办学；积极试点下放高职高专学校审批权。争取到 2000 年或稍长一点时间，基本形成以省级政府为主、办学与管理条块结合的新体制的框架。①

此后，这一体制不断得到强化和完善。1995 年《中华人民共和国教育法》第十四条规定："高等教育由国务院和省、自治区、直辖市人民政府管理。"同年 7 月，国务院办公厅转发《国家教委关于深化高等教育体制改革若干意见》，认为中央和地方政府教育行政部门、其他业务部门分别办学与管理导致的条块分割局面尚未根本扭转，必须要深化高等教育体制改革，到 2000 年或稍长一点时间，基本形成两级管理、分工负责，以省（自治区、直辖市）人民政府统筹为主，条

① 教育部. 国务院关于《中国教育改革和发展纲要》的实施意见. （2004-07）[2018-03-07]. http://old. moe.gov.cn/publicfiles/business/htmlfiles/moe/moe_177/200407/2483.html.

块有机结合的体制框架。①

1996 年，《全国教育事业"九五"计划和 2010 年发展规划》明确了高等教育管理体制改革的新目标和新任务是对高等学校实行部门与地方共建、共管或以多种形式联合办学，逐步改变长期以来的"条块分割、自我封闭、服务面向单一"的状况。尤其是要以"共建"和"联合办学"为主要形式，扩大学校投资渠道和服务面向，淡化和改变学校单一的隶属关系。在中央与地方职责权限上，把高等教育管理权下放给省级政府，强调要"加强省级政府统筹和条块结合，推动有条件的学校进行实体合并"，而且将部分专业通用性强、地方建设需要的中央部门所属高校转由省级政府管理。② 国务院批转教育部《面向 21 世纪教育振兴行动计划》及《中华人民共和国高等教育法》的颁布实施，强调高校应当面向社会，依法自主办学；高等教育实行中央和省级政府两级管理、分工负责，在国家宏观政策指导下，以省级政府统筹为主的条块有机结合的新体制。

进入 21 世纪，省级政府的高等教育统筹权进一步加强。2010 年，《国家中长期教育改革和发展规划纲要（2010—2020 年）》提出要"加强省级政府教育统筹"，"完善以省级政府为主管理高等教育的体制"。2013 年，《中共中央关于全面深化改革若干重大问题的决定》明确要"扩大省级政府教育统筹权"；2014 年 7 月，国家教育体制改革领导小组办公室为此专门出台了《国家教育体制机制改革小组办公室关于进一步扩大省级政府教育统筹权的意见》，对如何扩大、怎么用好省级政府高等教育统筹权提出了明确意见。

第二节　公办与民办多种办学体制并存的恢复与发展

中华人民共和国成立后，随着社会主义"三大改造"的完成和高等教育办学管理体制的调整，高等教育办学体制由多种体制并存演化为单一的国家（政府）举办的体制，公办教育（政府办学）一统天下。改革开放以后，国家高度重视和

---

① 国家教育委员会. 关于深化高等教育体制改革的若干意见. 中国高等教育，1995（10）：6-8.

② 康翠萍. 我国高等教育行政体制的主要弊端及政策选择. 沈阳师范大学学报（社会科学版），2010，34（4）：147-151.

强调社会力量办学，鼓励国家机构以外的社会组织和个人利用非国家财政性经费办学，民办高等教育得以恢复和发展；同时大力引进国外优质教育资源，中外合作办学呈现勃勃生机，形成了以公办为主，公办与民办、自主办学与中外合作办学等多种办学体制并存的新格局。

一、民办高等教育的恢复与发展

民办高等教育得以恢复并快速发展，除了有社会需求推动的因素影响外，在很大程度上应归因于政府对民办高等教育的政策设计与社会对民办教育的认知和认同。

1. 民办高等教育的恢复

1982 年颁布的《中华人民共和国宪法》第十九条第四款规定："国家鼓励集体经济组织、国家企业事业组织和其他社会力量依照法律规定举办各种教育事业。"明确将社会力量办学作为国家教育事业的组成部分。事实上，1982 年 3 月，北京市成人教育局就批准成立了中华社会大学（2002 年更名为北京经贸职业学院，开始承担学历教育），这是改革开放后北京市也是全国第一所民办大学[①]，标志着民办高等教育开始恢复发展。民办高等教育随后掀起一次发展的小高潮，到1986 年，民办高等教育机构达到 370 所[②]。

1987 年 7 月，为鼓励和支持社会力量办学，加强宏观管理，促进其健康发展，国家教委制定发布的《关于社会力量办学的若干暂行规定》第三条明确指出，"社会力量办学是我国教育事业的组成部分，是国家办学的补充。各级人民政府及教育行政部门应鼓励和支持社会力量举办各种教育事业"。这是改革开放后国家教育主管部门制定的第一个民办教育基本规章，也是我国第一个较全面的有关社会力量办学的法规性文件[③]，民办教育发展由此有法可依。

民办高等教育尽管得以恢复，但仍受到诸多因素制约，发展缓慢，这种状况

---

① 关于改革开放后建立的第一所民办高校，学者们存有争议：一说为 1978 年成立的自学考试性质的民办高校——湖南中山自修大学；一说为 1980 年成立的湖南九嶷职业技术学院；还有一种说法是 1982 年 3 月成立的中国社会大学。

② 教育部教育发展研究中心课题组. 我国民办高等教育发展现状分析//国家教育发展研究中心. 2001 年中国教育绿皮书——中国教育政策年度分析报告. 北京：教育科学出版社，2001.

③ 饶爱京. 民办高等教育政策及其对民办高等教育发展的影响. 黑龙江高教研究，2006（9）：1-5.

一直持续到 1992 年前后。1992 年，邓小平发表南方谈话，特别是关于"姓资姓社"的讨论，再一次掀起了思想解放的高潮。同年 10 月，党的十四大报告明确提出"鼓励多渠道、多形式社会集资办学和民间办学，改变国家包办教育的做法"，着力打破教育领域的高度计划经济体制。

1999 年，《中共中央国务院关于深化教育改革，全面推进素质教育的决定》提出，"凡符合国家有关法律法规的办学形式，均可大胆试验"。2010 年，《国家中长期教育改革和发展规划纲要（2010—2020 年）》提出，民办教育是教育事业发展的重要增长点和促进教育改革的重要力量，各级政府要把发展民办教育作为重要工作职责，要大力支持、争取办好一批高水平民办学校。

在全国民办高等教育大发展的背景下，出现了民办高等教育的"西安现象""浙江现象""江西现象""广东现象"等。2016 年，全国民办高校招生 181.83 万人，在校生达 634.06 万人，另有自考助学班学生、预科生、进修及培训学生 35.45 万人。民办的其他高等教育机构有 813 所，各类注册学生达 75.56 万人。[①]

2. 民办学历高等教育实现突破

1984 年，第一所具有公助性质和专科学历教育资格的民办普通高校——海淀走读大学成立（2003 年更名为北京城市学院），揭开了民办学历高等教育发展的序幕。但严格地说，海淀走读大学不是真正意义上的民办大学，因为它具有公助性质，是"公有民办体制"的。

20 世纪 80 年代出现的民办高等教育机构多是非学历的文化补习性质的培训机构，"主要开展各种类型的短期职业技术教育，岗位培训，中、小学师资培训，基础教育，社会文化和生活教育，举办自学考试的辅导学校（班）和继续教育的进修班"；"社会力量举办具有颁发国家承认学历证书资格的各级各类学校，应按照国家颁布学校设置的有关规定办理"；"学生要取得国家承认的大学、中专毕业证书，可按自学考试的有关规定办理"。[②]

为规范民办高校设置，适应社会对民办学历高等教育的社会需求，1993 年，国家教委发布《民办高等学校设置暂行规定》（2010 年被废止）。该规定对设置专

---

① 教育部. 2016 年全国教育事业发展统计公报.（2017-07-10）[2018-03-01]. http://www.moe.gov.cn/jyb_sjzl/sjzl_fztjgb/201707/t20170710_309042.html.

② 国家教委. 关于社会力量办学的若干暂行规定.（1987-07-08）[2018-03-01]. http://www.law-lib.com/law/law_view.asp?id=4405.

科层次的民办高校持鼓励态度,对设置本科层次的民办高校则持谨慎态度——"设置本科层次的民办高等学校,其标准需参照《普通高等学校设置暂行条例》的规定执行"。1993 年,《中国教育改革和发展纲要》明确提出,高等职业技术教育需要依靠社会各方面力量联合办学。由此,专科层次的民办学历高等教育迎来一轮发展高潮,民办高等教育也得以较快发展。1994 年,黄河科技学院成为第一所经国家教委批准实施专科学历教育的民办高校。1995—1996 年,实施民办学历高等教育的机构从 1 所快速增加到 21 所,在校生人数达 12 053。[①]

在此期间,由于具体的管理及制度建设滞后,民办高等教育发展虽高歌猛进,却一度呈现混乱状态,暴露出许多问题,如办学者将办学作为营利的手段、办学经费来源不稳定、办学质量急剧下降、民办高校内部家族管理现象严重、民办高校产权不清晰等。[②]在这种情况下,《社会力量办学条例》于 1997 年应时而生,再次把民办高等教育限定在"职业教育、成人教育"范围内,并"严格控制社会力量举办高等教育机构"。到1998 年,实施民办学历高等教育的机构为 22 所。[③]

1999 年 6 月,《中共中央国务院关于深化教育改革,全面推进素质教育的决定》要求"进一步解放思想、转变观念,积极鼓励和支持社会力量以多种形式办学,满足人民群众日益增长的教育需求……鼓励社会力量以各种方式举办高中阶段和高等职业教育。经国家教育行政主管部门批准,可以举办民办普通高等学校"。2000 年,黄河科技学院成为第一个经教育部批准实施本科学历教育的民办高校[④],实现了民办高等教育本科层次的突破。

《国家中长期教育改革和发展规划纲要(2010—2020 年)》提出要制定和完善促进民办教育发展的优惠政策,对具备学士、硕士和博士学位授予条件的民办学校,按规定程序予以审批。2012 年,西京学院、吉林华桥外国语学院、河北传媒学院、黑龙江东方学院和北京城市学院 5 所民办高校获准招收专业学位硕士研究生,实现民办高等教育硕士研究生层次的突破,打破了公办高校垄断研究生培养的局面。2016 年,全国民办高校有在校硕士研究生 715 人,在校本科生 391.52万人,在校高职(专科)生 242.46 万人。[⑤] 其中,毕业硕士研究生 187 人,招生

① 金钟明,李若驰,王冠. 中国民办教育史. 北京:中国社会科学出版社,2003:271.
② 罗腊梅. 我国民办高等教育政策的演变逻辑与未来走向. 现代教育管理,2016(3):75-79.
③ 金钟明,李若驰,王冠. 中国民办教育史. 北京:中国社会科学出版社,2003:271.
④ 黄河科技学院. 办一所对学生最负责任的大学. [2018-05-14]. http://www.hhstu.edu.cn/contents/17/52.html.
⑤ 教育部. 2016 年全国教育事业发展统计公报.(2017-07-10)[2018-03-07]. http://www.moe.gov.cn/jyb_sjzl/sjzl_fztjgb/201707/t20170710_309042.html.

348 人。^①

2018 年 2 月 14 日，教育部复函同意设立西湖大学，西湖大学取得博士研究生培养资格，实现了民办高等教育培养博士研究生的突破。事实上，西湖大学在取得博士学位授予权之前，已分别与复旦大学、浙江大学实施联合培养博士研究生项目，首批博士研究生已于 2017 年 9 月入学，2018 级博士研究生招生工作也已启动。^②

3. 民办高等教育机构法人化

1998 年 8 月，《中华人民共和国高等教育法》颁布，一方面对《社会力量办学条例》中关于"严格控制社会力量举办高等教育机构"的规定进行调整，强调"国家鼓励企业事业组织、社会团体及其他社会组织和公民等社会力量依法举办高等学校，参与和支持高等教育事业的改革和发展"。另一方面强调"高等学校自批准设立之日起取得法人资格。高等学校的校长为高等学校的法定代表人。高等学校在民事活动中依法享有民事权利，承担民事责任"。由此，高等学校（包括民办高等学校）的法人地位得以明确。

同年 12 月，教育部颁布的《面向 21 世纪教育振兴行动计划》提出，"社会力量办学要纳入依法办学、依法管理的轨道"。"要保证社会力量举办的教育机构自主办学的法人地位，高等教育机构可面向社会自主招生，依法自行颁发非学历教育学生的结业证书，也可组织学生参加国家举办的自学考试或学历文凭考试，取得国家承认的学历证书。"

2002 年 12 月颁布的《中华人民共和国民办教育促进法》，从举办者和民办高等教育机构两个方面强调了"法人化"。一方面规定"举办民办学校的社会组织，应当具有法人资格"，"举办民办学校的个人，应当具有政治权利和完全民事行为能力"；另一方面强调"民办学校应当具备法人条件"，"享有法人财产权"。

2004 年 2 月，国务院颁布的《中华人民共和国民办教育促进法实施条例》进一步强调了"公办学校参与举办的民办学校"的法人地位："公办学校参与举办的民办学校应当具有独立的法人资格，具有与公办学校相分离的校园和基本教育教学设施，实行独立的财务会计制度，独立招生，独立颁发学业证书。"

民办高等教育机构取得法人地位，有利于从根本上保证民办高校以法人身份

---

① 教育部. 2016 年教育统计数据. [2018-04-30]. http://www.moe.gov.cn/s78/A03/moe_560/jytjsj_2016/2016_qg/.

② 王俊. 西湖大学正式获批成立 校长到任前施一公统筹学校事务. （2018-04-02）[2018-06-07]. http://www.bjnews.com.cn/news/2018/04/02/481603.html.

处理与政府、市场的关系，完善内部治理结构，自主履行各项职能。其核心是要明确民办高等教育机构的法人财产权。很长一段时间以来，有关政策对民办高等教育机构财产权的规定比较模糊，导致部分举办者萌生营利性冲动，使得一些学校家校不分、企校不分。为此，教育部于 2007 年出台了《民办高等学校办学管理若干规定》，明确"民办高校对举办者投入学校的资产、国有资产、受赠的财产、办学积累依法享有法人财产权，并分别登记建账。任何组织和个人不得截留、挪用或侵占民办高校的资产"。"民办高校的资产必须于批准设立之日起 1 年内过户到学校名下。""本规定下发前资产未过户到学校名下的，自本规定下发之日起 1 年内完成过户工作。资产未过户到学校名下前，举办者对学校债务承担连带责任。"随后的《独立学院设置与管理办法》也作了类似规定。虽然这些规定在实践中还存在某些问题或不足，但对民办高等教育的发展确实起到了积极的促进作用。

4. 民办与公办共同发展的办学体制

《中共中央关于教育体制改革的决定》实际上是将民办教育的管理权"下放"到地方，要求"地方要鼓励和指导国营企业、社会团体和个人办学"。从中央政府层面来管理民办高等教育、明确民办与公办共同发展的办学体制，可以追溯到 1993 年 2 月中共中央、国务院颁布的《中国教育改革和发展纲要》。该纲要明确提出，"国家对社会团体和公民个人依法办学，采取积极鼓励、大力支持、正确引导、加强管理的方针"；同时，要"改革办学体制。改变政府包揽办学的格局，逐步建立以政府办学为主体、社会各界共同办学的体制"。更重要的是，该纲要明确了"高等教育要逐步形成以中央、省（自治区、直辖市）两级政府办学为主、社会各界参与办学的新格局"。

1999 年 6 月，改革开放以来的第三次全国教育工作会议提出"教育振兴，全民有责"的思想，会议发布的《中共中央国务院关于深化教育改革，全面推进素质教育的决定》提出要"形成以政府办学为主体、公办学校和民办学校共同发展的格局"。

《国家中长期教育改革和发展规划纲要（2010—2020 年）》强调，要进一步深化办学体制改革，健全政府主导、社会参与、办学主体多元、办学形式多样、充满生机活力的办学体制，形成以政府办学为主、全社会积极参与、公办教育和民办教育共同发展的格局。

经过有关方面地共同努力，民办高等教育已成为我国高等教育的重要组成部分，政府办学的单一体制被打破了，民办与公办共同发展的办学体制得以确立并不断巩固。截至 2016 年底，全国有民办高校 742 所（含独立学院 266 所）[①]，占全国普通高等学校总数（2596 所）的 28.6%。

二、独立学院模式的出现与发展

"独立学院"的名称先后经历了从"国有民办二级学院"、"民办二级学院"到"独立学院"的演变进程。1999 年，浙江省人民政府《关于浙江工业大学等 8 所高校组建民办二级学院的批复》最早将"由公办高校举办、按民办机制运作的新型本科院校"称为"二级学院"。2003 年 4 月 23 日，教育部发布《关于规范并加强普通高校以新的机制和模式试办独立学院管理的若干意见》，首次将"由普通本科高校按新机制、新模式举办的本科层次的二级学院"明确界定为"独立学院"。2008 年出台的《独立学院设置与管理办法》，将独立学院明确为实施本科以上学历教育的普通高等学校与国家机构以外的社会组织或者个人合作，利用非国家财政性经费举办的实施本科学历教育的高等学校。

1. 独立学院的产生与发展

独立学院发源于 1993—1995 年公办高等学校内部以民办机制运行的二级学院[②]，在江浙一带首先出现，如 1993—1996 年上海的几所大学都与外界合作举办新型二级学院[③]。浙江省发展"独立学院"的要求非常迫切，主要原因在于当时浙江高校数量不多，高等教育规模偏小，而经济相对发达，对高等教育的入学需求和人才培养需求特别突出，并且随着新浙江大学的合并组建（新浙江大学在浙江的招生规模并没有扩大[④]），这些需求变得更加强烈。再加之当时民办高校发展受到某些限制，在浙江能独立颁发文凭的只有专科层次的浙江树人大学一所，而且该校在校生规模极小[⑤]，不能满足社会需求。为缓解这种矛盾，由政府出台政策、社会力

---

① 教育部. 2016 年全国教育事业发展统计公报. （2017-07-10）[2018-03-07]. http://www.moe.gov.cn/jyb_sjzl/sjzl_fztjgb/201707/t20170710_309042.html.

② 周满生. 独立学院产生的背景、发展与政策调控. 国家教育行政学院学报，2006（7）：2-6.

③ 刘邦明. 浙江省独立学院发展问题与对策的个案研究. 华东师范大学硕士学位论文，2007：9.

④ 杨旭. 解读现象、解析争议、解释原因，专家把脉独立学院发展. 人民日报，2011-07-15（12）.

⑤ 刘莉莉. 中国民办高等教育发展的研究. 长春：吉林人民出版社，2002：61-62.

量进行投入、高校组织操办的一种使管理者（政府）、投资者（社会力量）、操作者（高校）三方都有较高积极性的高等教育形式——民办二级学院应运而生。[①]

1998年12月，浙江省人民政府印发《关于鼓励社会力量参与办学的若干规定》，要求积极鼓励社会力量以多种形式参与办学，"现有公办学校也可根据需要和可能，选择少数进行'公办民助'或'国有民办'改制试验"。1999年，浙江省独立学院发展到近20所，随后，独立学院迅速在全国铺开，得到快速发展。

2010年，全国有独立学院323所，独立学院已成为我国高等教育的重要组成部分；到2014年，全国有独立学院283所，在校生209.7万人，独立学院办学规模占整个本科教育办学规模的17.8%[②]；截至2016年底，全国有独立学院266所，占民办高校总数的35.8%。

2. 独立学院民办体制的确立

独立学院诞生以来，一直存在许多争议，其模式、产权、性质等方面的争议尤大，甚至有人认为独立学院是一种"怪胎"。就办学体制来说，早期出身于"国有民办二级学院"，后期发展过程中又因不够规范而"花色品种"多样，导致独立学院到底属于公办、民办还是公私合办长期未在理论界取得共识。

由于缺乏必要的制度规范，一些独立学院在办学过程中出现了不少问题和矛盾，对相关的政策急需进一步明确，管理工作亦应加强和规范，特别是"普通高等学校在校内举办的独立学院"（即"校中校"）对独立学院办学和高等教育发展带来极大冲击。在此背景下，2003年，教育部出台了《关于规范并加强普通高校以新的机制和模式试办独立学院管理的若干意见》。该意见规定试办独立学院要一律采用民办机制；同时要求独立学院实现"七个独立"，即独立学院应具有独立的校园和基本办学设施，实施相对独立的教学组织和管理，独立进行招生，独立颁发学历证书，独立进行财务核算，应具有独立法人资格，能独立承担民事责任。教育部还发布了《教育部关于对各地批准试办的独立学院进行检查清理和重新报批工作的通知》等一系列相关文件，对独立学院发展进行规范。至此，独立学院的民办身份得到官方认可，标志着独立学院进入了独立规范发展阶段。

2008年2月，教育部出台《独立学院设置与管理办法》，对独立学院的设立、组织与活动、管理与监督、变更与终止、法律责任等作出明确的规定，明确"独

---

① 江林海，曹仁清，吴向明. 高校民办二级学院：高教改革的新探索. 高等工程教育研究，2001（3）：36-38.
② 贺林平. 独立学院，自立尚言早. 人民日报，2015-12-01（12）.

立学院是民办高等教育的重要组成部分",进一步确立了独立学院的民办体制。该办法同时设置了五年过渡期,对"基本符合本办法要求的,由独立学院提出考察验收申请,经省级教育行政部门审核后报国务院教育行政部门组织考察验收,考察验收合格的,核发办学许可证"。随后,一批独立学院逐步脱离母体,实现真正独立,2010—2016 年,全国有 57 所独立学院正式脱离"母体高校"和自立门户办学,约占全国独立学院总数的 1/5[①],独立学院数量也从 2010 年的 323 所减少到 2016 年的 266 所。

试办独立学院是当时形势下高等教育办学机制与模式的一项探索与创新,是更好、更快扩大优质高等教育资源的一种有效途径,对当时完善我国高等教育办学体制,缓解高等教育资源紧张,快速提高高等教育毛入学率起到了重要作用。

三、中外合作办学的兴起与发展

所谓中外合作办学,根据《中华人民共和国中外合作办学条例》及《中华人民共和国中外合作办学条例实施办法》的规定,是指外国教育机构同中国教育机构在中国境内合作举办以中国公民为主要招生对象的教育机构或项目的活动。

高等教育领域中外合作办学(以下简称"中外合作办学")是我国高等教育事业的组成部分和高等教育对外开放的重要形式,促进了我国高等教育事业的发展和对外交流与合作,丰富了我国高等教育的办学体制,"已成高等教育'三驾马车'之一"[②]。

中外合作办学有四个基本特征:①合作主体是中外教育机构,不能是企业、政府等非教育机构。这相比《中外合作办学暂行规定》中对中外合作机构的要求有明显的变化,该暂行规定确定的合作机构包括外国法人组织、个人及有关国际组织与中国具有法人资格的教育机构及其他社会组织;②办学方式是中外教育机构进行合作办学,而不是外国教育机构"独资"或"全资"办学;③招生培养对象主要是中国公民,而不是外国公民(但可以招收符合有关规定的境外学生);④办学地点是在中国境内而不是境外,但可在中国境外实施部分教育教学活动。

---

① 李剑平. 教育部公示 39 所申请设置的高等学校名单:独立学院纷纷自立门户. 中国青年报,2016-01-27 (5).

② 人民网. 中外合作办学已成高等教育"三驾马车"之一.(2014-11-20)[2018-03-05]. http://edu.people. com.cn/n/2014/1120/c367001-26062420.html.

中外合作办学的核心是引进国外优质教育资源并开展实质性合作，一般性合作如双语授课项目、引进外国高校部分课程等，不应归属于中外合作办学内容。

1978年后，国家逐步恢复民办高等教育（社会力量办学），中外合作办学也从各种形式的中外合作培训班开始发展壮大。20世纪80年代中期，中国人民大学、复旦大学等高等院校相继举办了中美经济学、法学培训班。随后，天津财经学院与美国俄克拉荷马市大学合作举办MBA（Master of Business Administration，工商管理硕士）班，南京大学与美国约翰斯·霍普金斯大学合作创建中美文化研究中心等，这些均属早期中外合作办学的先例。[①]其中，1986年9月由国务院批准成立的南京大学-约翰斯·霍普金斯大学中美文化研究中心，是第一个中外合作办学机构。当时规定该中心每年招收中方、美方学生各50名，只给全年在此学习的学生颁发证书；到2006年，该中心能够授予两校认可的硕士学位；到2016年，已有6个专业方向。[②]

为了支持和规范中外合作办学活动，1993年6月，国家教委印发了《关于境外机构和个人来华合作办学问题的通知》，明确指出多种形式的教育对外开放和国际合作是我国改革开放政策的重要组成部分，通过合作办学等形式，有条件、有选择地引进和利用境外于我有益的管理经验、教育内容和资金，有利于我国教育事业的发展。1995年1月，国家教委颁布了《中外合作办学暂行规定》。应加入世界贸易组织（World Trade Organization，WTO）后新形势的要求，2003年3月，《中华人民共和国中外合作办学条例》正式颁布。2004年6月，《中华人民共和国中外合作办学条例实施办法》颁布，《中外合作办学暂行规定》同时废止。2016年4月，中共中央办公厅、国务院办公厅印发《关于做好新时期教育对外开放工作的若干意见》，这是指导新时期中外合作办学的纲领性文件，要求通过完善准入制度、改革审批制度、开展评估认证、强化退出机制等，"引进国外优质资源，全面提升合作办学质量"。由此，大体可以将改革开放以来的中外合作办学分为四个发展阶段：1978—1995年（《中外合作办学暂行规定》颁布前）；1996—2003年（《中华人民共和国中外合作办学条例》颁布实施）；2004—2016年（《关于做好新时期教育对外开放工作的若干意见》颁布）；2017年至今。

40年来，特别是《中华人民共和国中外合作办学条例》颁布实施以来，中外

---

① 焦国政. 高等院校中外合作办学的回顾与思考. 中国高等教育，1998（10）：42-44.

② 李纯一. 南京大学、霍普金斯大学中美文化研究中心合作30年.（2016-06-19）[2018-03-09]. http://cul.qq.com/a/20160619/008949.htm.

合作办学得到快速发展，形成了我国高等教育发展的新格局。根据《中外合作办学发展报告（2016—2017）》，截至 2018 年 1 月，全国经批准设立或举办的中外合作办学机构和项目已有 2626 个，涉及 34 个国家、1746 所高校（其中中方高校 785 所，外方高校 961 所），覆盖了各个教学层次和类型，涉及自然科学与工程科学类及人文社科类共计 12 个学科门类 200 多个专业。①

第三节　高等教育"双重体制"机制的形成与突破

　　1992 年之后，随着社会主义市场经济体制的建立，我国开始在长期实行政府计划体制的高等教育领域逐步引进市场体制机制，由此形成了当前高等教育领域中政府计划体制机制与市场体制机制并存的局面。②所谓双重体制机制，实际上就是说在高等教育体制机制方面，特别是在高等教育管理和办学资源配置方面，既有政府计划体制机制发挥作用，也有市场体制机制发挥作用，是两种体制机制并存。③尽管 2013 年党的十八届三中全会审议通过的《中共中央关于全面深化改革若干重大问题的决定》，将市场在资源配置中的作用，由"起基础性作用"表述修改为"起决定性作用"，高等教育双重体制机制仍有待突破。

一、高等教育"双重体制"机制的萌发

　　中华人民共和国成立后，我国长期实行计划经济体制，高等教育领域也概莫能外。"大一统"——全国实行统一的专业设置、统一的教学计划、统一的教学大纲、统一的教材、统一的教学管理，是其典型表征。改革开放后，为了从根本上改变束缚生产力发展的经济体制，1984 年《中共中央关于经济体制改革的决定》提出，要改革计划体制，建立自觉运用价值规律的计划体制，发展社会主义商品经济，实行有计划的商品经济。其中，增强企业活力是经济体制改革的中心环

---

① 黄金鲁克. 中外合作办学改革再出发——访厦门大学中外合作办学研究中心主任林金辉. 中国教育报, 2018-03-23（6）.
② 张应强. 高等教育全面深化改革需要对高等教育改革进行改革. 中国高教研究, 2014（10）：16-20.
③ 张应强. 我国高等教育改革的反思和再出发. 深圳大学学报（人文社会科学版）, 2016（1）：140-155.

节，以解决国家对企业管得太多、太死的问题。为此，赋予了企业经营自主权，"使企业真正成为相对独立的经济实体，成为自主经营、自负盈亏的社会主义商品生产者和经营者，具有自我改造和自我发展的能力，成为具有一定权利和义务的法人"。

在计划经济体制下，高等教育工作不适应社会主义现代化建设需要的局面长期存在，特别是在经济体制改革全面展开的形势下，我国高等教育事业的落后和教育体制的弊端就更加突出了。为了适应经济体制改革、为社会主义建设服务，高等教育体制改革被提上了议事日程。为了"改变政府对高等学校统得过多的管理体制"这个"当前高等教育体制改革的关键"，《中共中央关于教育体制改革的决定》明确提出要解决的主要问题之一是，"在教育事业管理权限的划分上，政府有关部门对学校主要是对高等学校统得过死，使学校缺乏应有的活力；而政府应该加以管理的事情，又没有很好地管起来"。解决这一主要问题的思路就是"从教育体制入手，有系统地进行改革。改革管理体制，在加强宏观管理的同时，坚决实行简政放权，扩大学校的办学自主权"，以"加强高等学校同生产、科研和社会其他各方面的联系，使高等学校具有主动适应经济和社会发展需要的积极性和能力"。

此外，"改革大学招生的计划制度和毕业生分配制度"，"改变高等学校全部按国家计划统一招生，毕业生全部由国家包下来分配的办法"，被确定为对高等教育实行简政放权、扩大学校的办学自主权的突破口。该决定授权高校"可以在国家计划外招收少数自费生。学生应交纳一定数量的培养费，毕业后可以由学校推荐就业，也可以自谋职业"，从而对高校授权并促使高校开始面向市场（社会）办学，市场体制机制开始在高等教育中发挥作用。尽管此时市场调节机制的力量还比较弱小，但已打破了完全的计划体制机制，高等教育"双重体制"机制得以萌发。

二、高等教育"双重体制"机制的形成

改革开放以后，在经济体制由计划经济体制转向社会主义市场经济体制的过程中，关于市场作用的认知，在思想理论界和实践中长期存在争论。1992年邓小平发表南方谈话，对社会主义的本质和判断标准、计划和市场的关系等重大问题作了改革开放以来最全面明确的阐述。他明确指出："计划多一点还是市场多一

点，不是社会主义与资本主义的本质区别。计划经济不等于社会主义，资本主义也有计划；市场经济不等于资本主义，社会主义也有市场，计划和市场都是经济手段。"①这个精辟论断，从根本上解除了把计划经济和市场经济归于社会基本制度范畴的思想束缚，使人们在计划与市场关系问题上的认识有了新的重大突破。随后，党的十四大报告提出，经济体制改革的目标是在坚持公有制和按劳分配为主体、其他经济成分和分配方式为补充的基础上，建立和完善社会主义市场经济体制，"使市场在社会主义国家宏观调控下对资源配置起基础性作用"，"以利于进一步解放和发展生产力"。

一时间，高等教育市场、高等教育市场化、高等教育消费论等成为研究热点。中国知网上 1992 年关于高等教育与市场的文献只有 5 篇，1993 年即突破 100 篇，1994 年达到 150 余篇。1993 年 2 月，《中国教育改革和发展纲要》出台。该纲要提出，建立社会主义市场经济体制，对教育工作既是难得的机遇，又提出了新的任务和要求。在新的形势下，要"改革包得过多、统得过死的体制"，"建立适应社会主义市场经济体制和政治、科技体制改革需要的教育体制，更好地为社会主义现代化建设服务"；进而要求"改革高等学校的招生和毕业生就业制度"。市场在高等教育资源配置中的作用进一步扩大，"原来是行政体制机制起作用，现在市场体制机制进来了"②，高等教育双重体制机制得以形成。

这种双重体制机制的直接表现就是：一方面，政府通过各种计划性"工程""计划""项目"，如"211 工程""985 工程""2011 计划""长江学者奖励计划""万人计划""863 计划""973 计划"等来配置资源；另一方面，这种资源配置方式，又不同于市场被引入高等教育领域之前计划经济时代的计划体制机制，它要求高校通过相互之间竞争来获得相关资源，即引入了市场体制机制。还有如招生指标方面，政府通过每年下达招生指标的行政机制来控制高校的办学规模，又更多地引入包括自主招生、平行志愿等在内的市场竞争机制让高校相互竞争。

三、高等教育"双重体制"机制的突破

显然，双重体制机制中两种体制机制的力量大小是不一样的，行政机制的力

---

① 人民网. 资料：1992 年邓小平南巡讲话（全文）. （2014-08-11）[2018-03-01]. http://gd.people.com.cn/n/2014/0811/c123932-21952148.html.

② 张应强. 我国高等教育改革的反思和再出发. 深圳大学学报（人文社会科学版），2016（1）：140-155.

量远大于市场竞争机制的力量，"市场竞争机制这条腿非常细、非常短、非常无力，并且处于从属和被动地位，成为政府所左右和把控的工具和手段"①。在这种情况下，高等教育既面临"政府失灵"风险，又面临"市场失灵"风险，影响高等教育治理体系和治理能力的现代化，对高等教育发展的负面作用非常大。

2013 年 11 月，党的十八届三中全会通过了《中共中央关于全面深化改革若干重大问题的决定》，提出要"紧紧围绕使市场在资源配置中起决定性作用深化经济体制改革"，"处理好政府和市场的关系"，"积极稳妥从广度和深度上推进市场化改革，大幅度减少政府对资源的直接配置，推动资源配置依据市场规则、市场价格、市场竞争实现效益最大化和效率最优化"，"使市场在资源配置中起决定性作用和更好发挥政府作用"；要深化教育领域综合改革，深入推进管办评分离，扩大学校办学自主权。

2017 年 9 月，中共中央办公厅、国务院办公厅印发了《关于深化教育体制机制改革的意见》，明确坚持放管服相结合，把该放的权力坚决放下去，把该管的事项切实管住、管好，加强事中事后监管，构建政府、学校、社会之间的新型关系，完善中国特色现代大学制度。

这些都为突破高等教育双重体制机制指明了方向。近年来的高等教育治理实践已经显示了市场力量的逐步增强，更有学者认为近年来我国高等教育的快速发展就是教育市场化的结果。②例如，着力实施的创新驱动发展战略，特别强调"四个对接"，即强化科技同经济对接、创新成果同产业对接、创新项目同现实生产力对接、研发人员创新劳动同其利益收入对接；核心就是坚持需求导向，使市场在资源配置中起决定性作用，根治科技与经济"两张皮"的痼疾，以增强科技进步对经济发展的贡献度。国务院印发的《关于强化实施创新驱动发展战略进一步推进大众创业万众创新深入发展的意见》提出要坚持"市场主导"原则，充分发挥市场配置资源的决定性作用，以市场化机制促进多元化供给与多样化需求更好对接，实现优化配置。又如，高等教育改革从需求侧转向供给侧，核心是"大市场、小政府"，充分发挥市场的调节作用而不是政府对市场的干预作用，由高校根据市场需求来培养人才，自主解决"怎样培养人"的问题，进而提高人才培养质量，增强高等教育服务整体社会发展的实力。再如，推进管办评分离，也要通

---

① 张应强. 我国高等教育改革的反思和再出发. 深圳大学学报（人文社会科学版），2016（1）：140-155.
② 金子元久. 高等教育发展的中国模式：来自日本的观察. 徐兴国，译. 教育发展研究，2006（9）：24-28.

过转变政府职能，引入市场机制，最大限度地减少政府对高校办学活动的干预，激发学校办学活力，加快健全学校自主发展、自我约束的运行机制。

由此可见，市场力量发挥越来越明显的作用的脉络越来越清晰，高等教育双重体制机制的突破已经在路上。

第四节　高等教育区域布局与类型结构调整

高等教育区域布局与类型结构调整，既是高等教育发展的重要内容，又对高等教育发展具有重要影响。《中共中央关于教育体制改革的决定》提出，"高等教育的结构，要根据经济建设、社会发展和科技进步的需要进行调整和改革"。改革开放以来，我国不断进行高等教育区域布局和类型结构调整，使高等教育区域布局进一步完善，类型结构更加合理。

一、高等教育区域布局

由于历史与现实因素，特别是区域经济社会发展水平的不均衡，高等教育区域发展不平衡的状态显得更加突出。改革开放以来，我国历次高等教育改革也都或多或少涉及、直接或间接影响高等教育区域布局。1985 年，《中共中央关于教育体制改革的决定》提出，为了调动各级政府办学的积极性，实行中央、省（自治区、直辖市）、中心城市三级办学的体制，对高等教育区域布局产生了重要影响。1998 年，《中华人民共和国高等教育法》规定："优化高等教育结构和资源配置，提高高等教育的质量和效益。"2010 年，《国家中长期教育改革和发展规划纲要（2010—2020 年）》进一步提出要优化高等教育结构，促进中西部地区高等教育振兴；同时也鼓励东部地区高等教育率先发展。这些政策的实施使我国高等教育区域布局持续调整并进一步优化。

1. 普通高校的区域布局

改革开放 40 年来，国家和省（自治区、直辖市）根据经济社会发展的需要适时调整高校布局，高校数量大幅增长，区域布局更加合理。一方面，为了改变一些中心城市高等教育不发达,特别是缺少本科院校的状况,有关省市在一些地级市将当地的一所或几所专科学校调整为适应当地经济建设和社会发展需要的专业覆盖面较宽、学科比较齐全的本科学校;另一方面,一些省市也根据地方高校布局结构调整的需要,推动了一些地方高校的调整。特别是2000年以来,出现了一大批新建地方本科院校,截至2015年底,全国共有新建地方本科院校678所(含独立学院),占全国普通本科高校1219所的55.6%,占据了高等教育的"半壁江山"。到2015年,新建地方本科院校已广泛分布于全国29个省(自治区、直辖市),实现了对196个地级市及计划单列市的覆盖。对于一些地级市甚至县级市而言,新建地方本科院校结束了当地没有本科教育的历史,并成为当地一张亮丽的文化名片。[①]

截至2017年5月31日,全国高等学校共计2914所,其中普通高校2631所(含独立学院265所),成人高校283所。[②]从省(自治区、直辖市)的分布来看,有12个省(自治区、直辖市)的普通高校的数量已突破100所,江苏最高,达167所,其次是广东,达151所;排名前12位的省(自治区、直辖市)高校数量合计达1521所,占全国普通高校总数的57.8%。从东、中、西,以及东北部经济区域看,分别有1012所、686所、675所和258所;省均普通高校数为84.9所,有15个省(自治区、直辖市)超过全国平均数。

2. 重点建设高校的区域布局

1977年8月8日,邓小平在科学和教育工作座谈会上发表讲话时指出:"在大专院校中先集中力量办好一批重点院校。重点院校除了教育部要有以外,各省、市、自治区和各个业务部门也要有一点。"[③] 1978年2月17日,国务院批转教育部《关于恢复和办好全国重点高等学校的报告》,同意全国重点高校由原来的60所恢复调增到88所,约占当年高等学校总数405所的22%。在增加部分重点高校时,考虑到了全国重点高校的区域分布问题。从区域分布看,88所全国重点高校分布在22个省(自治区、直辖市),其中北京最多,达15所。后来又经过一系列合并和调整,到1981年底,全国重点高校增加到了96所。

1991年4月,全国人民代表大会(以下简称全国人大)七届四次会议批准了

---

① 杨林. 新建本科院校已占"半壁江山". 北京日报,2017-11-01(15).

② 教育部. 全国高等学校名单. (2017-06-14) [2018-03-09]. http://www.moe.edu.cn/srcsite/A03/moe_634/201706/t20170614_306900.html.

③ 人民网. 关于科学和教育工作的几点意见. (1977-08-08) [2018-03-01]. http://cpc.people.com.cn/GB/69112/69113/69684/69685/4949658.html.

《中华人民共和国国民经济和社会发展十年规划和第八个五年计划纲要》，提出"努力办好一批重点大学"，有重点地办好一批大学，"加强一批重点学科的建设，使其在科学技术水平上达到或接近发达国家同类学科的水平"。同年 7 月，国家教委向国务院报送了《关于重点建设好一批重点大学和重点学科的报告》，"建议由国家教委设置重点大学和重点学科建设项目，该项目简称为'211'计划"。同年 12 月，根据国务院总理李鹏的指示，国家教委、国家计委和财政部经过讨论，"一致同意国家设置与国家经济、社会发展相适应的'重点大学和重点学科建设项目'（简称为'211'计划）"。1993 年 7 月，国家教委发布《关于重点建设一批高等学校和重点学科点的若干意见》，提出"面向 21 世纪，重点建设 100 所左右的高等学校和一批重点学科点"，根据《"211 工程"总体建设规划》，首批有 27 所高校于 1996 年成为"211 工程"建设高校。截至 2013 年，全国共有 112 所"211 工程"建设高校。1998 年 12 月，按照江泽民同志同年 5 月 4 日在庆祝北京大学建校一百周年大会上的讲话精神，教育部发布的《面向 21 世纪教育振兴行动计划》提出，要"加大投入力度，对于若干所高等学校和已经接近并有条件达到国际先进水平的学科进行重点建设。今后 10~20 年，争取若干所大学和一批重点学科进入世界一流水平"，是为"985 工程"。截至 2016 年，全国"985 工程"重点建设高校共有 39 所，分布在 19 个省（自治区、直辖市），北京最多，共 8 个。

2015 年 10 月，国务院印发《统筹推进世界一流大学和一流学科建设总体方案》，正式启动"双一流"建设。2017 年 9 月，教育部、财政部、国家发展改革委印发《教育部 财政部 国家发展改革委关于公布世界一流大学和一流学科建设高校及建设学科名单的通知》，正式公布了"双一流"建设高校名单。一流大学建设高校共 42 所，其中，A 类 36 所，B 类 6 所；东部地区有 22 所，中部地区有 7 所，东北地区有 4 所，西部地区有 9 所（占 21.4%）；西部 12 省（自治区、直辖市）中，贵州、广西、青海、宁夏、西藏、内蒙古 6 省（自治区）"挂零"，东部地区有河北和海南 2 省"挂零"，中部地区有山西和江西 2 省"挂零"。综上所述，无论是新建地方本科院校还是重点建设高校、"双一流"建设高校的区域分布，都兼顾了区域分布的均衡，全国高校区域分布更加均衡。

二、高等教育类型结构调整

为完善高等教育类型结构，增强高等教育发展适应性，国家鼓励大力发展高等职业教育，形成普通高等教育与高等职业教育分类发展、共同推进的格局。早在 1985 年，《中共中央关于教育体制改革的决定》就提出要积极发展高等职业技术院校，"逐步建立起一个从初级到高级、行业配套、结构合理又能与普通教育相互沟通的现代职业技术教育体系"。

随着改革开放的进一步推进，经济发展快速的地区对技术技能型人才的需求愈发强烈。1980 年，教育部批准建立了 13 所职业大学，如金陵职业大学、合肥联合大学、无锡职业大学、江汉大学等，标志着我国高等职业院校正式诞生。1982年，第五届全国人大五次会议明确提出，"要试办一批花钱少，见效快，可收学费、学生尽可能走读、毕业生择优录用的专科学校和短期职业大学"。根据这一精神，教育部在 1983 年又批准成立了 33 所职业大学。同年，国务院批准教育部等四部委的《关于利用世界银行贷款促进广播电视大学及短期职业大学发展的请示》，共贷款 3500 万美元，集中支持 17 所职业大学的建设。1980—1984 年，全国共兴办了 82 所短期职业大学[①]。1985 年，国家教委批准在上海电机技术高等专科学校等 3 所中专学校试办五年制技术专科教育，探索中等职业教育与高等职业教育的衔接。1991 年，邢台高等职业技术学校正式建立，率先在全国试办高中起点的高等职业技术教育，探索"双起点、双证书"发展模式。1994 年，国家教委成立高职协调小组。

1996 年 5 月，《中华人民共和国职业教育法》正式颁布，明确"职业学校教育分为初等、中等、高等职业学校教育"，"高等职业学校教育根据需要和条件由高等职业学校实施，或者由普通高等学校实施"。6 月，第三次全国职业教育工作会议召开，正式提出"三改一补"[②]的高等职业教育发展方针，并针对"现在高等职业学校的名称比较混乱"的现象，要求"经过评估审批应逐步规范为'职业技术学院'"。1997 年，国家教委明确要求新建高等职业学校一律定名为"××职业技术学院"或"××职业学院"，以规范高职学校校名和发展方向。同年 3 月，深圳职业技术学院和邢台职业技术学院率先正式挂牌。同年，国家教委颁布《国家教委关于高等职业学校设置问题的几点意见》，规范高等职业学校设置；2000年，教育部颁布《高等职业学校设置标准（暂行）》。

1998 年，《面向 21 世纪教育振兴行动计划》在重申"三改一补"方针的基础

---

① 平和光，程宇，李孝更. 40 年来我国高等职业教育发展回顾与展望. 职业技术教育，2018（15）：6-16.
② 通过对高等专科学校、职业大学和独立设置的成人高校进行改革、改组和改制，并选择部分符合条件的中专改办（简称"三改一补"），发展高等职业教育。

上，进一步提出"部分本科院校可以设立高等职业技术学院，基本不搞新建。挑选 30 所现有学校建设示范性职业技术学院。发展非学历高等职业教育，主要进行职业资格证书教育。要逐步研究建立普通高等教育与职业技术教育之间的立交桥，允许职业技术院校的毕业生经过考试接受高一级学历教育"。同时，教育部在"三改一补"的基础上又提出了"三多一改"的方针，即多渠道、多规格、多模式发展高职教育，重点是教学改革，真正办出高职特色，并拨出 11 万人的招生指标，在 20 多个省市试点发展高职教育。高职教育得以快速发展。

1999 年 1 月，教育部、国家计委印发《试行按新的管理模式和运行机制举办高等职业技术教育的实施意见》，提出由短期职业大学、职业技术学院、具有高等学历教育资格的民办高校、普通高等专科学校、本科院校内设立的高等职业教育机构（二级学院）、经教育部批准的极少数国家级重点中等专业学校、办学条件达到国家规定的合格标准的成人高校等共同承担高等职业教育发展任务。并决定在 1999 年普通高等教育年度招生计划中，安排 10 万人的招生指标专门用于按新模式、新机制试行举办高等职业技术教育。

1999 年，《中共中央国务院关于深化教育改革，全面推进素质教育的决定》首次提出"大力发展高等职业教育"，随后我国建设了一批独立设置的高职院校。同时教育部将原有的高等专科教育、高等职业教育和成人高等教育合称为"高职高专教育"。

《面向 21 世纪教育振兴行动计划》还提出高等职业教育管理体制改革的方向："要通过试点逐步把高等职业教育的招生计划、入学考试和文凭发放等方面的责权下放给省级人民政府和学校，省级人民政府在国家宏观指导下，对本地区高等职业教育的现有资源进行统筹。"2002 年，《国务院关于大力推进职业教育改革与发展的决定》提出，进一步推进职业教育管理体制改革，促进高等职业教育发展。该决定提出建立并逐步完善在国务院领导下，分级管理、地方为主、政府统筹、社会参与的职业教育管理体制；有条件的市（地）可以举办综合性、社区性的职业技术学院，积极发展高等职业教育；省（自治区、直辖市）所属中等和高等职业学校可以由省级有关部门与职业学校所在市（地）联合共建、共管，增强其为区域经济服务的功能。2010 年，《国家中长期教育改革和发展规划纲要（2010—2020 年）》进一步明确高等职业教育入学考试由各省、自治区、直辖市组织，并探索高等职业学校学生通过自主考试或根据学业水平考试成绩注册入学。

为进一步加快高等职业教育发展，2005 年，国务院又发布了《国务院关于大力发展职业教育的决定》，明确要求"每个市（地）都要重点建设一所高等职业技术学院"，高等职业教育招生规模应占高等教育招生规模的一半以上；"十一五"期间，高等职业教育要为社会输送1100多万名毕业生。2009年，高等职业教育在校生人数达到了1280万人。《国家中长期教育改革和发展规划纲要（2010—2020年）》提出，"到2020年，形成适应经济发展方式转变和产业结构调整要求、体现终身教育理念、中等和高等职业教育协调发展的现代职业教育体系，满足人民群众接受职业教育的需求，满足经济社会对高素质劳动者和技能型人才的需要"；高等职业教育在校生数，到2015年，应达到1390万人；到2020年，应达到1480万人。

在这期间，高等职业教育还持续推进了示范学校建设。1995年12月，国家教委首次开展了示范性职业大学建设工作。2000年9月和2001年6月，教育部先后启动了首批15所和第二批16所国家级示范性职业技术学院建设项目。2005年10月，国家提出"十一五"期间要建设100所示范性高等职业院校的计划。2006年11月，教育部、财政部开始实施"国家示范性高等职业院校建设计划"，此后，先后分两批支持了200所示范（骨干）高职院校建设，重点建设了788个专业点。① 这些示范性学校的建设带动和促进了全国高等职业教育的大发展。2015年，《高等职业教育创新发展行动计划（2015—2018年）》继续坚持以示范建设引领发展，鼓励支持地方建设一批优质专科高等职业院校。

在大力发展专科层次高职教育的同时，国家还引导一批独立学院发展成为应用技术类的高校，重点举办本科层次职业教育；推动产学结合，培养专业学位研究生，强化其实践能力培养，以期系统构建专科生、本科生、专业学位研究生培养体系，逐步完善高等职业教育结构。

截至2015年，全国独立设置的高等职业院校有1341所，全日制在校生数达1048.6万人，比上年增加42万人，形成了世界上最大规模的专科层次的全日制高等职业教育，成为推动我国高等教育大众化的重要力量。从区域布局看，615所高等职业院校布点在地级及以下城市，240所院校在160个县级城市办学，形成了覆盖区域广泛、分布更加均衡的院校网络。从专业设置看，开设各类专业1040种，专业点数超过3.4万个，基本覆盖国民经济主要行业和产业领域，60.7%的专

---

① 李玉静. 从示范建设到均衡优质：高等职业教育发展的路向选择. 职业技术教育，2017（22）：卷首.

业点与当地支柱产业密切相关。[1]

由此可见,我国高等教育已经形成高等职业教育与普通高等教育相互渗透、有机衔接、立体沟通的完整结构体系,为完成党的十九大报告提出的"建设知识型、技能型、创新型劳动者大军"奠定了坚实基础。

---

[1] 教育部. 2016 年全国高等职业院校适应社会需求能力评估报告.（2017-12-07）[2018-03-01]. http://www.moe.gov.cn/jyb_xwfb/gzdt_gzdt/s5987/201712/t20171207_320819.html.

第五章
高等教育质量建设与质量保障

改革、发展、提高是改革开放 40 年来中国高等教育发展的基本特征，质量是贯穿其中的一条主线。40 年来，中国高等教育质量观从静态、单维度、统一的质量观演变为发展性、整体性和多样化的质量观。政府主导并持续实施了高校本科教学工作评估与多种旨在提高质量的"工程"、"项目"和"计划"，基本建立起了立体式、全方位的高等教育质量保障体系，有力地保障和提高了高等教育质量。

第一节　高等教育质量工程

作为我国高等教育领域一种独特的高等教育质量保障机制或方式，质量工程涵盖了从院校到学科、从科研到教学、从个人到群体，以及从教师教学到人才培养等诸多具体领域或方面。根据实施的时间、进程和侧重点不同，我们大致可以将改革开放40年来高等教育质量保障中的质量工程归为三个类别，即院校-学科维度的质量工程（如"211工程"和"985工程"）、教师-研究维度的质量工程（如"863计划""973计划""海外高层次人才引进计划""长江学者奖励计划"），以及教学-人才维度的质量工程（如"高等学校本科教学质量与教学改革工程"）。本节的质量工程只限于高等教育课程和教学质量工程。

改革开放40年来，政府对高等教育质量的关注和介入始于人才培养的需要并一直将提高人才培养质量视为提高质量的重点。在提高人才培养质量方面，国家的政策和措施主要集中在：更新专业目录，拓宽专业口径；进行课程和教学改革；创新人才培养模式。在这三个方面中，课程和教学改革一直是提高人才培养质量的重点。

一、高等教育面向21世纪教学内容和课程体系改革计划

1. 计划的主要内容

"高等教育面向21世纪教学内容和课程体系改革计划"是改革开放以来我

国高等教育领域最早的国家级系统性的教学改革工程，是应对 20 世纪 90 年代高等教育教学现实困境的必然选择，也是主动适应 21 世纪社会经济和科技发展需要、进一步提高人才培养质量的必然要求。这一计划既是对已有高等教育教学改革的总结、深化和拓展，也正式开了政府全面介入高等教育教学质量改革实践的先河，因而兼具回溯性（解决实际问题）和前瞻性（理性设计，超前部署），具有承前启后的意义。

"高等教育面向 21 世纪教学内容和课程体系改革计划"的重点是教学内容和课程体系改革，其目的是提高人才培养质量，培养与社会主义现代化建设和时代发展相适应的高级专门人才。这一计划的内容涵盖三个方面[①]：第一个方面主要是人才培养的定位，涉及人才培养目标、模式，专业划分和设置（未来社会的人才素质和培养模式；各专业或专业群的培养目标及人才规格）；第二个方面是人才培养的主要途径，也是这一计划的重点、难点和突破口[②]，涉及课程体系、教学内容、教学方法和教学手段（主要专业或专业群的课程体系结构改革；基础课程、核心课程的教学内容体系及教材改革；教学手段、教学方法的创新）；第三个方面是人才培养的制度和组织保障，涉及教学组织与管理、教学队伍、教学评价等。

2. 计划的主要特点

（1）统一规划，分级管理。作为一项国家级教学改革工程，该计划由国家教委发起并统筹整个计划中项目的规划、申请、评审、鉴定等组织管理工作。在国家教委统一领导和规划的同时，所有项目又被分为国家教委立项项目和国家教委备案项目两个类别，实行分级管理。前者由国家教委和主管部门共同提供经费，以国家教委管理为主；后者由有关部委、省市或高校自主立项、提供研究经费、负责组织与管理。据统计，截至 1996 年 9 月，仅国家教委就先后批准了包括 985个子项目在内的 221 项大的立项项目。[③]

（2）分科立项，分批实施。该计划中的项目对应着七大学科门类，分别是人文科学（含哲学类、中国语言文学类、外国语言文学类、新闻学类、历史学类、教

---

① 周远清. 质量意识要升温 教学改革要突破——在全国普通高校第一次教学工作会议上的讲话. 高等教育研究, 1998（3）：1-11.

② 杨志坚. 面向21世纪教学内容和课程体系改革进入新阶段——首次全国高等教育面向21世纪教学内容和课程体系改革经验交流会述要. 中国高等教育, 1997（9）：34.

③ 黎琳. "高等教育面向21世纪教学内容和课程体系改革计划"述评. 高等理科教育, 2001（2）：13-19.

育学类、图书信息档案学类）、经济学（含工商管理类）、法学（含社会学、政治学类）、理学、工学、农学和医学，有关部门按照这七大学科门类分别组织立项工作。

（3）专款专用，择优支持。国家教委与有关部门、省（自治区、直辖市）和高校多渠道筹措的经费作为该计划的资金来源。国家教委专门设立了"国家教委直属高等学校教学建设与改革专项基金"，由项目负责人按照项目进展和要求自主使用。1997 年，国家教委《关于积极推进"高等教育面向 21 世纪教学内容和课程体系改革计划"实施工作的若干意见》专门指出，把工作进展较好、意义重大、有实质性成果的项目作为重点项目，加大经费支持力度，促其早出成果。在"高等教育面向 21 世纪教学内容和课程体系改革计划"的支持下，产生了"面向 21 世纪教学内容和课程体系改革计划系列研究报告"，全国共重点遴选出版了近一千种"面向 21 世纪课程教材"。①

二、新世纪高等教育教学改革工程

2000 年，教育部启动了"新世纪高等教育教学改革工程"（简称"新世纪教改工程"）。"新世纪教改工程"并不是一个另起炉灶的全新工程，而是在"高等教育面向 21 世纪教学内容和课程体系改革计划"的基础上进行的扩展和延伸。作为一项深化高等教育教学改革的系统性工程，"新世纪教改工程"特别强调高等教育教学改革的整体性、综合化和实践运用。

"新世纪教改工程"从学术研究、具体改革实践和基础资源建设三个维度进行了全面部署，包括六个方面的主要内容：高等教育人才培养战略规划研究、高等学校本科教育教学改革与实践、高职高专教育教学改革与实践、现代远程教育资源建设、高校中青年骨干教师培训和高校基础教学实验室改造与建设。

当时高等教育正处于规模扩张的高峰时期，加上其他因素的影响，"新世纪教改工程"的影响并没有"高等教育面向 21 世纪教学内容和课程体系改革计划"的影响大，属于一种过渡性的高等教育教改工程。

---

① 王占军. 深化高校教学改革，提高高等教育质量——访教育部原副部长、中国高等教育学会会长周远清. 大学（学术版），2009（11）：5-9.

三、高等学校本科教学质量与教学改革工程

1. 高等学校本科教学质量与教学改革工程的形成

教育部于 2001 年发布了《关于加强高等学校本科教学工作提高教学质量的若干意见》（以下简称 2001 年 "4 号文件"），从经费投入、教师队伍建设与评价、学风、教材、质量监测等 12 个方面提出了提高本科教学改革的主要方向、基本标准和可量化的具体指标，为后期 "高等学校本科教学质量与教学改革工程" 的正式启动进行了内容方面的准备。

2004 年，教育部在正式发布的《2003—2007 年教育振兴行动计划》中提出实施 "高等学校教学质量与教学改革工程"。其中，评选精品课程、进行大学英语教学改革、评选和表彰教学名师、实施五年一轮的高校教学评估制度等是其重要内容。2005 年，教育部发布的《关于进一步加强高等学校本科教学工作的若干意见》（以下简称 2005 年 "1 号文件"）就实施 "高等学校教学质量与教学改革工程"，加强本科教学工作提出了 16 条意见，进一步强调了质量的重要性，构建了高等教育质量工程的初步框架。为进一步落实 2001 年 "4 号文件" 和 2005 年 "1号文件" 有关提高本科教学质量的精神，2006 年初，教育部成立了专门的 "质量工程项目规划工作组"，研究、论证和推进 "高等学校教学质量与教学改革工程"。

2007 年，教育部联合财政部制定的《教育部 财政部关于实施高等学校本科教学质量与教学改革工程的意见》经国务院批准发布，正式提出并决定实施 "高等学校本科教学质量与教学改革工程"。同年，教育部发布了这一工程的配套文件《教育部关于进一步深化本科教学改革全面提高教学质量的若干意见》，着力推进 "高等学校本科教学质量与教学改革工程"，在抓好提高质量关键 "点" 的基础上，进一步在覆盖 "面" 上整体推进高校教学工作，全面提高本科教学质量。

从资金投入、涵盖内容、参与高校数量和影响范围等诸多方面来看，"高等学校本科教学质量与教学改革工程"超过了此前所有高等教育教学质量工程。"十一五" 期间，中央财政计划为该项工程投入专项资金 25 亿元，为历史之最。这一工程涉及中央、地方、高校、院系等多个层级，面向所有本科高校及其教师和学生，最大限度地将政府的政策意愿、高校本科教学工作的重点，以及学生和社会的关切进行了系统性整合。

2011 年，教育部、财政部《关于"十二五"期间实施"高等学校本科教学质量与教学改革工程"的意见》在对前期高等学校本科教学质量与教学改革工程实施进行评估的基础上提出继续实施高等学校本科教学质量与教学改革工程，着力解决人才培养过程中的一些关键性难题，意在提高项目建设对本科人才培养的综合效益。至此，高等学校本科教学质量与教学改革工程基本成型。

2. 高等学校本科教学质量与教学改革工程的基本框架

（1）本科专业综合改革。通过加强专业内涵建设和示范引领，解决本科专业设置与社会需求脱节的问题，致力于实现本科专业设置与国家经济和社会发展需要的对接，主要包括专业设置预测与结构调整、工程和医学等领域的专业认证、"卓越系列人才培养计划"（以下简称"卓越计划"）专业建设等。

（2）课程和教材建设。面向高校师生和社会人员，运用现代信息技术手段整合和提升优质课程资源，解决优质教学资源不均衡的问题，致力于实现课程和教学等优质教育资源共享，主要包括国家精品开放课程建设、"万种新教材建设项目"、大学英语和网络教育网上考试平台建设等。

（3）实验实践教学改革。通过建设一批开放共享的大学生实验实践教学平台，解决人才培养模式僵化的问题，致力于培养大学生解决实际问题的实践能力和创新创业能力，主要包括重点建设一批实验教学中心、实施大学生创新实验计划、建立人才培养模式创新试验区、多部门共建国家大学生校外实践教育基地、资助大学生竞赛和创新创业训练等。

（4）教学团队和教师队伍建设。通过创新教师发展模式，解决教师队伍建设水平不高、教师培养培训薄弱等问题，致力于从整体上提升教师的教学能力和教学水平，主要包括加强本科教学团队建设、建立教师教学发展中心、评选教学名师等。

（5）教学评估与质量标准建设。通过制度创新，解决教学质量难以评估和高校办学特色不够鲜明的问题，致力于在特色和标准之间寻找平衡，形成中国特色的本科教学评估体系和人才培养质量评价标准，主要包括建立高校分类评估制度、建立高校本科教学状态基本数据库、建立高等教育教学国家质量标准体系等。

（6）对口支援西部高校。通过"结对子"的方式，解决东西部高等教育教学资源配置不均衡的问题，致力于促进东西部高等教育协调发展，主要包括资助受援高校教师和教学管理干部到对口支援高校进修、学习和交流等。

四、高等教育质量工程的实施效果

1. 初步形成了以课程和教学改革为中心的质量保障传统

从 20 世纪 90 年代中期的"高等教育面向 21 世纪教学内容和课程体系改革计划"开始，课程与教学改革就成为历项高等教育教学质量工程的核心。早期的质量工程集中于课程与教学改革，致力于改变苏联模式的课程体系和教学方式、方法，侧重于在研究的基础上"破旧立新"，课程与教学质量本身就是高等教育质量保障的重点。后期的质量工程更加强调一体化和系统性，强调以课程和教学改革为中心的整体性的质量提升。

2. 建立了立体式的质量保障网络

高等教育质量工程均由中央教育行政部门主导和推动，在利益共享、统一评估等机制的综合作用下，一个立体式的高等教育质量保障网络基本形成。从纵向来看，中央、各省（自治区、直辖市）和高校均相应地提出和实施了不同层级的教育教学质量工程，逐步构建并形成了一个包括中央、省（自治区、直辖市）、高校三个层面在内的三级"质量工程"网络。[①]从横向来看，质量工程从课程和教学改革开始并以之为中心，构建了包括人才培养模式改革、专业综合改革、师资队伍建设与评价、现代信息技术建设、资源配置、学生学习、质量监测与评估等在内的网格状的质量保障网络。纵向的联动和横向的组合共同构建了立体式的质量保障网络。

3. 推动高校重视教育质量尤其是本科教育质量

不同时期质量工程的实施都是为了解决当时面临着的教育质量问题，其中又主要集中在本科教育质量，教学质量又位居本科教育质量的中心。每一次质量工程建设都引发了高校及其内部利益相关者的积极参与，在这个过程中，高校逐步形成了重视教育质量的意识，并有步骤地将这种质量意识转化成了具体的质量实践。

---

① 毕宪顺，张峰. 改革开放以来中国高等教育的跨越式发展及其战略意义. 教育研究，2014（11）：62-71.

第二节 高校本科教学评估体系的建立、发展与完善

评估是高等教育质量保障中常用的一种主要手段。本科教学评估是中国高等教育质量保障体系的重要组成部分。改革开放以来，中国高校本科教学评估从无到有，逐步完善，推动了中国本科教育质量的提升。

一、本科教学评估的早期政策与实践：1978—2002 年

1. 早期政策演变中的中国高等教育评估

本科教学评估脱胎于高校办学水平评估。20 世纪 80 年代中期，高校办学水平评估正式进入国家政策议程。1985 年，《中共中央关于教育体制改革的决定》明确提出，要在教育行政管理部门主导下，通过多方参与，定期对高校办学水平进行评估并辅之以奖惩措施，实现优胜劣汰，促进高校办学水平的提升。1990 年，国家教委颁布的《普通高等学校教育评估暂行规定》是中国第一个有关高等教育评估的专门性的法规文件，从评估目的、任务、指导思想、基本形式、评估机构、评估程序等诸多方面对高校评估作出了原则性和方向性的规定，为中国高校教育评估制度确立了一个基本框架。

1993 年，《中国教育改革和发展纲要》延续了以往政策文件的精神，再次从原则上强调了各级教育主管部门要通过多种形式对高等教育质量进行评估和检查。与此同时，《中国教育改革和发展纲要》及《国务院关于〈中国教育改革和发展纲要〉的实施意见》还提出了要建立质量标准和评估指标体系，以及成立第三方教育评估组织的设想。

2. 高等教育评估从试点到方案统一

1985 年，国家教委下发了《关于开展高等工程教育评估研究和试点工作的通知》，全面部署了高等工程教育的评估研究与试点工作。根据这个通知的要求，国家和有关省市的教育行政部门在部分工科类高校率先启动了办学水平、专业和

课程评估的试点工作。

依照《普通高等学校教育评估暂行规定》，国家教委（教育部）于 1994 年、1996 年和 1999 年分别对 1976 年之后建立的本科高校、进入"211 工程"的高校及介于上述两类高校之间的高校进行了合格评估、优秀评估和随机性水平评估。在对合格评估、优秀评估和随机性水平评估三种方案及评估经验进行总结的基础上，2002 年，教育部将上述三种评估方案整合，发布了《普通高等学校本科教学工作水平评估方案（试行）》，并应用这一方案在 21 所普通本科高校中开展了试点评估。

二、本科教学评估的全面实施：2003—2008 年

1. 第一轮本科教学评估的兴起与发展

《2003—2007 年教育振兴行动计划》中提出"实行以五年为一周期的全国高等学校教学质量评估制度"。2004 年，教育部正式全面启动了本科教学评估工作。2004 年 8 月，教育部正式出台了经过修订的《普通高等学校本科教学工作水平评估方案（试行）》。这一评估方案延续了随机性水平评估中使用的等级评定方式，将评估结论分为优秀、良好、合格与不合格四个等级，使用统一标准来评估各类普通高等本科院校。同年，教育部高等教育教学评估中心正式成立，成为我国第一个国家层面的、正式的高等教育评估机构，这也意味着我国高等教育教学评估工作开始走向规范化、科学化、制度化和专业化的发展阶段。

我国高校本科教学评估方案和框架的制定与修改，以及评估机构的建立等与本科教学评估的实践几乎是同时进行的。2003 年本科教学评估开展之前的高等教育评估是在边试点、边总结的基础上稳步推进、分类实施的。但是随着 2003 年第一轮本科教学评估的启动，一场持续五年的教学评估运动席卷了所有普通高等本科院校。在这场轰轰烈烈的教学评估运动中，国家教育行政部门依托其行政权力进行了广泛的行政动员，国家教育行政部门、地方政府、高校、院系、教师、高校行政管理人员、学生、社会媒体等大部分利益相关者都参与其中。从 2003 年下半年教育部启动评估到 2008 年评估活动结束，五年之内，全国 589 所普通高等本科院校接受了这一轮评估，参与评估的专家达数千人之多。[1]

---

[1] 赵炬明. 超越评估（下）——中国高等教育质量保障体系建设之设想. 高等工程教育研究, 2009（1）: 50-58.

2. 第一轮本科教学评估的基本理念、指标体系

（1）基本理念。第一轮本科教学评估是在世纪之交高等教育规模快速扩张时期由国家教育行政部门发起和推动的，旨在解决高等教育教学资源不足和高校教学管理滞后的问题。针对这些问题，教育部高等教育教学评估中心提出了"以评促建，以评促改，以评促管，评建结合，重在建设"的本科教学评估理念。2004年的《普通高等学校本科教学工作水平评估方案（试行）》指出，"通过水平评估进一步加强国家对高等学校教学工作的宏观管理与指导，促使各级教育主管部门重视和支持高等学校的教学工作，促进学校自觉地贯彻执行国家的教育方针，按照教育规律进一步明确办学指导思想、改善办学条件、加强教学基本建设、强化教学管理、深化教学改革、全面提高教学质量和办学效益"。

（2）指标体系[①]。①7 个一级指标。办学指导思想、师资队伍、教学条件与利用、专业建设与教学改革、教学管理、学风、教学效果。②1 个特色项目。特色项目的特色体现在治学方略、办学观念、办学思路；科学先进的教学管理制度、运行机制；教育模式、人才特点；课程体系、教学方法及解决教改中的重点问题等不同方面，分特色鲜明、有和无三个等级。③19 个二级指标和 44 个观测点。办学指导思想下设学校定位和办学思路 2 个二级指标；师资队伍下设师资队伍数量与结构和主讲教师 2 个二级指标；教学条件与利用下设教学基本设施和教学经费 2 个二级指标；专业建设与教学改革下设专业、课程和实践教学 3 个二级指标；教学管理下设管理队伍和质量控制 2 个二级指标；学风下设教师风范和学习风气 2 个二级指标；教学效果下设基本理论与基本技能、毕业论文或毕业设计、思想道德修养、体育、社会声誉和就业 6 个二级指标。这 19 个二级指标中，办学思路、师资队伍数量与结构、教学基本设施、教学经费、专业、课程、实践教学、质量控制、基本理论与基本技能、毕业论文或毕业设计、思想道德修养这 11 个指标属于重要指标，其他 8 个指标属于一般指标。二级指标的评估等级分为 A、B、C、D 四级。

[①] 这里的指标体系是 2004 年教育部公布的《普通高等学校本科教学工作水平评估方案（试行）》中的普通高校本科教学工作水平评估指标体系。2006 年 9 月，《普通高等学校本科教学工作水平评估方案（试行）》对教育部批准设置研究生院的普通高校及体育类和艺术类高校评估指标进行了部分调整。

三、本科教学评估制度的调整与完善：2009—2018 年

1. "五位一体"的本科教学评估制度

第一轮本科教学评估建立在大量前期研究和实践基础之上，而第一轮本科教学评估本身又为后续改革提供了经验和参照。在第一轮评估结束之前的 2007 年，教育部组织研究团队就评估中的问题进行分析，并结合国内外环境变化和最新研究成果，提出了进一步改进和完善本科教学评估的意见和建议。其中，分类评估、取消评估等级、加强评估信息化建设、建立常态化的评估机制、改革评估体制、加强评估组织管理等意见和建议，基本上被教育部采纳。[1]

2011 年 10 月，教育部正式发布《教育部关于普通高等学校本科教学评估工作的意见》（以下简称《意见》），重申了本科教学评估在提高人才培养质量等方面的意义和目的，对本科教学评估的制度体系、主要内容与基本形式、组织管理作出了新的规定，是国家教育行政部门对新一轮高校本科教学评估工作所作的顶层设计，是中国高等教育质量保障体系的制度创新。

与第一轮普通高校本科教学工作水平评估相比，《意见》肯定并进一步强调了教学评估在提高人才培养质量和促进高校发展方面的地位、作用和意义。但从根本上来说，《意见》中所设计的新的评估制度和体系与第一轮本科教学评估制度和体系明显不同。新的评估制度和体系的创新主要表现在常态化、分类化、专业化、自主性、开放性和发展性六个方面。常态化是指通过定期及时收集本科教学基本状态数据，实现对本科教学工作及其质量的常态监测；分类化是指对处于不同发展阶段的高校实施不同类型的评估，《意见》提出了合格评估和审核评估这两种类型的评估；专业化是指按照社会分工的原则，在中央和省级政府分工明确、各负其责的基础上建立"管办评分离"的教学评估制度；自主性是指明确院校是本科教育教学质量保障的主体，强调院校要建立和完善本科教学自我评估制度；开放性是指建立多主体参与和多元评价相结合的评估体系；发展性一方面是指在保持底线"质量标准"的基础上，高校用自己的"尺子"自我对标，不是"一把尺子量天下"，另一方面是指评估结论强调写实，不分等级。

总之，经过不断的实践和改革，中国已经建立起院校自我评估、院校分类评

---

[1] 刘振天. 我国新一轮高校本科教学评估总体设计与制度创新. 高等教育研究，2012，33（3）：23-28.

估、专业认证评估、国际评估和教学状态常态化监测"五位一体"的、与中国特色现代高等教育体系相适应的本科教学评估制度。[①]

2. 合格评估与审核评估

合格评估和审核评估是 2011 年《意见》中提出的两种本科教学评估类型，前者的对象是 2000 年以来未参加过院校评估的新建本科院校，后者的对象是参加过院校评估并获得通过的普通本科院校。通过合格评估的新建本科院校，5年后接受审核评估。两者评估的对象不同，但都着重考察学校的办学条件、学校内部质量保障体系建设情况，以及不同院校人才培养目标的定位及目标的实现情况。

（1）合格评估。在前期调查、研究和试点的基础上，2011 年 12 月，教育部正式发布《普通高等学校本科教学工作合格评估实施办法》，对参加合格评估的对象与条件、评估组织、评估程序及任务、评估纪律与监督等作出了原则性规定。同时发布的《普通高等学校本科教学工作合格评估指标体系》确定了合格评估的指标体系（表 5-1），包含 7 个一级指标、20 个二级指标和 39 个主要观测点（民办高校 40 个观测点）[②]，"涵盖了本科人才培养的各个主要环节，是对新建本科院校教学工作的全面考核和检验"[③]。

表 5-1　普通高校本科教学工作合格评估指标体系（2011 年）

一级指标	二级指标	主要观测点
办学思路与领导作用	学校定位	学校定位与规划
	领导作用	领导能力；教学中心地位
	人才培养模式	人才培养思路；产学研合作教育
教师队伍	数量与结构	生师比；队伍结构
	教育教学水平	师德水平；教学水平
	培养培训	培养培训
教学条件与利用	教学基本设施	实验室、实习场所建设与利用；图书资料和校园网建设与利用；校舍、运动场所、活动场所及设施建设与利用
	经费投入	教学经费投入

---

① 吴岩. 高等教育公共治理与"五位一体"评估制度创新. 中国高教研究，2014（12）：14-18.
② 王红. 我国新建本科高校应用型发展问题与对策——基于"十二五"168 所新建本科高校合格评估数据的分析. 西南大学学报（社会科学版），2017，43（6）：76-81.
③ 杨洋. 新一轮新建本科院校合格评估指标体系（试行）析议. 高教探索，2014（1）：64-68.

续表

一级指标	二级指标	主要观测点
专业与课程建设	专业建设	专业设置与结构调整；培养方案
	课程与教学	教学内容与课程资源建设；教学方法与学习评价
	实践教学	实验教学；实习实训；社会实践；毕业论文（设计）与综合训练
质量管理	教学管理队伍	结构与素质
	质量监控	规章制度；质量控制
学风建设与学生指导	学风建设	政策与措施；学习氛围；校园文化活动
	指导与服务	组织保障；学生服务
教学质量	德育	思想政治教育；思想品德
	专业知识和能力	专业基本理论与技能；专业能力
	体育美育	体育和美育
	校内外评价	师生评价；社会评价
	就业	就业；就业质量

普通高等学校本科教学工作合格评估方案针对新建本科院校的特点提出了合格评估的内涵，即"四个促进，三个基本，两个突出，一个引导"，分别对应合格评估的目标、条件、方向和落脚点。[①]"四个促进"是指合格评估的目标是促进办学经费投入增加、办学条件改善、教学管理规范和教学质量提高；"三个基本"是指接受合格评估的院校办学条件基本达到国家标准、教学管理基本规范、教学质量基本得到保证；"两个突出"指向的是新建本科院校的办学定位，表现为突出服务地方（行业）经济、社会发展和培养应用型人才两个方面；"一个引导"指向的是提高本科教学质量的长效机制的建立，即引导和支持参评院校构建并逐步完善院校内部质量保障体系。[②]作为一种认证式的评估，合格评估的评估结论从第一轮本科教学评估的水平性（等级性）结论调整为认定性结论（通过、暂缓通过或不通过）[③]。

（2）审核评估。2013年4月至5月，教育部在同济大学、南京大学等高校开展了审核评估试点工作，同年12月公布了《普通高等学校本科教学工作审核评估方案》，正式启动审核评估。首轮审核评估的时间是2014年至2018年。与"比较择优"式的水平评估和"保持底线"式的合格评估不同，审核评估是的协

① 刘振天. 我国新一轮高校本科教学评估总体设计与制度创新. 高等教育研究，2012，33（3）：23-28.
② 鄢北军，李志宏. 在新建本科院校教学工作合格评估中营造良好风尚. 中国高等教育，2012（3/4）：46-47.
③ 钟秉林. 抓好本科教学合格评估 拓展优质高等教育资源. 中国高等教育，2012（19）：30-33.

商式评估。

"自主与发展"是审核评估最核心的两个特征。"自主"主要表现在：审核评估尊重院校办学自主权，鼓励和要求院校自我定位、自我保障、自设目标、自我比较。"发展"一方面是指审核评估从根本上关注本科教学质量的持续提升，以及与此紧密相关的有效的院校内部质量保障体系的建设；另一方面是指审核评估的结论是写实性的报告，重点在于通过"把脉"找出问题，提出改进和整改建议。

审核评估用评估范围取代了以往教学工作水平评估的指标体系。审核评估范围包括审核项目、审核要素和审核要点三级结构[①]，具体包括 6 个通用项目和 1 个自选特色项目，6 个通用项目下设 24 个审核要素，共分 64 个要点（表 5-2）。从审核评估范围的结构及其应用过程来看，审核评估是判定院校质量的"镜子"而非"尺子"。[②]

表 5-2　普通高校本科教学工作审核评估范围（2013 年）

审核项目	审核要素	审核要点
定位与目标	办学定位	学校办学方向、办学定位及确定依据；办学定位在学校发展规划中的体现
	培养目标	学校人才培养总目标及确定依据；专业培养目标、标准及确定依据
	人才培养中心地位	落实学校人才培养中心地位的政策与措施；人才培养中心地位的体现与效果；学校领导对本科教学的重视情况
师资队伍	数量与结构	教师队伍的数量与结构；教师队伍建设规划及发展态势
	教育教学水平	专任教师的专业水平与教学能力；学校师德师风建设措施与效果
	教师教学投入	教授、副教授为本科生上课情况；教师开展教学研究、参与教学改革与建设情况
	教师发展与服务	提升教师教学能力和专业水平的政策措施；服务教师职业生涯发展的政策措施
教学资源	教学经费	教学经费投入及保障机制；学校教学经费年度变化情况；教学经费分配方式、比例及使用效益
	教学设施	教学设施满足教学需要情况；教学、科研设施的开放程度及利用情况；教学信息化条件及资源建设
	专业设置与培养方案	专业建设规划与执行；专业设置与结构调整，优势专业与新专业建设；培养方案的制定、执行与调整
	课程资源	课程建设规划与执行；课程的数量、结构及优质课程资源建设；教材建设与选用
	社会资源	合作办学、合作育人的措施与效果；共建教学资源情况；社会捐赠情况

① 李志义，朱泓，刘志军. 本科教学审核评估方案设计与实施重点. 中国大学教学，2013（8）：72-77.

② 袁益民. 审核评估：引进院校质量评审的模式创新. 高校教育管理，2014，8（3）：26-30.

续表

审核项目	审核要素	审核要点
培养过程	教学改革	教学改革的总体思路及政策措施；人才培养模式改革，人才培养体制、机制改革；教学及管理信息化
	课堂教学	教学大纲的制定与执行；教学内容对人才培养目标的体现，科研转化教学；教师教学方法，学生学习方式；考试考核的方式、方法及管理
	实践教学	实践教学体系建设；实验教学与实验室开放情况；实习实训、社会实践、毕业设计（论文）的落实及效果
	第二课堂	第二课堂育人体系建设与保障措施；社团建设与校园文化、科技活动及育人效果；学生国内外交流学习情况
学生发展	招生及生源情况	学校总体生源状况；各专业生源数量及特征
	学生指导与服务	学生指导与服务的内容及效果；学生指导与服务的组织与条件保障；学生对指导与服务的评价
	学风与学习效果	学风建设的措施与效果；学生学业成绩及综合素质表现；学生对自我学习与成长的满意度
	就业与发展	毕业生就业率与职业发展情况；用人单位对毕业生评价
质量保障	教学质量保障体系	质量标准建设；教学质量保障模式及体系结构；质量保障体系的组织、制度建设；教学质量管理队伍建设
	质量监控	自我评估及质量监控的内容及方式；自我评估及质量监控的实施效果
	质量信息及利用	校内教学基本状态数据库建设情况；质量信息统计、分析、反馈机制；质量信息公开及年度质量报告
	质量改进	质量改进的途径与方法；质量改进的效果与评价
自选特色项目		学校可自行选择有特色的补充项目

第三节　一流本科教育建设

一、一流本科教育与世界一流大学

早在 20 世纪 90 年代中期，就有研究提到了一流本科教育问题，将创立一流本科教育作为高校本科教学工作的发展目标。[①]进入 21 世纪，随着本科教学评估工作的开展，本科教育质量日益受到全社会的重视，教育行政主管部门和部分院校启动并实施了一系列项目或计划来提高本科教育质量，有的大学还提出"一流教学，一流本科"的本科教育发展理念。但"一流本科教育"作为一

① 葛忠华. 加强本科教学工作 创立一流本科教育. 高教与经济，1996（4）：6-10.

个概念被广泛使用，甚至被建构为一个学术研究的议题是在"双一流"建设政策提出之后。

一流本科教育与世界一流大学之间存在密不可分的关系。例如，一流本科教育是世界一流大学的"底色"、基本特征和重要基础，一流本科教育建设是建设世界一流大学的关键途径和方法等。这种认识既是以往本科人才培养模式改革的理论表达，也一定程度上确立了"双一流"建设背景下继续实施人才培养模式改革的合法性。但也有研究指出，一流本科教育是一个较为模糊的概念，其与世界一流大学之间并不存在线性关系，一流本科教育并非世界一流大学形成的必要条件，一流本科教育的实现需要系统性改革。①尽管研究对于一流本科教育的内涵及其与世界一流大学之间的关系存在争议，但从实践层面来看，一流本科教育建设早已成为中国高等教育发展战略的重要组成部分，成为国家和院校重要的教育行动。

二、建设一流本科教育的国家战略

1. 创新创业教育

创新创业教育是一种人才培养模式，是创新教育和创业教育的融合。创新教育的提出早于创业教育。创新教育是针对传统灌输式的教学模式而提出的，创业教育由就业问题所引发，两者均旨在通过改革人才培养模式中的弊端来提高人才培养质量。1999 年，《中共中央国务院关于深化教育改革，全面推进素质教育的决定》将创新和创业放在一起，作为人才培养的内容，要求高校"重视培养大学生的创新能力、实践能力和创业精神"。

创业教育始于 20 世纪 90 年代末期的"创业计划大赛"。2002 年，教育部选择清华大学等 9 所高校进行了创业教育试点，意味着"国家开始通过创业教育试点的方式，鼓励各个高校通过不同的方式尝试创业教育，探索适合我国国情的创业教育"②。总的来说，这一时期的创业教育处于初级阶段，以竞赛和创业教育课程的形式在部分高校零星开展，被视为素质教育的重要组成部分。③创新教育

---

① 黄福涛. 什么是世界一流大学的本科教育. 高等教育研究，2017（8）：1-9.

② 李伟铭，黎春燕，杜晓华. 我国高校创业教育十年：演进、问题与体系建设. 教育研究，2013（6）：42-51.

③ 张洋磊，苏永建. 创新创业教育何以成为国家行动——基于多源流理论的政策议程研究. 教育发展研究，2016（5）：41-47.

和创业教育在这一时期是分别发展的。

2007 年，教育部开始实施国家级大学生创新创业训练计划，并将其纳入"本科教学质量工程"。国家级大学生创新创业训练计划包括创新训练项目、创业训练项目和创业实践项目三类。2010 年，教育部发布《教育部关于大力推进高等学校创新创业教育和大学生自主创业工作的意见》，提出要"在高等学校开展创新创业教育"，并就如何开展创新创业教育提出了指导性的意见，将创新创业教育正式整合在一起。

2015 年 5 月 4 日，国务院办公厅印发了《国务院办公厅关于深化高等学校创新创业教育改革的实施意见》，提出了高校开展创新创业教育的总体要求、主要任务和措施，成为高校开展创新创业教育的行动指南。[①] 在政府政策的强力驱动下，创新创业教育迅速演变为一场席卷全国的国家行动。[②] 发展到今天，创新创业教育在全国高校取得明显进展。在组织和制度层面，高校面向学生广泛设立创新创业教育服务机构、建立创新创业学分管理制度和课程教学体系、搭建不同特色的创新创业教育实践平台。[③] 据统计，截至 2016 年底，全国高校开设了创新创业教育的相关课程共 2300 多门，创办了高校创新创业教育协会、创业俱乐部超过 10 000 个；从事创新创业教育的高校教师逾 26 000 人。[④]

2. 精英人才培养计划

精英人才培养计划是由教育部与其他部委共同组织实施的一系列国家级精英人才培养计划。"六卓越一拔尖"计划，即"卓越计划"和"拔尖计划"两个人才教育培养专项计划是其重要组成部分，之前为 1.0 版本，教育部高等教育司在其 2018 年工作要点中推出"六卓越一拔尖"计划的 2.0 版，并以此为依托，提出建设一批"一流本科、一流专业、一流人才"示范引领基地。[⑤]

"拔尖计划"是 2009 年由教育部、中共中央组织部、财政部共同组织实施的一项国家级战略性的精英人才培养计划（民间称其为"珠峰计划"），被认为是应对"钱

---

① 薛成龙，卢彩晨，李端淼. "十二五"期间高校创新创业教育的回顾与思考——基于《高等教育第三方评估报告》的分析. 中国高教研究，2016（2）：20-28.

② 张洋磊，苏永建. 创新创业教育何以成为国家行动——基于多源流理论的政策议程研究. 教育发展研究，2016（5）：41-47.

③ 朱凯琳，谢妮. 创新创业教育与高等教育：从无涉到深耕. 教育学术月刊，2017（11）：97-105.

④ 澎湃新闻网. 教育部副部长林蕙青：全国高校开展双创教育课程逾 2300 门.（2017-09-23）[2018-03-01]. https://www.thepaper.cn/newsDetail_forward_1803920.（2018-06-12）.

⑤ 《教育部高等教育司 2018 年工作要点》提出，"卓越计划"2.0 版新增卓越经济人才教育培养计划.

学森之问"的重要举措。北京大学、清华大学等 11 所高校为首批试点高校。迄今为止，已有 20 所知名高水平大学参与试点，试点学科集中在数学、物理学、化学、生物科学和计算机科学等领域。根据教育部的总体安排，从 2018 年开始，"拔尖计划"在更大的学科范围内推行，新增天文学、地理科学、基础医学等自然科学基础学科和哲学、经济学等人文社会科学基础学科，实现文理基础学科全覆盖。

教育部从 2010 年起组织实施了"卓越计划"。截至 2018 年，这一计划包括 6 个子计划，即卓越工程师教育培养计划、卓越医生教育培养计划、卓越农林人才教育培养计划、卓越法律人才教育培养计划、卓越教师培养计划和卓越经济人才教育培养计划[①]。在人才培养模式方面，"卓越计划"致力于探索高校与行业、企业联合培养人才的新机制，强调专业集成与创新能力培养。[②]

精英人才培养计划的基本思路是打破统一化和标准化的本科人才培养模式，在试点单位建立相关学科人才培养试验区，遴选优秀学生进入试验区，通过政策扶持、资源倾斜和制度创新（实行小班教学、注重国际化、高水平教师担任导师等），进行重点培养，其目的是在各学科领域中培养一批一流拔尖创新人才。另外，政府还希望通过这一计划探索形成有效的拔尖创新人才培养机制和培养模式，借助其示范和引领作用，推动和深化高校人才培养模式改革，从整体上提高人才培养质量。

3. 试点学院

"试点学院"是以创新人才培养体制为核心、以学院为基本实施单位的人才培养模式改革。教育部于 2011 年启动"试点学院"改革，包括清华大学理学院、浙江大学基础医学院在内的全国 17 所学院入选试点名单。"试点学院"作为国家教育体制改革的重要专项试点，是国家在学院层级设立的高等教育教学综合改革特区，是建设一流本科教育、培养创新人才的一种顶层设计。为保证"试点学院"改革的顺利推进，2012 年，教育部出台了《教育部关于推进试点学院改革的指导意见》，从改革学生招录与选拔方式，改革人才培养模式，改革教师遴选、考核与评价制度，完善学院内部治理结构 4 个方面提出了 24 条支持性的政策措施。

---

① 教育部. 关于印发教育部高等教育司 2018 年工作要点的通知.（2018-03-26）[2018-05-07]. http://www.moe.edu.cn/s78/A08/A08_gggs/A08_sjhj/201803/t20180327_331335.html.（2018-03-27）.

② 中国工程院. 卓越系列人才培养计划实施情况评估简要报告.（2015-12-04）[2018-03-07]. http://www.moe.gov.cn/jyb_xwfb/xw_fbh/moe_2069/xwfbh_2015n/xwfb_151204/151204_sfcl/201512/t20151204_222892.html.

4. 高等教育教学质量国家标准

2010 年，《国家中长期教育改革和发展规划纲要（2010—2020 年）》明确提出了"制定教育质量国家标准"的总体要求。2013 年 4 月，教育部组织启动教育质量国家标准的研制工作。2018 年 1 月 30 日，教育部正式发布了《普通高等学校本科专业类教学质量国家标准》（以下简称《国标》）。这是我国发布的第一个高等教育教学质量国家标准。[①]研制工作从启动到最终完成并公布，前后历时近 5 年。

《国标》涵盖了本科专业目录中全部 92 个本科专业类，涉及全部 587 个本科专业、56 000 多个专业点，包括适用专业范围、培养目标、培养规格、师资队伍、教学条件、质量保障体系等 8 个方面的内容。[②]

教育部认为，《国标》是提高高等教育教学质量的基础工程，对于全面提升人才培养质量意义重大。但也有学者质疑《国标》本身的合理性[③]，对其作用表示怀疑，甚至担心其有可能抑制创新，而不是鼓励创新[④]。《国标》的具体成效和影响有待观察。

三、建设一流本科教育的院校实践

1. 通识教育改革

加强通识教育是近年来我国研究性大学特别是综合性研究型大学提高人才培养质量的重要改革措施。通识教育是针对专业教育的弊端所倡导的一种以文理教育为中心的育人理念和人才培养模式，它强调"育人"，而非"制器"。

始于 20 世纪末期的我国大学通识教育改革是 20 世纪 90 年代中期兴起的大学文化素质教育的延续。文化素质教育是通识教育的"先导"[⑤]和"灵魂"[⑥]；通

---

① 万玉凤，董鲁皖龙. 首个高等教育教学质量国家标准发布. 中国教育报，2018-01-31（1）.
② 教育部.《普通高等学校本科专业类教学质量国家标准》有关情况介绍.（2018-01-30）[2018-03-01]. http://www.moe.edu.cn/jyb_xwfb/xw_fbh/moe_2069/xwfbh_2018n/xwfb_20180130/sfcl/201801/t20180130_325921.html.
③ 卢晓东. "专业类国标"再反思. 中国科学报，2018-01-02（5）.
④ 温才妃. 高校教学质量国家标准"锁"死创新之路？中国科学报，2018-02-06（5）.
⑤ 王义道. 大学通识教育与文化素质教育. 北京大学教育评论，2006，4（3）：2-8.
⑥ 张楚廷. 素质教育是通识教育的灵魂——兼论我国高校素质教育之走向. 高等教育研究，2008，29（7）：6-10.

识教育是文化素质教育的具体体现，保证了文化素质教育的落实①。

我国大学通识教育的开展一定程度上克服了专业教育的弊端，促进了人才培养质量的提升。但从通识教育的根本理念及我国大学开展通识教育的初衷来看，除了少数研究型大学之外，通识教育在实施过程中整体上不尽如人意。将通识教育作为专业教育的附属和补充、把通识教育等同于"拼盘式"的课程教学等是当前我国大学通识教育的通病。

为真正推进通识教育，一些研究型大学在组织结构上作出改革，设立了本科生学院。支持者认为，本科生学院的设立为走出通识教育改革唯课程取向的误区提供了正确的方向，为培养拔尖创新人才提供了组织保障，是一种本土化的制度创新。批评者则认为，在各专业学院之外成立的专门负责通识教育的本科生学院只是对美国文理学院的拙劣模仿，并未打破院系分立的线性组织模式与格局，加之配套制度的缺失，通识教育在我国大学依旧面临制度困境。②到目前为止，人们对各类本科生学院的实际效果仍旧存有争议。

2. 创新人才培养特区

在院校内部设立创新人才培养特区是改革开放后，特别是高等教育进入大众化阶段之后我国大学建设一流本科教育的重要组织保障。2009 年，"拔尖计划"实施后，越来越多的院校在组织层面新设或重组了创新人才培养特区。据统计，80%以上的重点大学成立了这种特区，并出现了从重点大学向一般大学扩散的趋势。③

经过长期的改革和演变，创新人才培养特区形成了"班"和"院"这两种较为稳定的组织形式，两者之间既有区别，也有联系，有些情况下还存在交叉。根据隶属层级和组织建制的成熟程度，创新人才培养特区又可以分为校院两级和虚实两类。

"班"是指各种创新人才"实验班""基地班"等，按照隶属层级和组织建制的成熟程度的不同，以"班"为单位的创新人才培养特区大致可以分为学院层级的虚拟班级模式、学院层级的实体班级模式和学校层级的实体班级模式。在学院层级的虚拟班级模式中，"实验班"以从各专业院系选拔学生组建团队为基础，以项目为中心，旨在在真实的情境中培养学生的创新意识和创新能力，如华中科

① 黄明东，冯惠敏. 通识教育：我国高等教育改革的新走向. 高等教育研究，2003，24（4）：13-16.

② 崔乃文. 组织理论视域下的通识教育改革. 江苏高教，2015（2）：17-21.

③ 周光礼，黄容霞. 教学改革如何制度化——"以学生为中心"的教育改革与创新人才培养特区在中国的兴起. 高等工程教育研究，2013（5）：47-56.

技大学的"Dian 团队";在学院层级的实体班级模式中,"实验班"由专业院系主导,注重的是专业知识的强化和提高,如重庆大学的机械工程研究型人才培养实验班、电子信息特色实验班、会计学(ACCA)实验班 3 个特色专业实验班[①],以及清华大学的"学堂班";在学校层级的实体班级模式中,"实验班"一般挂靠教务处或团委等部门,由这些部门负责制定培养计划、组织遴选与考核、配置教学资源等,但这种校级平台的建立与运行也离不开专业院系的支持与合作,如西南大学的"吴宓班"和"袁隆平班"、清华大学的"星火班"[②]。

"院"是指各类旨在培养拔尖创新人才的"精英学院",典型代表如浙江大学的竺可桢学院、上海交通大学的致远学院、南京大学的匡亚明学院、华中科技大学的启明学院等。与"班"通常依附于专业院系或某个校级行政部门不同,"精英学院"在中国大学内部具有正式建制,与专业院系平行或对接。在"拔尖计划"和"卓越计划"实施后,此类"精英学院"由于制度上的支持而获得了较强的组织合法性。

总体上看,创新人才培养特区,特别是某些实验班在一定程度上起到了培养拔尖创新人才的目的,具有良好的示范效应。某些实验班培养的学生在"学习投入、学习动力、向学态度、师生互动质量和思考探究能力"等方面与同专业对照组的学生相比明显有着更为优异的表现。[③]但也有研究表明,实验班学生的总体拔尖率并不显著优于普通班[④],只有 1/3 的学生较好地体现了拔尖创新计划的培养目标,其余大部分学生与普通班学生的学习状况基本持平,甚至还不如普通班学生[⑤]。另外,这种创新人才培养特区作为一种特殊的建制还引起了有关教育公平[⑥]和其本身合法性的争论[⑦]。

---

① 姚小萍. 高校拔尖创新人才培养组织模式类型辨析. 现代教育科学,2017(2):120-124.

② 陆一,史静寰,何雪冰. 封闭与开放之间:中国特色大学拔尖创新人才培养模式分类体系与特征研究. 教育研究,2018(3):46-54.

③ 陆一,于海琴. "拔尖计划"学生的学习有何不同——基于生命科学学生调查和科学家访谈的混合研究. 高等教育研究,2016(5):57-67.

④ 李硕豪,李文平. 我国"基础学科拔尖学生培养试验计划"实施效果评价——基于对该计划首届 500 名毕业生去向的分析. 高等教育研究,2014,35(7):51-61.

⑤ 于海琴,代晓庆,邵丽婷,等. 拔尖大学生的学习特征与类型:与普通班的比较. 复旦教育论坛,2016,14(5):39-44.

⑥ 刘争先. "珠峰计划"与教育民主化的疏离——对部分高校创新人才培养实验班的分析. 高校教育管理,2013,7(6):79-83.

⑦ 王明明. 模式趋同:"基础学科拔尖学生培养试验计划"的特点. 大学(研究版),2016(7/8):67-71.

第四节 高等教育质量保障的特征、经验与反思

一、高等教育质量保障的总体特征

1. 政府主导，政策推动

在我国高等教育系统中，政府天然地承担着保障和提高高等教育质量的大部分责任，并因此享有直接介入高等教育质量保障事宜的诸多权力。改革开放以来，政府在全国范围内以实施系列工程或项目的方式来保障和提高质量成为我国高等教育质量保障区别于欧美高等教育质量保障的一个主要特征。在这个过程中，政府通常借助资源垄断地位和行政权威自上而下地制定高等教育质量政策和质量保障的规则，通过高位推动的方式来实施相关政策并负责对这些政策进行评估。

2. 重点支持，有序推进

制度化的精英主义[①]使得中央政府在高等教育质量保障过程中往往通过树立标杆、进行政策和资源倾斜的方式来带动地方政府和未受到重点支持的高校持续跟进。"高等学校本科教学质量与教学改革工程"、各类精英人才培养计划、创新创业教育、试点学院等诸多旨在提高教育教学质量、培养拔尖创新人才的改革措施均采取了重点支持的方式。这种"摸着石头过河"的重点政策范式在崇尚效率的同时，也隐含着一种维持一元秩序的考量。因此，我们看到我国高等教育质量保障的政策虽然繁杂，但都遵循这种逻辑，从而保证了高等教育质量保障的有序推进。

3. 科层为体，项目为用

在高等教育质量保障中引入项目制是我国高等教育质量保障区别于欧美国

---

① 赵炬明. 精英主义与单位制度——对中国大学组织与管理的案例研究. 北京大学教育评论, 2006, 4（1）: 174-191.

家和地区高等教育质量保障的一大特征。这种通常以"工程""计划"命名的项目犹如"楔子"一样嵌入中国高等教育质量保障的各个方面和各个环节。在典型的项目制中，政府不完全或不明显使用直接的行政命令方式，而是设计出隐含政府政策意图的"类市场化"的竞争机制，即混合了"自下而上"的市场化竞争机制和"自上而下"的分权原则[①]，体现出"科层为体，项目为用"[②]的典型特征。

二、高等教育质量保障的基本经验

1. 坚持以人才培养质量为核心的内涵式发展

在 1987—2016 年的《教育部工作要点》中，除了 1999—2003 年和 2011 年，政策话语明确表达了扩张式发展的要求外，其他年份中有关发展模式的话语均属于内涵式发展的表述，其中，人才培养质量所占比重最大。[③]早在 1985 年，《中共中央关于教育体制改革的决定》就明确提出，"衡量任何学校工作的根本标准不是经济收益的多少，而是培养人才的数量和质量。紧紧掌握这一条，改革就不会迷失方向"。从此之后，无论是高校本科教学评估还是各种"质量工程"或"质量计划"，坚持人才培养的中心地位、不断提高人才培养质量始终是其主要的价值追求。

2. 全面深化教育教学改革

通过改革教学内容、教学方法和教学制度等来提高教学质量是 1985 年《中共中央关于教育体制改革的决定》提出的一项十分重要而迫切的任务。这一纲领性文件拉开了把高校本科教学改革纳入国家政策视野的序幕。1993 年的《中国教育改革和发展纲要》进一步强调要通过教学改革来提高教学质量。此后，从"高等教育面向 21 世纪教学内容和课程体系改革计划"到"高等学校本科教学质量与教学改革工程"，再到各类精英人才培养计划，全面深化教育教学改革始终是我国高等教育质量保障的核心和重点。同时，几乎每一次改革都涉及课程内容、

---

① 苏永建. 体制化的技术治理与中国高等教育质量保障. 高等教育研究，2017（3）：10-17.

② 史普原. 科层为体、项目为用：一个中央项目运作的组织探讨. 社会，2015（5）：25-59.

③ 李文平. 我国政策话语对高等教育质量的关注及演变——基于 1987—2016 年《教育部工作要点》的文本分析. 教育发展研究，2016（11）：21-29.

教学方法、教学管理制度和教学技术等方面，是一种全方位的教育教学改革。

3. 通过渐进性的制度改革稳步提高教育质量

虽然我国高等教育质量保障体系的建立和发展是强制性制度变迁的结果，在这个过程中，也出现过"疾风骤雨"式的评估运动，但纵观改革开放 40 年的历程，政府在保障和提高高等教育质量方面总体上采取的是"边实验，边改革"的渐进推进策略和"小步走，不停步"的累积式的发展路径。这种政府主导下的渐进性的制度改革和发展模式，一方面，为建立统一的高等教育质量保障体系提供了充足的外生动力；另一方面，也确保了高等教育质量政策的连续性，为高校建立内部质量保障体系提供了一个较为稳定的外部环境，保证了改革的稳步推进和教育质量的持续提高。

三、高等教育质量保障的反思与变革

1. 政府在质量保障中的角色悖论与角色转换

政府主导并实施高等教育质量保障使政府始终掌握着高等教育质量的最大话语权，成为高等教育质量的"立法者"。政府的这种角色定位及由此衍生出的自上而下的质量保障行动，有助于提高高等教育质量保障的效率，但也造成了高校办学方向和办学行为的同质化，抑制了高校和教师的自主性和多元化的高等教育质量实践，形成了一种趋同化的"影子质量"。[①]变革的方向是政府角色的转换，即政府从"立法者"转变为"阐释者"，真正实行"管办评分离"。

2. 项目竞争中的质量异化与质量提高

项目制的优势在于通过行政权威或行政权威设计的竞争法则迅速将"典型"挑选出来，以表征质量的卓越激发更多组织与个人效仿和跟进。事实也表明，越来越多的组织和个人将精力投入政府预定的质量保障轨道上来。但与此同时，项目制运行过程中的恶性竞争降低了质量保障的有效性，造成了中国高等教育质量保障的碎片化、仪式化和低效。变革的方向是弱化政府主导的项目制，建立基于高校自主办学和自由竞争的质量保障市场。

---

① 苏永建. 体制化的技术治理与中国高等教育质量保障. 高等教育研究，2017（3）：10-17.

3. 质量保障中的问责失衡与自我改进

质量问责和质量改进是质量保障的两项基本功能。在中国高等教育质量保障的场域中，不同利益相关者的位置及其资本拥有量呈现出较为严重的失衡状态。从高校与外部利益相关者的关系来看，这种失衡导致外部高等教育质量保障体系的价值取向明显偏向于政府的行政问责，这又导致了质量问责本身的失衡，即行政问责"一家独大"，社会问责比较薄弱，造成高校的质量保障实践难以反映社会的需求，削弱了问责的积极作用。从高校内部来看，自上而下的质量保障方式进一步加剧了高校的"行政化"，使意在提高质量的政策和措施异化为问责的工具。变革的方向是建立互惠式的自愿问责体系，形成一个院校继续通过内部传统的评估方法不断提升高等教育质量，同时又主动向外部利益相关者公开有关质量的真实且有效的信息的"内外有别"[①]的质量保障模式。

---

① 程星. 国际化、市场化的大学及其质量评估：一个不对称信息的视角. 高等工程教育研究，2012（6）：22-30.

第六章
中国特色世界一流大学建设

以 1998 年实施"985 工程"为标志，我国开始了世界一流大学建设历程。建设世界一流大学，既要学习国际先进经验，更要立足中国实际，扎根中国大地办大学，形成世界一流大学建设的中国模式与中国道路。40 年来，特别是 1998 年以来，高等教育重点建设一直主导着我国的世界一流大学建设和高等教育改革发展过程。对我们这样一个高等教育基础薄弱、学龄人口规模庞大、建设经费有限、发展极度不平衡的国家来说，集中有限资源进行重点建设，在重点领域率先突破，是我国建设世界一流大学必须采取的一种思路和策略。事实证明，高等教育重点建设在我国世界一流大学建设中发挥了重要作用，成为中国特色的重要组成部分。本章在回顾改革开放初期重点大学恢复过程的基础上，全面总结中国特色世界一流大学建设的伟大成就和新时代"双一流"建设的进展，概括世界一流大学建设的中国模式和中国道路。

第一节 改革开放后重点大学的恢复

一、重点大学恢复的社会背景：政治运动对高等教育的严重冲击

中国特色世界一流大学建设起源于我国 20 世纪 50 年代的重点大学政策。1954 年 10 月 5 日，高等教育部发布《关于重点高等学校和专家工作范围的决议》，提出为了学习苏联的先进经验，带动其他学校共同前进，指定中国人民大学、北京大学、清华大学、哈尔滨工业大学、北京农业大学（现已更名为中国农业大学）、北京医学院（后更名为北京医科大学，现已合并到北京大学）为全国性重点高等学校。这些重点高等学校的任务是培养人才，同时为其他高校培养师资并帮助其他高校改进教学工作等。①自此，重点大学政策正式启动。重点大学政策的启动，使我国高等教育在全面学习苏联的过程中逐步走向正规的专业教育，为恢复高等教育秩序、建立中国特色高等教育管理体系发挥了重要作用。尽管此时的重点大学在资金上没有得到专项支持，也没有专门的组织、实施和考核机制，但是重点大学在师资调配、人员编制、基本建设和专业设置等方面得到了政策全面倾斜支持。由此，我国开启了国家主导、对重点院校进行倾斜支持的建设之路。20 世纪 60 年代，重点大学不断调整，重点大学从 20 世纪 50 年代末的 16 所，增加到 1960 年的 64 所。

---

① 胡炳仙. 中国重点大学政策的历史逻辑与制度分析. 青岛：中国海洋大学出版社，2010：29.

20 世纪 50 年代到 70 年代，我国先后经历了"大跃进""教育大革命""文化大革命"等政治运动。高校正常教学科研活动无法继续，高等教育常规发展被迫中断。由于政府无法进行正常的教育行政管理，许多重点大学被撤销、合并、停办或迁址，其教学科研和日常办学工作受到严重冲击，重点大学建设被迫中断。20 世纪 60 年代末至 70 年代中期，我国没有出台和实施新的重点大学政策，也没有实质执行既有的重点大学政策，我国重点大学政策的制度路径被打断。

二、重点大学恢复的过程和特征

出于对大学发展的深刻理解和对国际高等教育发展趋势的准确判断，1977年 7 月 29 日，邓小平同志在听取教育部工作汇报时作出了具有历史性意义的指示："要抓一批重点大学。重点大学既是办教育的中心，又是办科研的中心。"8月 8 日，他在科学和教育工作座谈会上再次强调："高等学校，特别是重点高等院校，应当是科研的一个重要方面军，这点应该定下来。它们有这个能力，有这方面的人才。"[①]在《关于科学和教育工作的几点意见》的讲话中，他专门提到了教育和科学的体制、机构问题。他指出，目前教育的状况不理想，"需要有一个机构，统一规划，统一调度，统一安排，统一指导协作"。9 月 17 日，邓小平同志在《教育战线的拨乱反正问题》的讲话中指出："重点大学搞多少，谁管，体制怎么定？我看，重点大学教育部要管起来。教育部直属重点大学，双重领导，以教育部为主。教育部要直接抓好几个学校，搞点示范。"[②]在这一系列指示和讲话中，邓小平同志提出要恢复重点大学政策，重点大学必须承担教学和科研双重任务，必须解决社会生产实践中急需解决的先进科学技术问题，同时也提出一些重点大学政策的管理措施。这为之后出台的重点大学政策提供了思想依据和理论指导。

1978 年 2 月 17 日，国务院转发教育部《关于恢复和办好全国重点高等学校的报告》，决定恢复和办好一批重点高等学校。该报告提出确定 88 所全国重点高校，调整全国重点高校的领导体制，恢复重点高校的双重领导体制。同时提出将

---

① 教育部. 邓小平教育理论学习纲要. 北京：北京师范大学出版社，1998：65.

② 人民网. 1977 年邓小平关于恢复高考的讲话和批示选载（3）. [2018-12-30]. http://cpc.people.com.cn/GB/64162/64172/85037/85039/6155883.html.

重点高校建成"教学的中心"和"科研的中心"。为此，教育部在行政级别、师资调配、招生、经费等方面给予重点高校倾斜保障和支持。

1. 《关于恢复和办好全国重点高等学校的报告》的主要内容

（1）确定全国重点大学。1963 年，全国重点大学为 64 所（不包括中央军委所属的 3 所院校），1970 年前后撤销 4 所。1978 年，尚有"文化大革命"前原有的 60 所重点大学（其中，中国人民大学、北京政法学院、国际关系学院、南京农学院、北京医科大学 5 校待恢复办学）；新增 28 所重点大学，即云南大学、西北大学、湘潭大学、新疆大学、内蒙古大学、广东化工学院、长沙工学院、南京航空学院、西北电讯工程学院、华东工程学院、哈尔滨船舶工程学院、重庆建筑工程学院、河北电力学院、大庆石油学院、阜新煤矿学院、东北重型机械学院、湖南大学、镇江农业机械学院、西北轻工业学院、湖北建筑工程学院、长春地质学院、南京气象学院、武汉测绘学院、江西共产主义劳动大学、大寨农学院、四川医学院、西南政法学院、中央民族学院。之后，中国人民大学、北京政法学院、国际关系学院、南京农学院、北京医科大学成功恢复办学，仍为全国重点大学。同年，国务院又将西北农学院、西南农学院、华中农学院、华南农学院、沈阳农学院、山西农业大学等校列为全国重点大学。

（2）调整全国重点大学的领导体制。全国重点大学之中，少数院校由国务院有关部委直接领导；多数院校由有关部委和省（自治区、直辖市）政府双重领导，以部委为主。面向本省（自治区、直辖市）的全国重点大学，原则上由本省（自治区、直辖市）政府领导，有关部委给予支持。

（3）突出重点大学的示范作用和使命。重点大学的示范作用体现在重点大学承担了全国高校师资培训的任务。1980 年 7 月 10 日，教育部在《全国重点高等学校接受进修教师工作暂行办法》中指出，全国重点高等学校接收进修教师，是提高高校师资水平的重要措施，是全国重点高等学校应承担的任务。1981 年 3 月 20 日，教育部在《关于一九八一至一九八二学年度全国重点高等院校接受进修教师工作的通知》中规定：全国重点高等学校 1981—1982 年下学年度应接收进修教师的总数为 3000 人，由选派学校推荐。

（4）强化重点大学的科学研究功能。《关于恢复和办好全国重点高等学校的报告》高度重视重点大学的研究生教育工作。重点大学研究生教育的发展，促进了我国高层次人才队伍的发展和大学研究水平的提高。据统计，1978 年至 1983

年，重点大学共招收研究生 5.8 万多人，相当于"文化大革命"前 17 年研究生招生总和（2.3 万多人）的 2.5 倍；在校研究生达到 3.5 万多人，相当于"文化大革命"前在校研究生最多年份（1961 年，6000 多人）的 5.7 倍。在校研究生人数在500 人以上的高等院校有 12 所，其中，北京大学 1182 人，清华大学 837 人。[①]此外，《关于恢复和办好全国重点高等学校的报告》也对重点大学科研工作给予了极大的支持。重点大学承担了大量与经济建设和社会发展相关的科研课题。据1984 年 10 月 28 日《人民日报》的报道，国家确定直接投资装备 10 个重点实验室，其中高等学校占 5 个。1985 年 8 月 17 日，《中国教育报》报道，国家核准1985 年再投资装备高校 7 个重点实验室。这些重点实验室为重点大学科研水平的提高创造了有利条件。

2. 重点大学恢复的特征

（1）强调重点大学享有政策的优先权。这些优先权体现在教育管理优先、师资调配优先、专业设置优先、经费拨款优先等方面。例如，1980 年 12 月 27日，中共中央组织部、中共教育部党组下发的《关于高等学校领导干部管理工作的通知》规定：全国重点高校的党委正、副书记，正、副校（院）长和非重点高校（专科学校除外）的党委书记、校（院）长，由中央管理。非重点高校党委副书记、副（校）院长，专科学校的正、副书记和正、副校长，凡属部委主管的院校，由部委党组管理；凡属省、自治区、直辖市的院校，由省、自治区、直辖市党委管理。又如，在国家核定的教职工编制标准上，重点大学比其他高校拥有更加宽松的师生配比。

（2）20 世纪 70 年代末恢复的重点大学政策，尽管在师资调配、人员编制、基本建设和专业设置等办学基本方面对重点大学进行了全面倾斜性的支持，但是政府没有给予政策专项经费支持，也没有进行专门的项目管理。

（3）20 世纪 70 年代末恢复的重点大学政策，尽管提出重点大学教学、科研并重，既要成为"教学的中心"，也要成为"科研的中心"，还提出了进行研究生教育试点，但是并没有把建设一流大学作为政策目标。

---

① 何东昌. 中华人民共和国重要教育文献：1949—1975. 海口：海南出版社，1998：2300.

第二节　重点建设大学：中国特色一流大学建设的发展

一、"835 建言"与"重中之重"建设项目

1983 年 5 月 15 日，南京大学、浙江大学、天津大学和大连工学院 4 所高校的匡亚明、刘丹、李曙森、屈伯川 4 位老校长，联名向中央和邓小平同志提出《关于将 50 所左右高等学校列为国家重大建设项目的建议》，建议从全国 700 余所高校中，遴选 50 所基础好、力量强、教学和科研水平高的院校，"作为高等教育建设的战略重点，列为国家重点建设项目，集中投资"。这一建言被称为"835 建言"，这些重点建设的项目被称为"重中之重"项目。在邓小平同志的亲自过问下，匡亚明等同志的建言得到中央领导的支持，开始付诸实施。

1984 年 4 月，国务院通过了国家计委、教育部《关于将 10 所高等学校列入国家重点建设项目的请示报告》，决定"七五"期间由国家安排专项补助投资 5 亿元，作为北京大学、清华大学、复旦大学、西安交通大学、上海交通大学、中国科学技术大学、北京医科大学等 7 所大学加速建设之用。除这 7 所高校外，列入国家重点建设项目的还有中国人民大学、北京师范大学、北京农业大学，这 3 所高校的加速建设投资，分别从有关部门在相关投资中调剂解决。1984 年 9 月和 1985 年 1 月，经国务院批准，国家计委、教育部和国防科学技术工业委员会联合发文，将哈尔滨工业大学、国防科学技术大学、北京航空航天大学、北京理工大学、西北工业大学列为国家重点建设项目，这 5 所院校所需的基本建设投资，在国防科研工业基本建设投资体系中统筹解决，并纳入年度计划和"七五"计划。

"重中之重"建设项目将经济建设领域中的"项目""工程"等概念引入教育领域，"像抓经济建设一样抓教育"是一次重要的政策理念创新，在原有的重点大学政策——一种分配荣誉的政策的基础上加入新的内容，从而转变为一项教育投入政策[①]，也就是一种专项性的经费投入政策，这是一次重大的政策变迁。

---

① 张国兵. 高等教育重点建设政策研究. 北京：北京大学出版社，2010：31.

二、"211 工程"：一流大学建设国家工程的开始

1991 年 4 月，重点办好一批大学和加强一批重点学科建设的规划被列入《中华人民共和国国民经济和社会发展十年规划和第八个五年计划纲要》。同年 7 月 27 日，国家教委向国务院正式上报了《关于重点建设好一批重点大学和重点学科的报告》，提出"建议由国家教委设置重点大学和重点学科建设项目，该项目简称为'211'计划"。

1991 年 12 月 31 日，国家教委、国家计委和财政部经过充分协商，联合向李铁映、邹家华、王丙乾同志报送了《关于落实建设好一批重点大学和重点学科的实施方案的报告》，明确提出"一致同意国家设置与国家经济、社会发展相适应的'重点大学和重点学科建设项目'（简称为'211'计划）"。

1992 年 12 月，国家教委制定了《关于加快改革和积极发展普通高等教育的意见》，提出"发展高等教育必须把提高教育质量放在突出的地位。有条件的省、自治区、直辖市和国务院有关部门着重办好一二所代表本地区、本行业先进水平的高等学校和一批重点学科、专业。在此基础上，国家教委会同国务院有关综合部门有计划地选择其中一批代表国家水平的高等学校和学科、专业"，列入国务院原则上已批准的"211 工程"计划，分期滚动实施。1993 年 1 月，国务院批准了《关于加快改革和积极发展普通高等教育的意见》。1993 年，国家教委成立了"211 工程"协调小组和领导小组，"211 工程"协调小组负责工程的宏观决策和指导；"211 工程"领导小组及 3 月成立的"211 工程"办公室，具体负责"211工程"建设项目的实施管理和检查评估工作。

1993 年 7 月，国家教委制定了《关于重点建设一批高等学校和重点学科点的若干意见》，决定正式实施"211 工程"，这是国家教委为实施"211 工程"所发布的第一个指导性文件。文件对"211 工程"的目标、任务、组织形式等作了明确阐述，首次将《中国教育改革和发展纲要》中提出的"办好 100 所左右重点大学"调整为"重点建设 100 所大学"，这使"211 工程"建设的指导思想有了一个大的转变。

1995 年 11 月，国家计委、国家教委和财政部联合下发《"211 工程"总体建设规划》，提出将"211 工程"作为国家重点建设项目列入国民经济和社会发展中长期规划和第九个五年计划，从 1995 年开始实施。《"211 工程"总体建设规划》

明确了"211 工程"是一项跨世纪的战略工程,是"211 工程"建设的指导性文件,对"211 工程"的总体建设目标及任务、工程建设的主要内容、"九五"期间建设规划任务、具体建设方式、工程建设资金筹措、建设程序与组织管理等问题作了详细规定。1995 年,国家教委开始进行"211 工程"的预备立项和正式立项,到 1997 年,部门预审的重点建设高校全国有 101 所,"九五"期间,国家教委完成了对所有这些学校进行预备立项和正式立项的批复工作。①

从 1993 年正式启动"211 工程"到 21 世纪初,经过长时期的探索,我国已经制定了一系列"211 工程"的管理办法,构建了重点建设项目的法人责任制、招投标制和工程监理制,以及中央、省和高校三级管理体制。②

(1)"211 工程"总体建设规划。1995 年 11 月,国家计委、国家教委、财政部印发《"211 工程"总体建设规划》,对"211 工程"的总体建设目标、任务、主要内容、"九五"期间的建设规划任务、具体建设方式、工程建设资金安排、建设程序与组织管理等进行了明确的规定。

(2)"211 工程"建设实施管理办法。1998 年 1 月,"211 工程"部际协调小组办公室发布《"211 工程"建设实施管理暂行办法》,对"211 工程"的组织实施、管理职责、建设资金、检查验收等都作出了明确的规定。2003 年 8 月,"211 工程"部际协调小组办公室对该办法进行了修订并印发了《"211 工程"建设实施管理办法》,在总结"九五"期间"211 工程"建设和管理经验的基础上,明确规定了"211 工程"的建设内容主要包括重点学科、公共服务体系、师资队伍和与学科建设密切相关的配套基础设施建设,采取国家、主管部门或地方政府和学校三级管理的方式,以主管部门或地方政府的管理为主,学校的自我管理为基础。修订后的《"211 工程"建设实施管理办法》对"211 工程"的组织实施、管理职责、建设资金、检查验收、项目评价等作了更加明确的规定。

(3)"211 工程"专项资金管理办法。1997 年 2 月,国家教委、国家计委、财政部发布《"211 工程"专项资金管理暂行办法》,对资金开支范围,资金预算、划拨及决算,资金管理和监督等作出了明确规定。2003 年 8 月,财政部、国家发展改革委、教育部印发《"211 工程"专项资金管理办法》,对 1997 年的《"211 工程"专项资金管理暂行办法》进行了修订,从预算、支出、决算、监督检查等

---

① 张国兵. 高等教育重点建设政策研究. 北京:北京大学出版社,2010:47.
② 郭新立. 中国一流大学建设之路——从 211 工程到 2011 计划. 北京:高等教育出版社,2012:152.

环节，加强了对"211 工程"专项资金的管理。

（4）"211 工程"建设规划、中期检查及验收办法。从 1995 年起，我国先后对"九五"期间、"十五"期间、"十一五"期间"211 工程"的建设规划、中期检查和验收工作制定了政策文件，对"211 工程"一期、二期、三期的建设重点和任务进行了统一部署和改革，并据此顺利开展了相关工作。

由此，作为"新中国成立以来在高等教育领域进行的规模最大的重点建设工程"[①]，"211 工程"经历了一期"打基础"、二期"上水平"、三期"求突破"的建设过程，构建了一整套系统的一流大学建设制度体系，为我国高等教育重点建设体系提供了基本建设框架。一般认为，"211 工程"为国家一流大学建设提供了基本体系框架。

三、"985 工程"：国家建设世界一流大学计划

1998 年 5 月，江泽民同志在庆祝北京大学建校一百周年大会上指出："为了实现现代化，我国要有若干所具有世界先进水平的一流大学。"[②]此后，重点支持部分高校创建世界一流大学和一流学科的"985 工程"诞生。1999 年 1 月，国务院批转《面向 21 世纪教育振兴行动计划》，"985 工程"项目正式启动。"985 工程"一期"从重点学科建设入手，对若干所高等学校和已经接近并有条件达到国际先进水平的学科进行重点建设"[③]，从 1999 年开始，到 2001 年结束，建设周期为 3 年。一期建设学校共 34 所，其中，北京大学、清华大学以教育部支持为主，分别获得 18 亿元支持，其他重点建设高校以不同形式的共建方式获得支持。"985 工程"一期经费投入中中央专项资金约为 145 亿元，地方政府配套资金约为 110 亿元，主管部门配套资金约为 16 亿元。[④]

根据教育部《2003—2007 年教育振兴行动计划》中关于"继续实施'985 工程'，努力建设若干所世界一流大学和一批国际知名的高水平研究型大学"的决定，教育部、财政部于 2004 年 6 月 2 日发布了《教育部 财政部关于继续实施"985 工程"建设项目的意见》，"985 工程"二期建设正式启动。二期建设周期为 3 年

① 郭新立. 中国一流大学建设之路——从 211 工程到 2011 计划. 北京：高等教育出版社，2012：142.

② 教育部. 江泽民在庆祝北京大学建校一百周年大会上的讲话. （1998-05-04）[2018-03-06]. http://www.moe.gov.cn/jyb_sjzl/moe_177/tnull_2475.html.

③ 李福华. 从单位制到项目制：我国高等教育重点建设的战略转型. 高等教育研究，2014，35（2）：33-40.

④ 郭新立. 中国一流大学建设之路——从 211 工程到 2011 计划. 北京：高等教育出版社，2012：34.

（2004—2007 年），建设任务包括机制创新、队伍建设、平台建设、条件支撑和国际交流与合作等 5 个方面。截至 2008 年，二期建设学校共 39 所，经费投入中中央专项资金为 189 亿元，主要用于平台基地建设和队伍建设，其中，用于平台基地建设的资金为 129 亿元，用于队伍建设资金为 37 亿元。

"985 工程"在一流大学建设的制度建设方面进行了许多探索和改进，进一步发展了我国建设世界一流大学政策。

（1）"985 工程"建设管理制度。2004 年 7 月，教育部、财政部印发《关于印发〈'985 工程'建设管理办法〉的通知》，对"985 工程"二期建设的组织实施、管理职责、建设资金、检查验收等作出了具体规定，明确提出了绩效奖励制度。由于中南大学的"先进有色、稀有金属与粉末冶金材料"和西北工业大学的"航空航天结构功能材料"两个建设项目取得的重大成果——"高性能炭/炭航空制动材料的制备技术"和"耐高温长寿命抗氧化陶瓷基复合材料应用技术"分别摘取了 2004 年国家技术发明奖一等奖，一举打破该奖项连续六年空缺的局面，2005 年 9 月，教育部、财政部根据《"985 工程"专项资金管理办法》，对中南大学、西北工业大学予以表彰，每校奖励 2000 万元，用于学科建设和科技创新平台建设。

（2）"985 工程"专项资金管理制度。2004 年 9 月，财政部、教育部印发《财政部 教育部关于印发〈'985 工程'专项资金管理办法〉的通知》，对"985 工程"专项资金的预算、支出、决算、监督检查与绩效考评作出了明确规定。2010 年 12 月，财政部、教育部印发《"985 工程"专项资金管理办法》，对"985 工程"专项资金的预算管理、支出、决算、监督检查与绩效考评等作出了明确规定，废止了 2004 年的《财政部 教育部关于印发〈'985 工程'专项资金管理办法〉的通知》。

（3）明确提出了推进世界一流大学和高水平大学建设的政策。2010 年 6 月，教育部、财政部印发《教育部、财政部关于加快推进世界一流大学和高水平大学建设的意见》，明确提出加快推进世界一流大学和高水平大学建设的指导思想、建设目标和主要任务；强调要以改革创新精神开创"985 工程"建设新局面，创新决策机制，建立专家咨询监督和政府决策相结合的管理机制。[①]该意见不仅成为"985 工程"三期的指导性文件，也吹响了推进世界一流大学和高

---

① 教育部学位管理与研究生教育司. 中国学位与研究生教育大事记（2010）. 学位与研究生教育，2011（7）：72-77.

水平大学建设的号角，为"双一流"建设奠定了基础。

（4）完善了一流大学建设项目专家评价制度。2010 年出台的《"985 工程"建设项目专家审核办法》《"985 工程"专家委员会章程》，对世界一流大学建设的专家委员会的职能、组成、产生方式、工作程序等进行了严格的规定，成为推进绩效管理、专家评价、动态调整的关键。

四、"2011 计划"：一流大学建设的制度创新

2011 年 4 月，胡锦涛同志在庆祝清华大学建校 100 周年大会上发表重要讲话，明确提出"要积极推动协同创新，通过体制机制创新和政策项目引导，鼓励高校同科研机构、企业开展深度合作，建立协同创新的战略联盟，促进资源共享，联合开展重大科研项目攻关，在关键领域取得实质性成果"①。教育部和财政部高度重视，经过反复征求意见，分别在 2012 年 3 月和 5 月联合颁发《教育部 财政部关于实施高等学校创新能力提升计划的意见》和《"高等学校创新能力提升计划"实施方案》，"2011 计划"由此正式启动。"2011 计划"是提升国家创新体系整体效能的重大决策，也是国家一流大学建设制度的重要发展。

"2011 计划"是在新时期重点大学（一流大学）建设政策面临新的制度环境下作出的新的调整与创新。

（1）大科学时代注重各学科之间的高度渗透、高度综合、高度融合，注重知识、技术的集成，我国需要积极推动协同创新，破除自主创新的体制机制性障碍，实现国家创新能力的根本提升。

（2）在新时期，我国高等教育面临新任务。从 2010 年到 2020 年，我国在成为世界高等教育大国后，面临提升质量和改革体制机制的双重任务：需要在高等教育上积极推进高等教育体制机制改革，同时全面提升高等教育质量。2010 年，我国出台《国家中长期教育改革和发展规划纲要（2010—2020 年）》，提出全面提升高等教育质量，注重高等学校内涵式发展，注重人才、科研和学科三位一体的创新能力建设，提升一流大学建设水平。

（3）新时期大学建设如何进行创新也成为人们关注的焦点。如果说"'211 工程''985 工程'重在学科、人才、平台等创新要素的发展，重在高校内部的建

---

① 中央政府门户网站. 胡锦涛在庆祝清华大学建校 100 周年大会上的讲话.（2011-04-24）[2018-03-05]. http://www.gov.cn/ldhd/2011-04/24/content_1851436.htm.

设。'2011 计划'则重在高校的机制体制改革，重在高校内部以及与外部创新力量之间创新要素的融合发展"①。

由此，"211 工程"、"985 工程"和"2011 计划"一起构成了中国一流大学建设体系。自"211 工程"开始，我国不断推进一流大学建设制度，构建了一流大学建设体系。这一体系内既包括大学内部要素建设，也包括外部要素建设；既包括软件建设，也包括硬件建设；既包括理念建设，也包括制度建设和技术建设，是一个相互统一的比较完整的一流大学建设体系。一流大学建设采用"项目制治理"方式，形成了"发包"、"打包"和"抓包"三种机制，分别对应于中央政府、地方政府和一流大学建设高校。中央政府作为委托方有选择性地与地方政府或一流大学建设高校建立委托-代理关系，从而建立起常规的上下级隶属关系所没有的特有的关系纽带，引导下级单位（承包方）积极参与竞争。与常规的"单位式治理"不同，"项目制治理"引入了市场竞争机制，塑造了不同层级政府与高校之间的博弈关系，从而导致管理上必须采用技术理性的逻辑，将项目目标细化为量化的指标，以直接且易于量化的指标对高等教育进行管理和治理。

第三节 "双一流"建设：世界一流大学 建设进入新时代

党的十八大以来，以习近平为核心的党中央带领全国人民持续不断推进中国特色社会主义事业，进行新的伟大实践和伟大斗争，取得了举世瞩目的伟大成就。党的十九大明确了中国特色社会主义已进入新时代，确立了习近平新时代中国特色社会主义思想，提出优先发展教育事业，把建设教育强国作为中华民族伟大复兴的基础工程，标志着中国高等教育进入中国特色社会主义高等教育新阶段，呈现出新特征，承担了新使命和新任务。

---

① 郭新立. 中国一流大学建设之路——从211工程到2011计划. 北京：高等教育出版社，2012：52.

一、"双一流"建设的历史方位：中国特色社会主义高等教育进入新时代

党的十九大以来，以习近平为核心的党中央作出了我国发展新历史方位的重大战略判断，对我国社会主要矛盾作出了新的概括，即我国社会主要矛盾已经由人民日益增长的物质文化需要同落后的社会生产之间的矛盾，转化为人民日益增长的美好生活需要和不平衡不充分的发展之间的矛盾。社会主要矛盾的转变反映在高等教育领域中，体现为高等教育发展的主要矛盾也发生了根本性变化。总体而言，十八大以来，我国高等教育发展进入了加速期，实现了新跨越，基本满足了社会主义现代化需要和人民对高等教育的普遍诉求。在新时代背景下，我国高等教育的主要矛盾已经由人民对高等教育的强烈需要与高等教育资源短缺之间的矛盾，转变为人民日益增长的对公平优质高等教育的需要与高等教育发展不均衡不充分之间的矛盾。正如中国教育学会会长钟秉林教授所指出的：一方面是人民群众要求上好大学，要求享受优质高等教育资源的需求非常迫切；另外一方面，我们国家当前优质高等教育资源供给短缺，而且发展不均衡，这使得现代教育质量问题和教育公平问题更加凸显①。这个判断意味着，经过多年的努力，我国高等教育得到极大发展，在规模上已经成为世界高等教育第一大国，极大地缓解了人民群众上学难的问题，教育质量稳步提升，成为具有世界影响的高等教育大国。但是，与世界先进水平相比，与中央要求和人民期待相比，我们的高等教育还有很大差距，高等教育的改革发展还有差距，发展不平衡不充分的问题日益突出，主要体现在以下三个方面。

（1）高等教育规模巨大与质量不高问题突出。党的十八大以来，我国高等教育质量持续提升，但是大而不强、质量问题突出等问题依旧存在，提升高等教育质量成为时代主题。2010—2016年，我国高等教育在校生总规模年均增长3.8%，毛入学率年均增长1.2%，教职工数年均增长1.6%，其中专任教师数量年均增长2.8%，提前完成了2020年高等教育在学总规模达到3550万人、毛入学率达到40%的目标。②

---

① 中国新闻网. 教育专家：中国教育的主要矛盾已发生转变.（2017-11-14）[2018-03-10]. http://www.chinanews.com/gn/2017/11-14/8376541.shtml.

② 范跃进，刘恩贤. 以习近平高等教育思想为指导扎实办好中国特色社会主义大学. 中国高教研究. 2018（1）：10-15.

国内高校在世界主要大学排行榜上的表现越来越出色，越来越多的高校跻身世界排名前列。但是，与西方发达国家相比，特别是与美国、英国等相比，我国高等教育质量和水平仍然差距明显，专业教育模式、传统教育课程和考试评价模式不能完全适应新时代经济社会发展对人才的需求，在拔尖创新人才培养能力和学生专业实践能力方面与发达国家相比有明显的差距，高等教育质量问题突出。

（2）高等教育投入增加与区域性结构性矛盾突出。我国加大了高等教育的投入，国家财政性教育经费占 GDP 的比例自 2012 年实现 4%的目标以来，已连续六年超过 4%的目标。普通高等学校生均公共财政预算教育事业经费支出逐年递增，2016 年达到 18 747.65 元。与此同时，各地高等教育经费投入不平衡，高等教育资源区域分布不均衡。以 2016 年高校生均公共财政预算教育事业经费为例，排在前三位的北京、西藏、上海高校生均公共财政预算教育事业经费分别为50 802.57 元、33 384.17 元、30 292.80 元，而排在后三位的四川、湖南、河南分别为 12 236.78 元、12 281.82 元、12 601.16 元。北京高校生均公共财政预算教育事业经费是四川的 4.15 倍。①

（3）高等教育供给的均衡性与多样化矛盾依旧突出。一方面，高等教育供给的地区差异大，在高校数量、资金支持、教学水平等方面均存在地区不平衡性；另一方面，高等教育供给的同质化问题较突出。高等教育的教学模式、办学类型、教育内容等未能与时俱进，未能满足个体教育需求和社会对人才的多层次、多样化需求。

上述三个特征反映了当前我国高等教育新的主要矛盾。解决上述矛盾，必须站在历史高位、价值高点、世界高度上，以全新视野深化对高等教育发展规律的认识，转变高等教育发展方式，深化高等教育综合改革，推进高等教育治理体系和治理能力现代化，打破重点大学建设的既定路径。

二、"双一流"建设的目标任务：中国特色世界一流大学

党的十八大以来，以习近平为核心的党中央郑重提出实现中华民族伟大复兴的中国梦，描绘了"两个一百年"的宏伟蓝图，我国进入中国特色社会主义新时

---

① 数据来源于 2016 年《中国教育统计年鉴》。

代、新征程。习近平在《致清华大学建校 105 周年贺信》中指出："办好高等教育，事关国家发展、事关民族未来。我国高等教育要紧紧围绕实现'两个一百年'奋斗目标、实现中华民族伟大复兴的中国梦，源源不断培养大批德才兼备的优秀人才。"①由此，加快一流大学和一流学科建设，实现高等教育内涵式发展，成为我国高等教育面临的最紧迫、最重要的任务。

在新时期启动世界一流大学建设，其时代方位、指导思想、目标任务、运行机制等方面需要作巨大的转变。2015 年 8 月 18 日，中央全面深化改革领导小组审议通过《统筹推进世界一流大学和一流学科建设总体方案》，决定统筹推进建设世界一流大学和一流学科。2015 年 10 月，国务院正式印发《统筹推进世界一流大学和一流学科建设总体方案》，明确提出加快建成一批世界一流大学和一流学科。2017 年 1 月，教育部、财政部、国家发展改革委联合印发《统筹推进世界一流大学和一流学科建设实施办法（暂行）》，提出了遴选的条件、程序和支持方式，"双一流"建设全面启动。2017 年 9 月，教育部、财政部、国家发展改革委联合发布《教育部 财政部 国家发展改革委关于公布世界一流大学和一流学科建设高校及建设学科名单的通知》，世界一流大学和一流学科建设高校及建设学科名单正式公布，36 所 A 类一流大学建设高校入选 318 个一流学科建设点，6 所 B 类一流大学建设高校入选 12 个一流学科建设点，95 所一流学科建设高校入选 135 个一流学科建设点，全国共有 137 所高校和 465 个学科建设点入选"双一流"建设名单。从 2017 年 12 月起，北京大学、清华大学、复旦大学、上海交通大学、北京师范大学、中国农业大学、中国人民大学、南开大学等高校的"双一流"建设方案陆续公布。"双一流"建设方案是各高校围绕"双一流"建设总体目标，制定的旨在开启中国特色、世界一流大学发展新征程的具体的"路线图"与"任务书"。

1. "双一流"建设的目标：建成高等教育强国

根据《统筹推进世界一流大学和一流学科建设总体方案》，"双一流"建设的总体目标是促进高等教育内涵式发展，到 21 世纪中叶，将我国基本建成高等教育强国。在目标达成的步骤上，总体目标被细分为三个目标层次：第一步，到 2020 年，若干所大学和一批学科进入世界一流行列，若干学科进入世界一流学科前列。

① 新华网. 习近平致清华大学建校 105 周年贺信. (2016-04-22) [2018-03-09]. http://www.xinhuanet.com/politics/2016-04/22/c_1118711427.htm

第二步，到 2030 年，更多的大学和学科进入世界一流行列，若干所大学进入世界一流大学前列，一批学科进入世界一流学科前列，高等教育整体实力显著提升。第三步，到 21 世纪中叶，一流大学和一流学科的数量和实力进入世界前列，基本建成高等教育强国。

从目标定位及时间安排上看，《统筹推进世界一流大学和一流学科建设总体方案》摒弃了急功近利的时间目标，将世界一流大学和一流学科建设确定为一项长期战略。该方案修改了原有的 10~20 年的目标时间，确定"双一流"建设是一项长期战略任务，并划分了三个具体的目标层次，最终的目标达成时间为 21 世纪中叶，即中华人民共和国成立 100 年之际。同时，对整体学校与学科进入一流行列与一流前列进行了细分。[①]因而，从目标设计来看，这是一种全新的符合学术生态的制度创新。

2. "双一流"建设的任务：实现高等教育内涵式发展

《统筹推进世界一流大学和一流学科建设总体方案》明确强调，建设与改革同等重要，要促进高等教育内涵式发展。党的十九大报告再次强调，加快一流大学和一流学科建设，实现高等教育内涵式发展。由"促进"到"实现"，体现了内涵式发展已经成为"双一流"建设的刚性要求。这一刚性要求意味着"双一流"建设对于高等教育发展方式有明显的任务要求。具体而言，包括五项建设任务和五项改革任务。五项建设任务包括：培养拔尖创新人才、建设一流师资队伍、提升科学研究水平、传承创新优秀文化、着力推进成果转化。五项改革任务包括：加强和改进党对高校的领导、完善内部治理结构、实现关键环节突破、构建社会参与机制、推进国际交流合作。

高等教育内涵式发展的内容包括：一流学科建设是"双一流"建设的龙头，应将一流学科建设作为高等教育内涵式发展的基石，集中优势力量，推动学校整体全面的发展。加强党的领导是高等教育内涵式发展的根本保证，也是我国"双一流"建设的制度优势和重要法宝。坚持立德树人是高等教育内涵式发展的核心任务，要将提高人才培养质量作为"双一流"建设的根本使命和衡量"双一流"建设水平的根本标准，要强化一流人才培养的中心地位，提高教育教学质量，培养国家经济社会发展需要的一流人才。以师资队伍建设为关键性因素，

---

① 康宁，张其龙，苏慧斌. "985 工程"转型与"双一流方案"诞生的历史逻辑. 清华大学教育研究，2016（5）：11-19.

大力实施高层次人才引育计划，完善人才培育体系，全方位支持优秀青年教师成长成才，激发人才队伍活力。以科技创新为动力，瞄准世界学术前沿，加强基础性、前瞻性研究，谋求成果的重大突破；加强产学研深度融合，促进科技成果转化；结合国家和区域经济结构调整和产业升级的发展需求，全面提升社会服务水平。以国际化办学为抓手，积极推进国际双向合作交流和国际化办学，加大海外人才引育力度，加大师生国际化培养力度，培养具有国际竞争力的国际化人才，提升国际影响力。以文化软实力为支撑，大力弘扬校园优秀精神文化，着力提升文化软实力，真正营造良好的制度和文化氛围及干事创业、团结合作的和谐环境，调动师生的积极性和创造性，为实现"双一流"建设战略目标提供强有力的精神支撑和文化保障。[①]

3. "双一流"建设的动力：推进高等教育综合改革

"双一流"建设处在新的历史方位上，摒弃了"985 工程"的计划配置的制度逻辑，终结了原有不相适应的制度供给，从面向全球公共治理与大学学术生态的制度重建入手，重新规划与政府高等教育"放管服"改革相适应的权力生态，更加强调政府分权、高校自主、需求导向和公开竞争，更加强调经济、高效和社会参与性，强调推进和深化高等教育综合改革。

（1）完善高等教育管理体制机制。《统筹推进世界一流大学和一流学科建设总体方案》提出，要不断"坚持和完善党委领导下的校长负责制"，不断加强和改进党对高校的领导。"完善内部治理结构。建立健全高校章程落实机制，加快形成以章程为统领的完善、规范、统一的制度体系。"遵循高等教育规律，加强顶层设计，推进大学治理现代化，构建"双一流"建设全方位服务保障体系。

（2）健全绩效导向的资源配置机制。《统筹推进世界一流大学和一流学科建设总体方案》提出，"强化绩效，动态支持"，打破"211 工程"和"985 工程"建设高校事实上的终身制，激发学校和学科的内生动力和活力。为此，该方案提出"积极采用第三方评价"并"根据相关评估评价结果、资金使用管理等情况"奖优罚劣。《统筹推进世界一流大学和一流学科建设实施办法（暂行）》则强调根据建设中期和末期的评价结果，重新分配资源。2017 年 12 月公布的"双一流"建设入选名单将部分原"985 工程"建设高校划分为 B 类一流大学建设高校，体

---

① 陈永正. 以习近平新时代中国特色社会主义思想指引"双一流"建设. 国家教育行政学院学报，2017（11）：7.

现了动态调整原则。《统筹推进世界一流大学和一流学科建设总体方案》提出，鼓励和支持不同类型的"一流大学"和"一流学科"差异化发展，总体规划、分级支持，以五年为一个周期，与国家五年建设规划同步实施。[①]教育部、财政部、国家发展改革委发布的《统筹推进世界一流大学和一流学科建设实施办法（暂行）》提出，按照"一流大学"和"一流学科"两类布局建设高校，坚持扶优扶需扶特扶新，以学科为基础，支持建设 100 个左右学科，着力打造学科领域高峰；坚持总量控制、开放竞争、动态调整。《教育部 财政部 国家发展改革委关于印发〈统筹推进世界一流大学和一流学科建设实施办法（暂行）〉的通知》提出的遴选条件是："一流大学建设高校应是经过长期重点建设、具有先进办学理念、办学实力强、社会认可度较高的高校，须拥有一定数量国内领先、国际前列的高水平学科，在改革创新和现代大学制度建设中成效显著。一流学科建设高校应具有居于国内前列或国际前沿的高水平学科，学科水平在有影响力的第三方评价中进入前列，或者国家急需、具有重大的行业或区域影响、学科优势突出、具有不可替代性。"[②]

（3）构建多元利益主体的社会参与机制。《国务院关于印发统筹推进世界一流大学和一流学科建设总体方案的通知》提出："加快建立健全社会支持和监督学校发展的长效机制。建立健全理事会制度……充分发挥理事会对学校改革发展的咨询、协商、审议、监督等功能。加快完善与行业企业密切合作的模式，推进与科研院所、社会团体等资源共享，形成协调合作的有效机制。积极引入专门机构对学校的学科、专业、课程等水平和质量进行评估。"[③]《统筹推进世界一流大学和一流学科建设实施办法（暂行）》在遴选程序上强调充分发挥专家委员会即第三方评价的作用并强调确立中国特色学科评价标准，坚持公平公正、开放竞争、择优建设的原则，采取专家认定标准、综合认定建设范围的方式，开放竞争，动态调整，不再单独组织申报评审。[④]教育部部长陈宝生强调，"'双

---

① 国务院. 国务院关于印发统筹推进世界一流大学和一流学科建设总体方案的通知（2015-10-24）[2018-03-07]. http://www.gov.cn/zhengce/2015-11/05/content_10269.htm.

② 教育部, 财政部, 国家发展改革委. 教育部 财政部 国家发展改革委关于印发《统筹推进世界一流大学和一流学科建设实施办法（暂行）》的通知.（2017-01-27）[2018-03-07]. http://www.gov.cn/xinwen/2017-01/27/content_5163903.htm#1.

③ 国务院. 国务院关于印发统筹推进世界一流大学和一流学科建设总体方案的通知（2015-10-24）[2018-03-07]. http://www.gov.cn/zhengce/content/2015-11/05/content_10269.htm.

④ 教育部. 教育部学位管理与研究生教育司负责人就《统筹推进世界一流大学和一流学科建设实施办法（暂行）》答记者问.（2017-01-25）[2018-03-07]. http://www.moe.edu.cn/jyb_xwfb/s271/201701/t20170125_295695.html.

一流'建设不是再走一遍'985''211'的老路，不是'985''211'的翻版，也不是升级版，更不是山寨版"①。这意味着"双一流"建设是对既有的高等教育重点建设计划的重大创新，力图体现"中国特色、世界一流"。

"双一流"建设是我国在经济进入新常态、社会进入新时代、高等教育处在新方位的背景下通过高等教育资源调配实现国家重大战略布局的高等教育发展的一个全新的战略。从政策目标、指导思想、政策任务和政策机制等方面看，"双一流"建设政策是一项建设与改革并重的高等教育政策，体现了新时代我国高等教育发展方式的重要转向，即由外延式发展转向内涵式发展。从"双一流"建设高校和学科名单及社会反应看，"双一流"建设体现了对"211 工程""985 工程"等重点建设工程的继承，也体现了促进高等教育区域协调发展、服务国家重大战略布局、推动和引领地方高水平大学建设的重要思路。

在国家"双一流"建设政策撬动下，各地政府纷纷加大了一流大学和一流学科建设的力度。据不完全统计，2017 年 1 月至 3 月，在国家《统筹推进世界一流大学和一流学科建设实施办法（暂行）》出台不足 3 个月的时间内，北京、上海、山东等 20 多个省（自治区、直辖市）出台了各自未来 5~10 年的大学发展和学科建设方案。各地的"双一流"建设如火如荼，推动了各地高等教育的发展。②

与此同时，"双一流"建设的建设方式采用了更加公平、开放和竞争的机制，如动态调整制度、绩效评价机制等，有利于打破身份固化的局面，从而起到激励和示范作用。一方面，对被遴选为建设高校或建设学科的高校而言，"双一流"并非长期的标签和护身符，高校需要不断提升自身办学质量，以获得竞争优势。因而，"双一流"建设对入选者而言具有激励作用。另一方面，由于动态调整机制的存在，未被送入的高校可以对照指标，在不断参与竞争的过程中提升办学质量。

---

① 搜狐网. 教育部长："双一流"不是再走一遍"985""211"的老路. (2019-01-01)[2018-03-07]. https://www.sohu.com/a/132048278_372431.

② 董鲁皖龙. 纷纷出招，已有 20 多省份出台"双一流"建设地方"施工图"——"双一流"建设，地方如何出招? 中国教育报，2017-03-20（1）.

第四节　世界一流大学建设的中国模式

改革开放 40 年来，中国以赶超世界一流高等教育为目标的世界一流大学建设经历了从无到有、从"摸着石头过河"到进行顶层设计的过程，最终形成了具有中国特色的世界一流大学建设的理论道路和实践路径。这些长期积累的实践经验和理论探索，构成了中国特色世界一流大学建设模式。尽管这个模式前后经历了不同的历史阶段，但它们具有一些共同的特征。

（1）建设高等教育强国，实现中华民族伟大复兴：中国建设世界一流大学始终如一的历史使命。办好高等教育，事关国家发展，事关民族未来。高等教育是国家教育体系的重要组成部分，在国家经济建设、科技进步和社会发展中发挥了不可代替的作用。江泽民同志在庆祝北京大学建校一百周年大会上的讲话中将世界一流大学建设视为实施科教兴国战略、实现现代化建设的重要条件："我们的大学应该成为科教兴国的强大生力军。教育应与经济社会发展紧密结合，为现代化建设提供各类人才支持和知识贡献……为了实现现代化，我国要有若干所具有世界先进水平的一流大学。"[1]胡锦涛同志在庆祝清华大学建校 100 周年大会上的讲话明确指出，"高等教育作为科技第一生产力和人才第一资源的重要结合点，在国家发展中具有十分重要的地位和作用"；"建设若干所世界一流大学和一批高水平大学，是我们建设人才强国和创新型国家的重大战略举措"[2]。

习近平同志指出，建设教育强国是中华民族伟大复兴的基础工程，也是确保国家在世界形势深刻变化的历史进程中始终走在时代前列的强有力的保障。他在北京大学建校 120 周年校庆前举行的师生座谈会上的讲话又进一步指出："高等教育是一个国家发展水平和发展潜力的重要标志。今天，党和国家事业发展对高等教育的需要，对科学知识和优秀人才的需要，比以往任何时候都更为迫切。"[3]

---

① 教育部. 江泽民在庆祝北京大学建校一百周年大会上的讲话. (1998-05-04) [2018-03-06]. http://www.moe.gov.cn/jyb_sjzl/moe_177/tnull_2475.html.

② 中央政府门户网站. 胡锦涛在庆祝清华大学建校 100 周年大会上的讲话. (2011-04-24) [2018-03-05]. http://www.gov.cn/ldhd/2011-04/24/content_1851436.htm.

③ 习近平. 在北京大学师生座谈会上的讲话. 光明日报, 2018-05-03（2）.

在世界一流大学建设过程中，党和国家最高领导人代表党和国家将一流大学建设作为关系国家发展和民族复兴的重要基石加以强调，突出了世界一流大学在国家发展中的重要作用，为世界一流大学建设奠定了深厚的政治基础。因此，在"双一流"建设过程中，高校需要以对历史高度负责的态度，勇于承担起这一光荣的历史使命，勇于创新，敢于变革，采取切实可行的思路举措，实现"双一流"建设目标。

（2）坚持党的领导：中国建设世界一流大学的政治基石。党的十九大报告指出，"中国特色社会主义最本质的特征是中国共产党领导，中国特色社会主义制度的最大优势是中国共产党领导"。中国特色世界一流大学建设事业能在比较短的时间内取得举世瞩目的伟大成就，是党中央坚强领导的结果，是全党、全国各族人民共同奋斗的结果。这是中国特色高等教育鲜明的制度优势和体制特色的体现，也是中国成功建设世界一流大学的政治基石。

因此，旗帜鲜明地坚持中国特色社会主义办学方向，坚持和完善党的领导，全面贯彻党的教育方针，服务党和国家事业发展大局，满足人民群众根本利益需求，是高等教育发展的首要任务，也是中国特色世界一流大学建设的根本保证。

在中国特色社会主义新时代，我们要坚持以马克思主义为指导，用习近平新时代中国特色社会主义思想武装头脑，坚持和完善党委领导下的校长负责制，把党对教育事业的领导落实到办学治校全过程。同时，要不断加强和改进党的建设，通过"两学一做"学习教育常态化、制度化推动思想建党、组织建党、制度建党，深化全面从严治党，努力把高校各级党组织建设成为学习宣传党的方针政策、贯彻落实党的决定、推动高等教育事业改革发展和加快"双一流"建设的坚强核心和战斗堡垒，带领广大干部师生开拓进取、奋发有为、干事创业。

（3）坚持社会主义制度，集中力量办大事：中国建设世界一流大学的制度优势。习近平指出："我们最大的优势是我国社会主义制度能够集中力量办大事。这是我们成就事业的重要法宝。"[①]中国能办大事，也办了别国办不了的大事。成功的秘诀在于中国特色社会主义制度具有集中力量办大事的政治优势。集中力量办大事，保证了有所为、有所不为，自主实现一系列突破、重点发展。中国高等教育发展战略，如"211 工程"、"985 工程"、"2011 计划"和"双一流"建设，

---

① 新华网. 习近平：在庆祝中国共产党成立 95 周年大会上的讲话. (2016-07-01) [2018-03-05]. http://www.xinhuanet.com//politics/2016-07-01/c_1119150660.htm.

均采用了重点突破、倾斜投入、以点带面等方式，集中高等教育办学资源对少数高校进行倾斜式投入，使高校在学科建设、科学研究等方面取得了重大突破。近年来，中国一些高校，如北京大学、清华大学等高校国际排名明显上升，成为追赶型高等教育发展的典范。例如，2016 年 QS 世界大学排名（QS world university rankings）显示，在全球研究型大学百强排名中，中国上榜学校总数（含港澳台数据）连续两年位居世界第二，仅次于美国。在彰显科研产出和影响力的引用指标上，中国大学 2011—2015 年的进步非常显著。

（4）立足中国大地，广纳先进经验：中国建设世界一流大学的基本策略。中国的高校是党领导下的高校，是中国特色社会主义高校。扎根中国大地办大学，必须坚持党对高校的领导，必须坚持以马克思主义为指导，全面贯彻党的教育方针，坚持"四个自信"，肩负起立德树人的光荣使命。习近平在全国高校思想政治工作会议上的讲话指出，"我国有独特的历史、独特的文化、独特的国情，决定了我国必须走自己的高等教育发展道路，扎实办好中国特色社会主义高校"[①]。习近平在与北京大学师生座谈时指出："办好中国的世界一流大学，必须有中国特色。没有特色，跟在他人后面亦步亦趋，依样画葫芦，是不可能办成功的。"[②]

但是，立足中国大地，并不意味着故步自封、夜郎自大。世界一流大学发展的共性规律在于高度开放、相互借鉴、相互学习。从英国教育思想家纽曼的教育思想的知识至上，到德国柏林洪堡大学办学的教学与研究相结合，再到美国"威斯康星思想"的教学、科研和社会服务的有机结合，高等教育功能在不断扩展和丰富。21 世纪以来，全球化、信息化、市场化等趋势不断加剧，各国高等教育交流与合作也在不断加强。广泛吸收先进高等教育国家经验，是中国走向世界高等教育强国的必由之路。因此，世界一流大学建设需要在解决中国问题的同时，不断加快国际化进程，最终推进本土高等教育国际化，解决好中国高等教育自身发展问题，办好中国特色社会主义大学，最终为世界高等教育提供中国方案。

---

① 人民网. 习近平在全国高校思想政治工作会议上强调：把思想政治工作贯穿教育教学全过程 开创我国高等教育事业发展新局面.（2016-12-09）[2018-03-06]. http://dangjian.people.com.cn/n1/2016/1209/c117092-28936962.html.

② 新华网. 习近平：青年要自觉践行社会主义核心价值观——在北京大学师生座谈会上的讲话.（2014-05-05）[2018-03-07]. http://www.xinhuanet.com//politics/2014-05/05/c_1110528066.htm.

第七章
我国高等教育体系的改革与完善

　　我国高等教育 40 年改革发展的目的，在于提高我国高等教育发展水平。高等教育发展水平主要体现在两个方面，一是高等教育的国际影响力和竞争力，其关键在于我们是否有一定数量的世界一流大学；二是高等教育促进国家经济社会发展和满足人民群众多样化高等教育需求的能力，其关键在于我们能否建成世界一流的高等教育体系。就提高我国高等教育发展水平而言，建设世界一流的高等教育体系与建设世界一流大学同等重要。本章以促进学术型与职业型高等教育、中央与地方高等教育、公办与民办高等教育等三方面的协调发展为背景，重点研究 40 年来我国高等职业教育改革发展、新建地方本科高校转型发展、民办高等教育改革发展问题。

第一节　高等职业教育改革和发展

改革开放 40 年来，我国高等职业教育从停滞中恢复、在调整中发展，以逆势上扬的精神开辟了一条具有中国特色的高等职业教育改革发展之路。世纪之交，我国高等职业教育取得了跨越式发展，科学的办学定位推动了高等职业教育规模迅速扩张、质量持续提升，培养出了大批高素质技能型人才，精准服务了经济社会的发展，凸显了高等职业教育的特色优势。21 世纪以来，高等职业教育改革和发展内力强劲、层次提升，为缓解就业结构性矛盾、构建合理公平的教育结构、完善现代职业教育体系、加快经济社会发展方式转变、推动教育开放与国际化格局的初步形成提供了有力支撑。

一、高等职业教育的孕育与地位确立：1978—1998 年

1. 高等职业教育的孕育和产生：1978—1989 年

我国"高等职业教育"概念的出现是和改革开放同步的。党的十一届三中全会决定将党和国家的工作重心转移到经济建设上来。经济发展和社会进步需要各级各类高级专门人才，当时我国大中城市与新兴发展地区应用型技术人才奇缺的现象十分突出，为此，教育部提出了创办市属专科层次高等学校的构想，以培养地方经济发展所需的较高层次的应用型人才。1980 年 8 月 27 日，金陵职业大学建立，成为南京市第一所由市政府集资创办的文理综合全日制高等学校，也是改革

开放后我国最早建立的一所短期职业大学。包含金陵职业大学在内，是年教育部共批准成立了 13 所职业大学，它们成为我国最早一批发展高等职业教育的学校，可以说是我国高等职业教育的雏形。[①]此后，高等职业教育发展中政策引导与办学实践交错推进。1982 年，五届全国人大五次会议明确"要试办一批花钱少、见效快、可收学费、学生尽可能走读、毕业生择优录用的专科学校和短期职业大学"。1983 年，在教育部、财政部、国家计委、对外经贸部 4 部委的联合推动下，我国从世界银行贷款 3500 万美元，集中支持金陵职业大学、天津职业大学、济南职业大学等 17 所短期职业大学（学院）建设。后期教育部和世界银行贷款项目毕业生就业跟踪调查结果显示，这 17 所职业大学的毕业生质量合格，以良好的思想品德、较强的适应能力和动手能力、踏实勤奋的工作作风得到各行各业的好评与欢迎。[②]1983 年 4 月，国务院批转教育部、国家计委《关于加速发展高等教育的报告》，明确指出"积极提倡大城市、经济发展较快的中等城市和大企业举办高等专科学校和短期职业大学"，肯定了职业大学的办学实效。同年，又成立了 33 所职业大学。1984 年 4 月，在江汉大学、金陵职业大学、成都大学、无锡职业大学、合肥联合大学和杭州工业专科学校 6 所地方职业大学的倡议下，全国短期职业大学校际协作会议正式发起，并在湖北武汉举行了第一次会议；1985 年 11 月，在全国短期职业大学校际协作会议的基础上设立了中国职业大学教育研究会，后更名为中国高等职业技术教育研究会。

自 1980 年到 1985 年，全国共创建了 118 所短期职业大学，覆盖了 25 个省（自治区、直辖市）[③]；此后若干年，职业大学在全国各地有了较大的发展，最多时一度达到 128 所[④]。短期职业大学的创办在某种意义上是一种办学形式和管理体制上的突破与创新。例如，允许省属城市办高校并采取多种渠道筹资的办学方式和运行机制，突破了当时中央和省（自治区、直辖市）两级办学体制；实行收费、走读、不包分配的招生和分配制度，挑战了传统的公费入学、跨城招生、国家统包分配的高等学校管理体制；专业设置紧贴地方经济发展需求的人才培养模式引领着新时期高等教育的改革；部分学校还进行了对口招收中等职业学校毕

---

① 高帆. 关于高等职业教育的改革和发展. 交通职业与成人教育，1997（6）：3.

② 郭扬. 中国高等职业教育史纲. 北京：科学普及出版社，2010：52-53.

③ 此处不包括高等职业技术师范院校、高等技术专科学校和部分本科院校举办的二级职业技术学院. 资料来源：陈英杰. 中国高等职业教育发展史研究. 郑州：中州古籍出版社，2007：48-54.

④ 易元祥. 中国高等职业教育的发展研究. 华中科技大学博士学位论文，2004：45.

业生的试点工作。短期职业大学的创办标志着我国发展高等职业教育的开始，也反映出我国高等教育改革探索的进一步深化。1985 年 5 月，《中共中央关于教育体制改革的决定》强调大力发展职业技术教育，提出要逐步建立起一个从初级到高级、行业配套、结构合理又能与普通教育相互沟通的职业技术教育体系，明确了高中毕业生一部分升入普通大学，一部分接受高等职业技术教育的分流措施。自此，"高等职业技术教育"一词首次从官方角度提出并使用。

与此同时，由中专升格试办的五年制技术专科教育试点工作也走出了一条具有中国特色的探索发展高职教育的新路子。1984 年，教育部印发《关于高等工程教育层次、规格和学习年限调整改革问题的几点意见》，鼓励灵活多样的办学方式，提出可以尝试开办招生对象为初中毕业生、学制为五年制的职业教育，也可以办短期职业大学、高等专科学校。这一政策为五年制技术专科教育的发展奠定了基础。1985 年 7 月，国家教委印发《关于同意试办三所五年制技术专科学校的通知》，决定在航空工业、机电工业、地震预测三个行业进行小规模试点，正式启动了我国五年制技术专科教育的探索工作。尽管五年制技术专科教育的一系列实施工作中并未出现"高职"二字，但这种旨在试办职业教育的技术专科学校教育与当时已存在的专科教育早已不尽相同。在此后的试点过程中，这项以四年制中专教育培养技术员和其他中级专业人员、以五年制高专教育培养高级技术员（待遇等同于助理工程师）的办学模式也被简称为"四五套办"的高等职业教育办学模式。

2. 高等职业教育地位的确立：1990—1998 年

1991 年 1 月，国务院五部委联合召开了第二次全国职业教育工作会议，10 月印发的《国务院关于大力发展职业技术教育的决定》强调，"必须高度重视和大力发展职业技术教育"，并要求 20 世纪 90 年代要初步建立起具有中国特色的职业技术教育体系基本框架。1992 年，党的十四大报告指出，要优化教育结构，大力加强基础教育，积极发展职业教育、成人教育和高等教育，鼓励自学成才。1993 年发布的《中国教育改革和发展纲要》明确指出，职业技术教育是现代教育的重要组成部分……各地要积极发展多样化的高中后教育，对未升入高等学校的普通高中毕业生进行职业技术培训，为高等职业教育的发展创造了机遇和条件。

为进一步优化高等职业教育结构，党和国家领导人在 1994 年召开的全国教育工作会议上对发展高职教育多次作出重要指示。此次会议还提出了通过现有职业大学、部分高等专科学校和独立设置的成人高校改革办学模式，调整专业方向和培养目标来发展高等职业教育，并在仍不能满足需要时，经批准可利用少数具备条件的重点中专学校改制或举办高职班等方式作为补充的高职发展思路。同年7月，《国务院关于〈中国教育改革和发展纲要〉的实施意见》进一步指出，要通过改革现有高等专科学校、职业大学和成人高校，以及举办灵活多样的高等职业班等途径，积极发展高等职业教育，这便是后来被统称为"三改一补"的高等职业教育发展方针。

　　1996年5月，全国人大常委会通过并颁布了《中华人民共和国职业教育法》，第一次在我国教育体系结构中确立了高等职业教育和高等职业学校的法律地位。在6月召开的第三次全国职业教育工作会议上，李岚清同志作了重要讲话，强调"这次会议要认真研究一下发展高等职业教育的问题。现在提出和解决这个问题是时候了"[1]。为推动高职发展，国家教委在同年9月和10月先后两次向李岚清同志提交了《关于发展高等职业教育的汇报提纲》，李岚清肯定了汇报内容，指出高职要在现有基础上进行发展，并赞成将高等职业学校的名称逐步规范为"职业技术学院"。[2]1997年3月，深圳职业技术学院和邢台职业技术学院成为首批挂牌的高职院校。1998年8月，《中华人民共和国高等教育法》颁布，进一步明确了高等职业学校在高等教育中的法律地位。至此，在国家依法治教的推动下，许多省（自治区、直辖市）也相继出台了支持高等职业教育发展的相关法规，全国初步形成了依法推动高职教育发展的良好局面。

　　1998年，教育部在"三改一补"基础上又提出了"三多一改"的指导方针，即多渠道、多规格、多模式发展高职教育，重视教学改革，并拨出了11万人的招生指标，在20个省市用于发展高职。[3]"三多一改"这一带有探索性质的政策导向，给高职教育的类型结构、办学模式、运行机制等方面带来了深刻的影响与变革。同年10月，教育部进行机构改革，将原来由高等教育司管理的普通高等专科教育、由职业技术教育司管理的高等职业教育，以及由成人教育司管理的成

　　[1] 教育部. 国家教委、国家经贸委、劳动部关于印发李鹏总理和李岚清副总理在全国职业教育工作会议上讲话的通知.（2015-04-30）[2018-12-30]. http://old.moe.gov.cn/publicfiles/business/htmlfiles/moe/moe_732/200506/8936.html.

　　[2] 王明达. 见证职教发展30年的感受与期待. 职业技术教育，2008（30）：40.

　　[3] 匡瑛. 比较高等职业教育：发展与变革. 上海：上海教育出版社，2006：127.

人高等教育统归到高等教育司进行管理，统称高职高专教育，并成立了高职高专教育处。"三教统筹"成为符合我国高等职业教育发展实际的积极稳妥且行之有效的一项管理体制改革措施。在其影响下，我国高职高专教育领域从管理体制上初步实现了对职业技术学院（含职业大学、举办高职的民办高校、五年制高职院校）、高等专科学校和成人高等学校的资源整合，多种办学形式朝着共同方向发展；并且自此以后，高等职业教育开始统一以高等教育的一种类型现身于社会，形成了多种办学形式合力奋进的新格局。[①]

二、高等职业教育的规模扩张与质量提升：1999—2010 年

自 1999 年我国高等学校大规模扩招以来，高等职业教育作为高等教育大众化的生力军，实现了跨越式发展，迅速占据高等教育的"半壁江山"。此后近十年间，高等职业教育由规模扩张逐步转向注重人才培养质量的提升。1999—2009年，全国独立设置的高职院校由 474 所增加到 1215 所，高等职业教育招生数从40.2 万人增长到 313.4 万人，在校生数从 87.83 万人增长到 964.8 万人[②]，为广大适龄青年接受高等教育提供了更多机会，为经济社会发展作出了重大贡献。其间，在 2002 年、2004 年、2005 年三次全国职业教育工作会议召开之后，2006年我国高职院校的发展规模在普通高等教育中一度达到极值。高等职业教育的规模增长对我国大众化后的高等教育的持续健康发展起到了重要作用。2006 年，教育部、财政部联合实施"国家示范性高等职业院校建设计划"，遴选了 100 所高职院校进行重点支持、树立改革示范；2010 年，新增 100 所左右骨干高职建设院校，进一步推进"国家示范性高等职业院校建设计划"。在两次高等职业教育人才培养模式改革的过程中，中央财政共投入 45.5 亿元，拉动地方财政投入89.7 亿元，行业、企业投入 28.3 亿元，使国家示范性（骨干）高职院校在创新办学体制机制、深化教育教学改革、提高人才培养质量、增强服务发展能力等方面取得了显著成效，辐射引领了全国范围内的高职院校办出特色、提高水平。"国家示范性高等职业院校建设计划"骨干高职院校建设项目的实施强化了高职教育模式改革的政策导向，使我国高等职业教育走出了一条不同于普通大学的类型化发展道路。

---

① 杨金土. 20 世纪我国高职发展历程回顾. 中国职业技术教育，2017（9）：15.
② 数据来源于 1999 年和 2009 年的《中国教育统计年鉴》。

与此同时，高职院校人才培养的评估工作也在实践探索中不断完善，在促进学校建设、规范管理、推动改革、提高质量等方面发挥了积极作用。办学规模的迅速扩大、办学水平的不断提高、办学特色的日趋凸显使得我国高等职业教育积累了大量宝贵经验，在校企合作、产学研结合、技术创新等方面作出了诸多有益探索，一大批较高水平的高职院校凝练特色，在社会上获得了高度认同和良好声誉，初步走出了具有中国特色的高等职业教育发展之路。总之，这一阶段是我国高等职业教育既上规模又上水平的大发展时期，在这一历史时期我国高等职业教育发展开创了新局面。

1. 高等职业教育的规模扩张：1999—2006 年

在我国高等职业教育发展史上，1999—2006 年是高等职业教育名副其实的大发展时期。1999 年 1 月 11 日，《教育部、国家计委关于印发〈试行按新的管理模式和运行机制举办高等职业技术教育的实施意见〉的通知》，决定在当年的普通高等教育年度招生计划中安排 10 万人的指标专门用于高职教育招生，鼓励我国高等职业教育在更大的规模上进行多渠道办学，提出由短期职业大学、职业技术学院、具有高等学历教育资格的民办高校、普通高等专科学校、本科院校内设立的高职机构（二级学院）、经教育部批准的极少数国家级重点中等专业学校及办学条件达到国家规定的合格标准的成人高校等七类机构承担高职办学，并成立全国高职高专教育人才培养工作委员会，专门负责研究制定高职人才培养的基本教学文件、规划全国性的高职教育教学改革，以及组织全国性的高职教育科学研究工作等。自此，我国高等职业教育进入规模化发展的黄金时期。同年 1 月 13 日教育部发布的《面向 21 世纪教育振兴行动计划》提出，高等职业教育必须面向地区经济建设和社会发展，培养生产、服务、管理第一线需要的实用人才，主动适应农村工作和农业发展的新形势，培养农村现代化需要的各类人才，明确了高职的培养目标与办学定位，并提出从现有高职院校中挑选出 30 所，建设示范性职业技术学院。之后教育部于 2000 年和 2001 年分两批确定了 31 所高职院校进行示范校建设，展开了全国范围内第一批国家级示范性职业技术学院的建设工作。1999 年 6 月，《中共中央国务院关于深化教育改革，全面推进素质教育的决定》强调高等职业教育是高等教育的重要组成部分，提出要将现有的职业大学、独立设置的成人高校和部分高等专科学校逐步调整为职业技术学院（或职业学院），并支持本科高等学校举办或与企业合作举办职业技术学院（或职业学院）。

2000 年 1 月，国务院将职业技术学院的审批权下放到省、自治区、直辖市政府。2001 年便有 235 所高等职业学校经教育部批准设立并备案，相当于约每三天就有两所高职学校被批准设立。2000 年 3 月，教育部颁布《高等职业学校设置标准（暂行）》，对高职学校管理人员的配备要求、教师队伍的组成结构、校舍建筑面积及教学设备、课程设置安排、经费来源保障、最小招生规模等作出了详细规定。2001 年 7 月，教育部印发《全国教育事业第十个五年计划》，在"主要政策措施"中明确提出，"在建设好一批综合性和多科性大学的同时，促进多功能社区性职业技术学院的发展，鼓励有条件的地区和市兴办以职业技术学院为主体的高等教育"。诸多政策文件反映出我国高职教育已由高等教育的补充发展成为高等教育的重要组成部分，逐步从高等教育的边缘走向中心。

2002 年 7 月，我国首次以国务院的名义召开了第四次全国职业教育工作会议，国务院总理朱镕基出席会议，并对职业教育如何在新形势下取得更大的发展作出重要指示。2004 年 6 月，教育部、国家发展改革委、财政部、人事部、劳动和社会保障部、农业部、国务院扶贫办七部门联合召开了第五次全国职业教育工作会议，国务委员陈至立到会并讲话。2005 年 11 月，国务院召开了第六次全国职业教育工作会议，国务院总理温家宝作了题为《大力发展中国特色的职业教育》的报告，我国职业教育迎来了空前的战略机遇期。三次全国职业教育工作会议后依次出台了《国务院关于大力推进职业教育改革与发展的决定》《教育部等七部门关于进一步加强职业教育工作的若干意见》《国务院关于大力发展职业教育的决定》三部指导职业教育改革发展的重要政策文件。在此期间，教育部还相继出台了《2003—2007 年教育振兴行动计划》《教育部关于以就业为导向 深化高等职业教育改革的若干意见》等落实党和国家提出的发展教育事业战略任务的配套文件，重视程度之高、发展力度之大前所未有，将我国高等职业教育的改革发展推到了新高度。

至 2006 年底，全国独立设置的高职院校达 1147 所，占普通高等学校总数的 61.44%。高职高专院校招生数从 2000 年的 49 万人增长到 2006 年的 293 万人，增长了 5.0 倍，占全国普通高校本专科招生数的比例由 2000 年的 22.0%提高到 2006 年的 53.7%；在校生数从 2000 年的 101 万人增加到 2006 年的 796 万人，增长了 6.9 倍；毕业生数则从 2000 年的 18 万人增长至 2006 年的 205 万人，增长了约 10.4 倍。如表 7-1 所示，2001 年，高职高专院校的数量占据了普通高等学校数量的半壁江山；在此之后，2002 年，高职高专院校的招生规模和毕业生规模首次都超过普通本科学校，占普通高等学校招生总数的比例分别为50.63%和50.75%，可以说是高职教育发展史上具有突破性的历史时刻；2004年和2005年高职高专院校的规模得到进一步扩大，并趋于稳定上升态势，由此可见高等职业教育在教育主管部门的大力推动下产生了"后发效应"，且这一挑战与机遇并存的综合效应在后一阶段逐步表现为人才培养模式的转型与教育质量的提升。

表7-1   2000—2006年高职高专院校与普通高校情况比较

年份	学校规模			在校生规模			招生规模			毕业生规模		
	普通高校/所	高职高专院校/所	占比/%	普通高校/万人	高职高专院校/万人	占比/%	普通高校/万人	高职高专院校/万人	占比/%	普通高校/万人	高职高专院校/万人	占比/%
2000	1041	442	42.46	556	101	18.14	221	49	22.07	95	18	18.79
2001	1225	628	51.27	719	147	41.00	268	67	24.80	104	19	18.66
2002	1396	767	54.95	903	376	41.70	320	162	50.63	134	68	50.75
2003	1552	908	58.51	1109	479	43.20	382	200	52.24	188	95	50.49
2004	1731	1047	60.49	1333	596	44.75	447	237	53.08	239	119	49.97
2005	1792	1091	60.88	1562	713	45.65	504	268	53.14	307	160	52.22
2006	1867	1147	61.44	1739	796	45.75	546	293	53.66	377	205	54.26

资料来源：2000—2006年的《中国教育统计年鉴》

2. 高等职业教育的质量提升：2006—2010年

（1）百所示范院校建设：从规模跨越发展到质量提升的根本性变革。《国务院关于大力发展职业教育的决定》提出要大力推行工学结合、校企合作的培养模式，拉开了新时期我国高职教育人才培养模式改革的序幕；并提出实施国家示范性高等职业院校建设计划，以100所综合水平高、服务能力强、培养模式新、辐射范围广的示范性高等职业院校为引领，为高职教育的进一步发展积聚巨大能量。2006年11月3日，为进一步落实《国务院关于大力发展职业教育的决定》，《教育部财政部关于实施国家示范性高等职业院校建设计划加快高等职业教育改革与发展的意见》宣布从2006年起到2010年，按年度、分地区分批推进国家示范性高等职业院校建设计划，对入选的示范院校实行中央财政经费一次确定、三年到位，项目逐年考核、适时调整的做法，并预留部分资金，对项目执行情况好的院校进行奖励。11月13日，国家示范性高等职业院校建设计划以召开会议的方式正式启动；11月16日，《教育部关于全面提高高等职业教育教学质量的若干意见》再次强调了当前我国高职教育新一轮改革发展的方向，即以示范性院校建设为工作抓手，带动专业与课程、人才培养模式、生产实训基地、师资队伍结构、教学保障体系等方面的改革与建设，全面提高高等职业教育教学质量。

2006—2008 年，国家先后遴选出第一批 28 所、第二批 42 所和第三批 30 所共计 100 所国家示范性高等职业院校（不包括 2008 年确定的 9 所重点培育高职院校）。与 2006 年相比，2009 年与国家示范性高职院校有合作协议的企业数量增长了 123.65%，合作企业接收就业学生的数量增长了 114.05%；此外，示范性高职院校有 8 项成果获得第六届高等教育国家级教学成果奖一等奖，其中大多是工学结合人才培养模式改革所取得的成果。①在提高毕业生就业率和就业质量方面，面对巨大的就业压力，用人单位对示范性高职院校毕业生表现出更大的兴趣，2009 年，示范性高职院校毕业生的一次就业率超过 90%，示范性高职院校的毕业生越来越受到企业的欢迎。

为更好地实现经济发展方式转变和产业结构优化升级，满足建设人力资源强国发展战略的需要，2010 年，教育部、财政部颁布《教育部 财政部关于进一步推进"国家示范性高等职业院校建设计划"实施工作的通知》，扩大了国家重点建设院校数量，在 100 所国家示范性高职院校的基础上，启动了新增 100 所左右国家骨干高职院校的建设计划，2010—2012 年分批遴选高职院校立项建设，到 2015 年完成全部项目验收工作。骨干高职院校建设计划旨在推进办学体制机制创新，以专业建设为重点，强化内涵建设，更好地发挥高职院校在培养高素质高级技能型专门人才、促进就业、改善民生，构建终身教育体系和建设学习型社会等方面的重要作用。至此，我国高等职业教育 200 所国家示范性（骨干）高职院校建设项目的阶段性工作告一段落，但其后续的积极影响却是深远持久的。与 200 所国家示范性（骨干）高职院校开展校企合作的 1400 余家企业取得了明显的人才培养模式改革效果，合作企业对高职院校人才培养的参与率总体较高，对高职院校办学的认可度总体较高，其中，国家骨干高职院校合作企业的参与度与认可度均高于国家示范性高职院校合作企业。②

（2）人才培养评估工作：由本科压缩模式到高职特色展现培养模式的历史性转变。2008 年 4 月，教育部颁发《高等职业院校人才培养工作评估方案》，并指派课题组专家成员对全国 22 个省（自治区、直辖市）的 56 所高职院校开展试

---

① 任君庆，王义. 国家示范性高职院校深化内涵建设的思考. 中国高教研究，2010（11）：79.

② 郑永进，吕林海. 国家示范（骨干）高职院校校企合作现状调查——来自全国 1400 余家合作企业的调查. 中国高教研究，2017（9）：96-98.

点评估，以保障评估工作的方向性和可行性；全面总结了 2004 年起实施的《高职高专院校人才培养工作水平评估方案（试行）》，以《教育部关于全面提高高等职业教育教学质量的若干意见》为基准，就其中的改革举措设计了新一轮高职院校评估指标体系，以适应新时期高职教育人才培养模式转型的特色与要求，巩固和推广人才培养模式改革的成果与经验。同时，教育部发布了《高等职业院校人才培养工作状态数据采集与管理系统》，要求学校相关负责人以学校日常教学工作的原始状态为基本数据，对学校发展状况进行数据采集和分析，并将平台数据定期向公众公布。至此，新一轮高职院校人才培养评估工作正式启动。

相较于 2004 年的"水平评估"，2008 年的"工作评估"目标、内涵及方法实现了评估模式的突破。例如，在评估目标方面更加注重内涵式发展，扭转了原方案中"本科压缩型"的评估导向，转而强调学校个性与发展特色；突破了"评硬不评软"的传统评估定位，即将学校整体的基础设施规模仅作为参考数据，不纳入评估范围内，更加专注于对高职院校人才培养模式的评价，从学生的职业道德与动手能力去评价人才培养的成效；同时摒弃了原先以某一"时间点"为主要单位、仅考察学校发展静态状况的评估原则，转而提出"静态与动态相结合"的评估方向，利用网络数据库系统，关注人才培养全过程的"时间段"的动态变化，更加注重学校和经济社会发展的结合程度。

此次人才培养工作评估的方案从基本理念到实施方法都发生了根本性变革，提出了新时期我国高等职业教育人才培养模式的改革导向，体现了与本科教育模式有所区别的高职教育的类型特点。同时，人才培养工作评估的实施也是对建立高职教育教学质量保障体系的有益探索。首先，评估工作为后续高等职业教育教学质量标准的制定、实施和完善提供了基准性保障。2012 年底，教育部发布了第一批涉及 18 个大类的 410 个高职专业教学标准，填补了我国高等职业教育专业教学标准领域的空白。其次，评估工作为引入第三方评价机构、促进评估主体多元化的高职教育质量建设的发展前景提供了可行性依据。目前，作为独立评价机构的 ISO9000 认证机构和麦可思数据（北京）有限公司已是高职教育质量管理评价领域的重要主体；此外，福建省于 2017 年委托中国职业技术教育学会作为第三方评价机构开展该省职业教育教学成果奖评审工作的成功案例，也成为我国职业教育质量建设进程中的里程碑事件。最后，评估工作也为人才培养质量年度报告制度的形成提供了先验性基础。2012 年，我国首次发布《2012 中国高等职业教育人才培养质量年度报告》，当年全国 29 个省（自治区、直辖市）和 584 所高职院校公布了 2011 年人才培养质量相关信息和年度报告；1243 所院校建立了人才培养工作状态数据库，其中，覆盖了 96% 的独立设置高职院校。[①]至此，我国已初步形成了以学校为核心、以教育行政部门为引导、社会广泛参与的高等职业教育教学质量保障体系。从规范办学、保障条件到加强内涵建设、推动宏观管理，2004 年和 2008 年两轮高等职业院校的评估工作取得了不容小觑的成就。

三、高等职业教育的内涵强化与创新发展：2010 年至今

2010 年 7 月，《国家中长期教育改革和发展规划纲要（2010—2020 年）》对今后职业教育事业的发展提出了新的要求和方向，要求到 2020 年形成适应经济发展方式转变和产业结构调整要求、体现终身教育理念、中等和高等职业教育协调发展的现代职业教育体系，满足人民群众接受职业教育的需求，满足经济社会对高素质劳动者和技能型人才的需要。教育部为此召开了全国高等职业教育改革与发展工作会议，进一步明确高等职业教育的发展核心是提高教育质量。会议要求今后一段时期，我国高等职业院校要以改革创新为发展动力，深化教育改革、加快发展速度、提升人才培养质量，并能够在办学体制等方面有所突破；同时，为高等职业教育结构布局合理化、高职教育社会服务能力不断增强、实现高等职业教育的内涵式发展提供了明确的顶层设计导向。

1. 强校建设——优质高职院校建设释放倍增效应

在 2006 年和 2010 年分别启动的百所国家示范性（骨干）高职院校建设计划的影响下，我国高等职业教育在深化改革领域取得了突破性进展。2015 年 10 月，教育部印发《高等职业教育创新发展行动计划（2015—2018 年）》，该行动计划正式提出建设优质专科高职院校的项目计划，即到 2018 年，建成 200 所左右办学定位准确、专业特色鲜明、社会服务能力强、综合办学水平领先、与地方经济社会发展需要契合度高、行业优势突出的优质专科高职院校。优质高职院校是在示范性（骨干）高职院校发展到一定阶段后，进一步深化高职教育改革、促进我国高等职业教育内涵式发展的重要战略举措。

---

① 教育部职业教育与成人教育司. 高等职业教育建设与发展（2005—2013 年）成果汇编（画册）. 北京：全国职业教育工作会议资料（画册内文），2013：45.

根据《高等职业教育创新发展行动计划（2015—2018 年）》的要求，各高职院校须遵循优质高职院校的建设逻辑、彰显优质特征、完善建设机制，坚持高等职业教育的办学方向，加快推动具有"世界水准、中国特色"的职业教育发展。截至 2017 年，已有 23 个省份启动 292 所优质专科高等职业院校建设，26 个省份启动 525 个与"中国制造 2025"相关的生产性服务业专业建设，25 个省份新建"十大支柱产业"相关专业 727 个、改造专业 658 个，30 个省份启动 3159 个骨干专业建设，22 个省份建立"双师型"教师培养培训基地 641 个，23 个省份开展中外合作办学 295 所。①据笔者统计，在 2017 年发布的《2017 中国高等职业教育质量年度报告》中，高职院校"服务贡献 50 强"里有 32 所是当前各地已立项建设的优质高职院校，足以显示优质高职院校建设计划切实体现了国家扶优扶强的政策导向，为高职教育创新发展行动计划进入全面落实阶段再开新局，为实现《国家教育事业发展"十三五"规划》贡献了职教力量。

2. 社会服务——发展性功能增强，实现"共优双赢"

2010 年，我国高职院校数量在普通高等学校总量中所占比重已接近 53%，高等职业教育的人才培养、科学研究、社会服务、文化传承创新功能也随之得到进一步发展。相较于普通高等本科教育，高等职业教育与经济社会发展之间的联系更为紧密，社会服务功能更加突出，这一功能是其生存发展的逻辑基础。高等职业教育在自身改革与发展过程中需源源不断地从社会各方吸取资金、设备与先进技术等资源，只有提供社会和企业真正需要的更加广泛的服务成果，才能获得更加全面的力量支持。

教育部在《高等职业教育创新发展行动计划（2015—2018 年）》的发展目标中提出，要促进高职教育服务发展能力进一步增强，应用技术研发能力和社会服务水平大幅提高，与行业企业共同推进技术技能积累的创新机制初步形成。2017 年 4 月，教育部职业教育与成人教育司印发《关于 2016 年〈高等职业教育创新发展行动计划（2015—2018 年）〉执行情况及有关工作完成情况的通报》，对承接任务（项目）的省份与"行业职业教育教学指导委员会"的年度执行情况进行通报。2017 年，已有 23 个省份建立了 362 个省级应用技术协同创新中心，7 个"行

---

① 教育部职业教育与成人教育司. 高职创新发展扬帆起航 行动计划落实后程可期——《高等职业教育创新发展行动计划（2015—2018 年）》2016 年执行情况综述. (2017-06-13). http://www.moe.edu.cn/s78/A07/zcs_ztzl/ztzl_zcs1518/zcs1518_zcjd/201706/t20170613_306783.html.

业职业教育教学指导委员会"建立了 29 个应用技术协同创新中心,高职院校的应用技术研发能力与社会服务水平正大幅提升,基本形成了院校与行业企业共同推进技术技能积累的创新机制。例如,中山职业技术学院依托"产学研园"协同创新环境,建设技术研发、技术服务、多样化学习三大社会服务平台,累计申请专利 1000 项,获得政府购买服务、技术性服务和培训服务收入 1 亿元,开展继续教育与培训人数达 15 万人次,以开放的科研服务支撑国家发展战略。由此可见,在高等职业教育创新发展的新时期,我国高职院校的社会服务已从以教学培训为主的传统社会服务模式转向教学培训与应用研发并重的模式,社会服务的层次逐步提升,技术服务的附加值持续上升,这对提升高等职业教育的社会地位、促进经济社会发展具有积极意义。

3. 制度创新——可持续发展理念形成长效机制

我国高等职业教育历经 40 年发展,初步形成了具有中国特色的高等职业教育体系,在办学模式、师资队伍、质量保障建设等方面有了长足发展,形成了可持续发展的新理念,建立了保障高等职业教育强化内涵、提质增效、创新发展的长效机制。

(1)深化产教融合、校企合作,以人才驱动引领创新驱动。2010 年教育部在浙江杭州召开的全国高等职业教育改革与发展工作会议提出,要以提高质量为核心,以"合作办学、合作育人、合作就业、合作发展"为主线,不断深化教育教学改革,进一步推进体制机制创新。2011 年《教育部 财政部关于支持高等职业学校提升专业服务产业发展能力的通知》《教育部关于推进高等职业教育改革创新引领职业教育科学发展的若干意见》等一系列指导性文件,提出创新体制机制,深化校企合作,促进高等职业学校办出特色,全面提高高等职业教育质量。2013 年,重组后的全国行业职业教育教学指导委员会在北京召开工作会议。2014年 5 月,国务院印发《国务院关于加快发展现代职业教育的决定》,提出"深化产教融合,鼓励行业和企业举办或参与举办职业教育,发挥企业重要办学主体作用",是党中央、国务院对深入实施创新驱动发展战略,创造更大人才红利的重大战略部署。据统计,2010—2015 年,"校企合作""产教深度融合"关键词在高等职业教育校企合作政策演变过程中处于中心位置,关键词数量迅速增加[①],

---

① 潘海生、王宁、董伟. 基于共词分析法的高等职业教育校企合作政策演变逻辑. 中国职业技术教育,2017(15):90-96.

这一现象是高等职业教育产教融合理念得到广泛认同、校企合作办学模式不断深入的成果写照。

2017年《国务院办公厅关于深化产教融合的若干意见》将职业教育和高等教育发展的人才适应性培养工作推向了一个高潮。该意见关于深化产教融合、校企合作的政策部署，与《中共中央关于全面深化改革若干重大问题的决定》及《中共中央关于制定国民经济和社会发展第十三个五年规划的建议》一脉相承。在我国高等职业教育向内涵式发展转轨的新时期，深化产教融合以促进高职教育体制机制创新、借力产教融合以拓展服务范围的新思路已成为各项政策中教育先行、人才优先的最优选择。因此，在高等职业教育改革发展面临新形势、新任务、新要求的时代背景下，企业深度参与高职院校教育教学改革的制度已形成一套可持续发展并适时更新的长效机制，成为统筹推进高等职业教育领域综合改革的重要制度安排。

（2）突出双师结构、双师素质，以优质水平保障教学质量。提高具备双师素质的教师个体素养是高职院校师资队伍建设的重要要求，形成专兼结合的双师结构教学团队是高职院校师资队伍建设的特色所在。2014年《国务院关于加快发展现代职业教育的决定》对职业教育教师队伍建设作出了明确指示，其中提到建设"双师型"教师队伍，"完善教师资格标准，实施教师专业标准，健全教师专业技术职务（职称）评聘办法"的"双师型"教师队伍建设路径，为提升人才培养质量搭建了重要政策平台。《2017中国高等职业教育质量年度报告》数据显示，2012—2016年，全国高职院校高级职称专任教师由89 139人增至118 452人，拥有博士学位的专任教师由4253名增至7294名；一批教学水平高、服务能力强的优秀教师脱颖而出，在入选国家高层次人才特殊支持计划（又称"万人计划"）的98名教学名师中，高职院校占15名，高职院校"双师型"教师队伍的数量和质量已有了一个质的提升。2018年1月，中共中央、国务院印发了《中共中央 国务院关于全面深化新时代教师队伍建设改革的意见》，明确指出要分类培养高素质"双师型"的职教教师，在教师素质提高计划中重点提升职业院校教师实践教学技能，以全面推进新时代职业教育教师队伍建设，指明了加强高职院校师资队伍建设的方向。

（3）实施教学诊断、质量评价，激发高职教育发展内生动力。《国家中长期教育改革和发展规划纲要（2010—2020年）》明确提出，要改革教育质量评价和人才评价制度，改进教育教学评价方法，根据培养目标和人才培养理念，建立科学、多样的评价标准。2014 年,《国务院关于加快发展现代职业教育的决定》《现代职业教育体系建设规划(2014—2020 年)》均对职业教育人才培养质量的提升工作给予高度关注,提出应健全职业教育质量评价制度,建立职业院校内部质量评价制度,强化质量保障体系建设。2015 年,《高等职业教育创新发展行动计划(2015—2018 年)》提出要完善质量保障机制,建立诊断改进机制,以高职院校人才培养工作状态数据为基础,开展教学诊断和改进工作。一系列政策的出台为持续提高职业院校人才培养质量、建立可持续的教学质量保障机制提供了国家政策导向。作为高职教育人才培养质量持续提升的重要抓手,常态化的内部质量保证体系和可持续的教学诊断与改进工作机制是新一轮高等职业教育质量保障领域改革发展的重要突破口。

4. 国际合作——对外开放新格局助力层次提升

随着国际化成为世界高等教育发展的时代潮流,我国高等职业教育的国际化和对外开放也受到广泛重视。早在 1983 年,我国就与德国开展了职业教育合作。时任教育部部长何东昌和德国联邦教育与科研部部长维尔姆斯签署了中德职业教育合作备忘录,决定由德国联邦教育与研究部和联邦经济合作与发展部执行职教师资培训中心项目;由赛德尔基金会执行上海电了工业学校(现为上海电子信息职业技术学院中德学院)、湖北十堰汽车技工学校(现为东风汽车公司高级技工学校)和湖北啤酒学校(现为湖北轻工业职业技术学院)项目;由德国技术合作公司执行天津中德现代工业技术培训中心(现为天津中德应用技术大学)项目。1994 年 7 月,国务院总理李鹏和德国总理科尔在德国签署《中华人民共和国政府和德意志联邦共和国政府关于加强职业教育领域合作的联合声明》,这是中国政府与外国政府专门就职业教育合作签署的第一个也是目前唯一一个双边协议,是中德职业教育交流与合作的纲领性文件。[①]30 余年的中德合作推动我国职业教育系统在人才培养模式、师资队伍建设、课程与教材设置、职业资格证书标准等方面获得了显著成果与经验。2014 年以来,国家对职业教育对外开放的办学路径表现出更为积极的态度。2014 年 5 月发布的《国务院关于加快发展现代职业教育的决定》提出,支持职业院校引进国(境)外高水平专家和优质教育资源,探索和规范职业院校到国(境)外办学;建立与中国企业和产品"走出去"相配套的职

---

① 姜大源. 中德职业教育合作 30 年大事记. 中国职业技术教育,2009(35):7-8.

业教育发展模式，并指出我国应积极参与制定职业教育国际标准，开发与国际先进标准对接的专业标准和课程体系。《现代职业教育体系建设规划（2014—2020年）》更是将"建设开放型职业教育体系"列入体系建设的重点任务。上述两个政策文件明确了职业教育国际交流与合作机制要逐渐朝着高层次发展，其中提出的与联合国教科文组织和职业教育发达国家进行交流对话、举办全球性和国际性的职业教育会议等要求，明确了今后一段时期我国职业教育融入世界职业教育发展的常态化路径。

　　"一带一路"倡议的提出为我国高等职业教育探索开放式教育模式、加快国际化步伐提供了新的机遇与挑战。我国高职院校围绕"一带一路"国际化发展的理念已初步形成。例如，2015年8月，武汉铁路职业技术学院便与泰国班普职业学院签订了联合培养铁路人才备忘录，与泰方代表围绕泰国学生来华学习、教师来华培训、武汉铁路职业技术学院派教师赴泰执教等问题进行了三次会谈，达成多项共识。翌年4月，首批泰国学员抵达武汉铁路职业技术学院，接受高铁专业汉语培训，助力于中国职教和高铁走出去，服务"一带一路"倡议正式在武汉铁路职业技术学院落地生根。[①]2016年《关于做好新时期教育对外开放工作的若干意见》鼓励职业院校配合企业走出去，将职业教育作为教育对外开放的重点领域之一。至此，长期坚持"以开放促发展"的我国高等职业教育开辟了更高层次的对外开放发展路径。在2016年9月举行的世界职教院校联盟（World Federation of Colleges and Polytechnics，WFCP）大会上，我国共有南京工业职业技术学院等六所高职院校荣获世界职教院校联盟卓越奖，取得了两金一银三铜的佳绩。《2017中国高等职业教育质量年度报告》显示，2016年，全国有100所高职院校开发了283个国家（地区）认可的行业或专业教学标准；有172所高职院校接收全日制国（境）外留学生，留学生总数超过7000人，其中，留学生50人以上的有36所，100人以上的有21所。今后一个时期，我国职业教育国际化发展的主要方向是：在输入国际优质职业教育资源的同时，加快推动部分优质职业教育品牌项目与国际接轨，形成区域职业教育率先实现国际化的"增长极"，引领亚太地区乃至全球范围内的职业教育创新发展。

---

① 李梦卿，姜维．"一带一路"我国内陆节点城市职业教育国际化发展研究．职教论坛，2017（1）：18.

第二节 新建地方本科高校转型发展

在 1999 年我国高等学校扩招后，教育部正式批准建立了一批由专科高等学校合并、升格或转制而成的本科层次的普通高等学校，这些高校通常被称为新建地方本科高校。在高等教育大众化背景下，新建地方本科高校在办学过程中出现了一些共性问题，如办学模式和人才培养模式趋同、师生比逐渐下降、生源质量不断下滑、毕业生就业问题突出等，引起了教育界内外的广泛关注。2014 年 5 月，《国务院关于加快发展现代职业教育的决定》明确提出，要引导一批普通本科高校向应用技术型高校转型，新建地方本科高校转型发展由此进入实质性阶段。

一、新建地方本科高校转型发展的动因与脉络

1. 新建地方本科高校转型发展的动因

（1）高等教育大众化推动新建地方本科高校转型发展。自 1999 年高等教育扩招以来，我国高等教育毛入学率和在校生人数持续增长，2002 年高等教育毛入学率达到 15%，标志着我国进入高等教育大众化阶段；2016 年至入学年达到了42.7%，预计 2020 年将达到 50%，高等教育将进入普及化阶段。我国高校扩招的主要原因之一是我国经济社会的快速发展需要更多高素质人才。结合国际经验来看，以培养应用型人才为主的普通高校不仅更加契合经济社会发展需要，还能避免重点高校因承担大众化教学任务而导致的优质教育资源的浪费。换言之，我们既需要学术型高校长期潜心于服务国家基础科学创新和优秀文化传承、提高全民科学素养和文化素质，也需要多科性的应用型院校培养大量高素质一线工程师和其他技术技能型人才，以缓解高等教育大众化带来的生源质量整体"趋低"与知识型社会所致的专业要求整体"走高"的现实矛盾。

（2）高校可持续发展呼唤新建地方本科高校转型发展。历经 10 多年发展的新建地方本科高校在进入本科院校行列后面临一系列发展难题，主要包括办学定位不准、办学特色不鲜明、学科专业结构与经济社会发展的需求不匹配、服务地

方经济社会发展的能力不强、缺乏从市场中获取资源的能力、毕业生就业率不高等。[①]正如潘懋元和吴玫指出的，新建地方本科高校介于研究型大学与高职高专院校之间，既不能走学术性研究型大学的独木桥，也不应办成职业技术型的高职高专院校。但在现实发展中，这类高校均将自己的发展目标定位于学术性研究大学，以硕士点、博士点作为学科建设的目标。[②]与此同时，由于我国高校适龄入学人口增长趋缓甚至走低，高校毕业生供给过剩等问题悬而未果，招生与就业的双重压力使得在品牌号召力上不如重点高校、在职业导向特色上不如高职高专院校的新建地方本科高校走可持续发展之路变得更加举步维艰。因此，这批高校不应也不能再继续走老牌本科高校的路子，这种生存发展上的需求是新建地方本科高校转型发展的根本原因。

（3）社会经济结构转型升级需要新建地方本科高校转型发展。目前我国经济社会领域经过深刻变革已到了转型升级的关键期，工业化、信息化、城镇化、农业现代化进程逐步加快，战略性新兴产业迅猛发展，迫切需要数以千万计的技能型应用型人才。《中共中央关于制定国民经济和社会发展第十三个五年规划的建议》指出，随着我国经济步入新常态，应"鼓励具备条件的普通本科高校向应用型转变"，高校也要适应新常态、展示新作为。与过去三十年我国经济高速增长时期需要大量劳动力的情况不同，新常态下的市场需求需要高等学校的人才培养规格与办学理念随之变革。在我国加快转变经济发展方式的历史进程中，新建地方本科院校理应充分发挥社会服务功能，打破传统思维方式和办学模式，以全新视角看待当今的高等教育，面向实现转型发展的国家需求进行根本性变革，立足服务地方社会经济发展目标，承担社会赋予高校的社会责任和历史任务。

（4）国家战略发展需要新建地方本科高校转型发展。国际经济形势的变化和实体经济的回归对经济发展、人才培养提出了新要求。自 2008 年全球金融危机以来，世界经济和产业格局的重心重新回归实体经济，我国作为"制造大国"，随着土地成本、人力成本的上升，成本优势逐渐丧失，低端制造业市场正加快向成本更低的越南、印度尼西亚、泰国等东南亚国家转移。因此，加强高层次技术技能人才培养，实现从"人口红利"到"人才红利"的转化是我国在国际制造业竞争中获胜的关键。与此同时，"中国制造 2025"的提出对加快我国产业结构升

① 张应强. 从政府与大学的关系看地方本科高校转型发展. 江苏高教，2014（6）：8.

② 潘懋元，吴玫. 高等学校分类与定位问题. 复旦教育论坛，2003，1（3）：8.

级、推动我国从制造大国向制造强国转变具有重要意义。在这一转变过程中，人才是制造强国建设中的第一资源，制造强国的竞争归根结底还是人才的竞争。高校作为人才的聚集地、输出源，理应敏锐地作出调整，尤其是新建地方本科高校，更应该顺应时代要求，将培养应用型、技能型人才作为自身使命。2016 年 3 月，李克强总理在政府工作报告中首次提出要培养"工匠精神"。因此，在制造强国战略的实施中，大力发展应用型高等教育，培养一大批技术技能型人才，培养一批具有"工匠精神"的一线应用型人才，成为高校尤其是新建地方本科高校今后一个时期的重点任务。

2. 新建地方本科高校转型发展的脉络

随着社会主义市场经济的不断发展，我国高等教育体制改革进入了新的时期。在总结我国教育改革发展所积累的经验和教训的基础上，教育部制定了《面向 21 世纪教育振兴行动计划》，把教育摆在了突出发展位置，提出要全面提高国民素质，培养一批高科技技术应用人才。为进一步落实计划的要求，也为加速高等教育迈入大众化的进程，1999 年，改革开放以来的第三次全国教育工作会议作出了高等教育大幅扩招的决定。随着大学扩招进程不断加快，教育部批准升格了一批本科院校，此后更多的专科高等学校通过合并、升格或转制成为本科层次的普通高等学校。1999—2014 年，全国共新设本科高校 647 所，其中，新设公办本科院校 256 所（师范高等专科学校升格成的本科院校 118 所），独立学院 293 所，新设民办本科和中外合作本科院校两类共有 98 所。

为进一步优化高等教育结构，规范新建本科院校设置程序，避免设置的盲目性，2006 年，教育部印发了《教育部关于"十一五"期间普通高等学校设置工作的意见》和《普通本科学校设置暂行规定》，进一步提出高等教育改革要以服务于地方区域经济发展，提高高等教育质量为主要目标。面对高校扩招和调整的局面，2008 年，教育部本着"把握节奏、控制规模"的基本原则，首次审批同意有关民办院校升格为民办本科院校，这对于严格把控高校设置标准具有重要的作用。

自 2013 年下半年以来，各地教育行政部门陆续提出新建地方本科院校转型发展的相关主张，地方政府广泛采取行动。例如，上海市建立了高校分类管理体系；重庆市政府组建了市直各部门共同参与的地方高校转型发展联盟；河南省安排了 2 亿元专项经费支持地方本科高校转型发展；山东省政府安排了 1 亿元地方本科高校转型发展专项经费；广东省专门设立了"示范性应用型本科高校建设工程"来支持地方高校转型发展。

2014年2月,国务院常务会议研究部署加快发展现代职业教育,明确提出"引导一批普通本科高校向应用技术型高校转型"。3月,教育部副部长鲁昕在中国发展高峰论坛上表示,我国将出台高考新方案,兼顾技术技能型和学术型两种人才选拔的高考选拔模式,以建立和完善现代职业教育体系。同时,逐步将全国600多所自1999年扩招以来升级或合并的本科层次的高校转型为应用技术型高校,使整个高等教育结构得到战略性调整。4月,由应用技术大学(学院)联盟和中国教育国际交流协会主办的产教融合发展战略国际论坛在河南省驻马店市举行,178所与会高校共同发布了《驻马店共识》,提出推进地方新建本科高校转型发展,建设中国特色应用技术大学。随后,《国务院关于加快发展现代职业教育的决定》《现代职业教育体系建设规划(2014—2020年)》相继出台,明确提出要推动社会与经济的不断发展,解决大学生就业问题,在不断适应社会发展基本需求的基础上,建设现代职业教育体系;要引导一批普通本科高等学校向应用技术型高等学校转型。2015年10月21日,教育部、国家发展改革委、财政部联合发布《教育部 国家发展改革委 财政部关于引导部分地方普通本科高校向应用型转变的指导意见》。该指导意见提出的指导思想是:贯彻党中央、国务院重大决策,主动适应我国经济发展新常态,主动融入产业转型升级和创新驱动发展,坚持试点引领、示范推动,转变发展理念,增强改革动力,强化评价引导,推动转型发展高校把办学思路真正转到服务地方经济社会发展上来,转到产教融合校企合作上来,转到培养应用型技术技能型人才上来,转到增强学生就业创业能力上来,全面提高学校服务区域经济社会发展和创新驱动发展的能力。该指导意见还提出了坚持顶层设计、综合改革,坚持需求导向、服务地方,坚持试点先行、示范引领,坚持省级统筹、协同推进的高校转型发展基本思路。

二、新建地方本科高校转型发展的实践探索与基本方向

《教育部 国家发展改革委 财政部关于引导部分地方普通本科高校向应用型转变的指导意见》发布后,各省(自治区、直辖市)和有关高校深入贯彻落实该指导意见精神,针对转型发展的主要任务,积极开展转型发展试点工作。目前有关省份转型发展试点院校和专业情况如表7-2所示。

表 7-2　有关省份转型发展试点院校和专业一览表

省（自治区、直辖市）	试点院校或专业
浙江省	温州大学、浙江中医药大学、浙江师范大学、浙江科技学院等 41 所院校
广西壮族自治区	玉林师范学院、贺州学院、梧州学院、广西外国语学院、广西大学行健文理学院、广西民族大学相思湖学院、广西科技大学鹿山学院等 19 所院校
湖北省	黄冈师范学院、湖北医药学院、湖北师范学院、武汉商学院、湖北理工学院、荆楚理工学院和武汉东湖学院等 18 所院校
河南省	黄淮学院、洛阳理工学院、许昌学院、黄河科技学院、安阳工学院等 15 所院校
江西省	南昌航空大学、景德镇陶瓷学院、新余学院、华东交通大学理工学院等 10 所院校
河北省	保定学院、北华航天工业学院、河北民族师范学院、河北外国语学院、河北大学工商学院、河北科技大学理工学院等 10 所院校
吉林省	吉林工程技术师范学院、长春光华学院、吉林工商学院、吉林农业科技学院、吉林动画学院等 9 所院校
甘肃省	兰州城市学院、陇东学院、河西学院、兰州工业学院、兰州交通大学博文学院、天水师范学院、兰州文理学院、兰州理工大学技术工程学院
辽宁省	沈阳大学、沈阳工程学院、沈阳城市学院等 10 所院校；辽宁大学环境工程、沈阳工业大学过程装备与控制工程等 116 个专业
重庆市	重庆第二师范学院、重庆三峡学院、重庆人文科技学院、重庆大学城市科技学院和重庆邮电大学移通学院
四川省	西昌学院、四川传媒学院、西南交通大学希望学院
湖南省	湘南学院、湖南文理学院
上海市	确定 16 所高校的 26 个专业为应用型本科试点专业

资料来源：根据教育部发展规划司院校设置公示及全国高校名单（2014—2015 年）整理

新建地方本科高校必须为地方经济和社会发展服务，只有把握转型发展的正确方向，才能为地方经济和社会发展作出贡献。新建地方本科高校转型发展的基本方向主要表现在以下方面。

1. 坚持服务区域经济和社会发展

新建地方本科高校转型发展具有明确的区域指向性，主要体现在如下三个方面：①从办学主体讲，新建地方本科高校的主管部门主要是省级人民政府，高校的财政拨款由主办单位承担或省市两级政府共同承担，在高校发展规划、计划等一些重大事务上由地方政府指导，办学过程需要地方政府教育行政部门监督。②从服务面向讲，新建地方本科高校转型发展主要服务区域经济和社会发展。这就要求其加快融入区域经济社会发展步伐，与当地资源要素对接，与产业聚集区的创新发展对接，与行业企业人才培养和技术创新需求对接。③坚持地方需求导向。新建地方本科高校大多是建在地方、由地方政府举办和管理的高校，因此必须坚持立足地方、服务地方的办学理念，以地方经济社会发展的现实需求作为开展人才培养、科学研究、社会服务等工作的基本方向。在促进新建地方本科高校转型发展的过程中，还要充分发挥评估评价制度的导向作用，以评促建、以评促转，使转型发展高校的教育目标和质量标准更加对接地方需求、更加符合应用型高校的办学定位。

2. 坚持凸显地方特色

新建地方本科高校转型发展不是从一种"千校一面"向另一种"千校一面"转型，转型发展的初衷就是更好地服务地方经济社会发展，因此转型发展必须体现地方特色。我国幅员辽阔，不同地区有不同的风土人情和发展需求，因此，新建地方本科高校转型发展也应立足地方特色，实现特色办学。在办学定位上，要考虑自身历史传统和所处地区的人文社会背景；在学科专业设置上，要根据地方优势和需求下大力气开发特色学科专业，并将之打造成为优势学科专业；在人才培养上，要根据特色化办学理念，探索具有鲜明地方特色的人才培养模式，满足地方特殊需求，结合地方特色实现良性互动。

3. 强化产教融合、校企合作

产教融合、校企合作是新建地方本科高校转型发展的基本要求，是强化应用型办学特色的基本途径。因此，必须建立与行业企业合作的发展平台，建立学校、地方政府、行业企业和社区共同参与的合作办学、合作治理机制。转型发展高校可以与行业企业共同组建教育集团，也可以与行业企业、产业集聚区共建、共管二级学院；可以建立有地方政府、行业企业和用人单位参与的校院理事会（董事会）制度、专业指导委员会制度，形成行业企业全方位全过程参与学校管理、专业建设、课程设置、人才培养和绩效评价的合作办学体制机制，推动学校转型发展。

4. 探索建立应用型和技术技能型人才培养模式

应用型高校的核心就是其应用性，主要体现在人才培养目标和规格上。因此，新建地方本科高校转型发展在专业设置、学科建设、课程体系等方面都必须体现出向应用型高校转变的特性；必须强化提高实践能力的人才培养导向，建立产教融合、协同育人的人才培养模式；实现专业链与产业链、课程内容与职业标准、教学过程与生产过程对接；同时要加强实验、实训、实习环节，建立实训实习质量保障机制，保证实训实习课时占专业教学总课时的比例达到30%以上。具有培养专业学位研究生资格的转型高校要建立以职业需求为导向、以实践能力培养为重点、以产学结合为途径的专业学位研究生培养模式，与行业企业开展联合培养工作。

第三节 民办高等教育改革与发展

改革开放以来，伴随市场经济体制的确立及高等教育大众化的发展，我国民办高等教育繁荣发展，规模不断扩大，社会影响力逐步增强。尤其是民办高等教育地位的确立，形成了高等教育多元化供给格局；通过实施民办高等教育分类管理，我国迈出了民办高等教育改革发展的一大步；国家在加大民办高等教育扶持力度的同时也加大了监管力度。在中国特色社会主义建设新时代，明确民办高校的应用型办学方向，增强民办高校的资源吸附能力，提高民办高校的内部治理能力，防范办学风险，建设一批具有世界影响、中国特色的民办高校品牌成为民办高等教育的发展方向。

一、确立合法地位，创新民办高等教育供给形式

1982 年《中华人民共和国宪法》第十九条规定，"国家鼓励集体经济组织、国家企业事业组织和其他社会力量依照法律规定举办各种教育事业"。这为我国民办高等教育的发展提供了宪法保障。1993 年《民办高等学校设置暂行规定》第一条规定，"民办高等学校是我国高等教育事业的组成部分"。《中华人民共和国民办教育促进法》规定，民办教育是社会主义教育事业的组成部分，"国家对民办教育实行积极鼓励、大力支持、正确引导、依法管理的方针"。《中华人民共和国高等教育法》规定，"国家鼓励企业事业组织、社会团体及其他社会组织和公民等社会力量依法举办高等学校，参与和支持高等教育事业的改革和发展"。2010 年《国家中长期教育改革和发展规划纲要（2010—2020 年）》提出，"民办教育是教育事业发展的重要增长点和促进教育改革的重要力量。各级政府要把发展民办教育作为重要工作职责，鼓励出资、捐资办学，促进社会力量以独立举办、共同举办等多种形式兴

办教育"。2016 年修订后的《中华人民共和国民办教育促进法》规定，"民办学校与公办学校具有同等的法律地位，国家保障民办学校的办学自主权"。

改革开放以来我国民办高等教育大致经历了三个发展阶段。第一个阶段（1978—1992 年），允许兴办民办高校，但严加限制；第二个阶段（1992—2003 年），鼓励民办高校发展，民办高等教育逐步获得合法地位；第三个阶段（2003 年至今），民办高等教育迈入依法办学的新阶段。[①]从允许与限制并行到鼓励与规范并重，再到依法治教，我国民办高等教育的合法地位最终得以完全确立，民办高等院校正式成为我国高等教育的"正规军"。

《2016 年全国教育事业发展统计公报》数据显示，2016 年普通高等学校总计 2596 所。其中，民办高校 742 所（含独立学院 266 所），比上年增加 8 所，约占普通高等学校数的 1/3；在校生有 634.06 万人，比上年增加 23.15 万人，其中硕士研究生在校生 715 人，本科在校生 391.52 万人，高职（专科）在校生 242.46 万人。[②]民办高等学校成为我国高等教育的重要供给主体，满足了广大人民群众日益增长的接受高等教育的需求，促进了高等教育大众化水平提升，为国民经济和社会发展培养了大规模各级各类人才。进入 21 世纪，民办高等教育进入创新发展新阶段，除民办独立学院蓬勃兴起以外，民办高等教育供给形式也不断创新。政府简政放权，放宽民办高校办学准入条件，鼓励创新投融资渠道使更多社会资源进入教育领域，探索政府和社会资本合作（public-private partnership，PPP）办学模式、混合所有制办学模式等新兴办学体制，如齐齐哈尔工程学院、苏州工业园区职业技术学院等混合所有制办学取得了较好的成绩，还有其他地区及学校积极探索混合所有制办学，为创新各级各类民办高校办学形式积累了丰富经验。我国政府积极鼓励多主体合作办学，已形成政府办学为主、社会力量共同参与办学的高等教育多元供给格局。

二、实施分类管理，活跃民办高等教育市场

民办教育机构是国家机构以外的社会组织或者个人，利用非国家财政性经费，面向社会举办的学校及其他教育机构。逐利性是社会资本的天然属性，营利是民办高等学校组织的实践逻辑。过去，教育公益性与资本逐利性的矛盾使民办

---

① 朱为鸿. 论中国民办高等教育政策的演变与趋势. 教育发展研究，2006（22）：40-41.

② 教育部. 2016 年全国教育事业发展统计公报.（2017-07-10）. http://www.moe.gov.cn/jyb_sjzl/sjzl_fztjgb/201707/t20170710_309042.html.

高等教育市场"乱象丛生",高等教育质量难以保障。为规范民办高等院校办学行为,促进民办高等教育市场健康发展,2010年,国家开始探索营利性和非营利性民办学校管理办法,浙江省、上海市、深圳市和吉林华桥外国语学校"三地一校"被列为主要试点单位。①2011年10月20日,温州市出台了《关于实施国家民办教育综合改革试点加快教育改革与发展的若干意见》及9个配套实施办法,简称"1+9"文件,从民办学校登记管理、财政扶持、融资政策、产权属性、合理回报等10个方面进行制度重建,后又补充出台《温州市民办学校收费政策补充规定(试行)》《温州市鼓励和支持金融业发展改革与创新业绩考核办法》《关于进一步加强民办学校教师队伍建设的实施办法(试行)》《非营利性民办学校会计核算办法(试行)》《关于进一步贯彻落实城乡居民社会养老保险部分参保人员待遇调整政策的通知》等5个配套补充政策,形成了升级版"1+14"政策体系②;推进民办高校分类管理,构建区分合理的民办教育公共政策体系,吸引大规模社会资本进入民办高等教育领域等举措取得了良好的社会效益与社会影响,成为区域民办高等教育的典范。2015年,《中华人民共和国教育法》的修订将"任何组织和个人不得以营利为目的举办学校及其他教育机构"修改为"以财政性经费、捐赠资产举办或者参与举办的学校及其他教育机构不得设立为营利性组织",为营利性民办高校的发展提供了空间。2016年4月,中央全面深化改革领导小组第二十三次会议通过了《民办学校分类登记实施细则》,2016年11月,全国人大常委会通过了《全国人民代表大会常务委员会关于修改〈中华人民共和国民办教育促进法〉的决定》,将民办学校分为营利性民办学校和非营利性民办学校,将能否取得办学收益定为营利性与非营利性高校的分类标准,实行分类管理、分类登记;对营利性与非营利性民办高校在税收政策、用地政策、学费定价、收益与办学奖励方面区别管理,建立差别化的政策扶持体系,效率与公平并举,这也符合国际高等院校组织分类惯例。例如,美国高等院校分为公立院校、私立营利性院校、私立非营利性院校。我国民办高校实施分类管理迈出了民办高等教育改革的一大步,是对世界高等教育创新发展的贡献。

《国务院关于鼓励社会力量兴办教育促进民办教育健康发展的若干意见》提出,积极引导社会力量举办非营利性民办学校,坚持教育的公益属性,无论是非

---

① 陈璐. 善治理念下非营利性民办高校的内部治理研究. 华中师范大学硕士学位论文,2012:1.
② 陆健. 民办教育改革温州"破冰". 光明日报,2012-12-06(9).

营利性民办学校还是营利性民办学校都要始终把社会效益放在首位。2012 年，浙江树人大学等民办高校发起成立了"中国公益性高水平民办高校联盟"①，将"公益性""高水平"作为民办高校的发展方向；2013 年 12 月，吉林华桥外国语学院等 26 所民办高校发起成立"非营利性民办高等学校联盟"，为交流探索非营利性民办高校办学经验提供平台，促进非营利性民办高校发展。对营利性高校与非营利性高校实施差别化扶持政策，增加了营利性高校的竞争压力。营利性民办高校如何进行市场定位，如何更充分地利用政策红利，如何提供高质量教育服务，如何降低运行市场风险与财务风险，如何增强市场竞争力成为营利性民办高校未来面临的问题。总体来看，对民办高校实施营利性与非营利性分类管理，加剧了公办高校、营利性民办高校与非营利性民办高校之间的竞争，活跃了高等教育市场，促使民办高校在竞争中求变，对提高民办高等教育总体办学质量具有重要促进作用。

三、加大扶持力度，保障民办高校师生发展权益

公办高校与民办高校同是高等教育供给主体，公办高校扶持政策多、民办高校扶持政策少，形成了公办、民办高校"二元结构"的社会资源配置方式，民办高校总体发展不成熟，民办高等教育的社会吸引力总体不足。为促进民办高校发展，保障民办高校师生发展权益，国家加大了对民办高校的扶持力度，从多方面解决制约民办高校发展的瓶颈问题。

（1）加大财政投入力度。各级人民政府要将财政扶持民办教育发展的资金纳入预算，并向社会公开，接受审计和社会监督，建立健全政府补贴制度，明确补贴的项目、对象、标准、用途，地方各级人民政府可按照国家关于基金会管理的规定设立民办教育发展基金，支持成立相应的基金会，组织开展各类有利于民办教育事业发展的活动。民办高校获得财政支持，符合国际私立高等教育惯例，也更加明确了我国民办高校的合法性地位，为民办高校办学奠定一定的财政基础，减轻民办高校的办学经济压力，改变"以生养学"的局面，一定程度上促进了高等教育均等化供给。

（2）全面保障民办高校学生合法权益。民办高校学生与公办高校学生同为

---

① 徐绪卿，王一涛. 论我国民办高等教育政策从"规范"向扶持的转型. 高等教育研究，2013，34（8）：45.

受教育对象，应享有各方面的同等权利，对学生权益的保障是学校长久办学的基础，也有助于提高民办高校的招生质量，改变社会对民办高校的认知。根据《国务院关于鼓励社会力量兴办教育促进民办教育健康发展的若干意见》文件精神，国家落实同等资助政策，公办高校与民办高校学生同等享受助学贷款、奖助学金等国家资助政策，民办高校应从学费收入中提取不少于 5%的资金，用于奖励和资助学生，民办高校学生在评奖评优、升学就业、社会优待、医疗保险等方面与同级同类公办学校学生享有同等权利。

（3）保障民办高校教师合法权利。教师是民办高校的生力军，教师质量直接关乎学校的办学质量，教师待遇是吸引优质教师资源的关键要素，民办高校相比于公办高校教师在待遇、职称评定、职业生涯发展等方面优势不足，民办高校教师队伍总体薄弱。《国务院关于鼓励社会力量兴办教育促进民办教育健康发展的若干意见》提出民办高校教师在资格认定、职务评聘、培养培训、评优表彰等方面与公办学校教师享有同等权利，应完善学校、个人、政府合理分担的民办高校教职工社会保障机制，民办高校应依法为教职工足额缴纳社会保险费和住房公积金，鼓励民办学校按规定为教职工建立补充养老保险，改善教职工退休后的待遇，为解决民办高校教师力量薄弱问题奠定基础，为民办高校发展释放活力。

（4）营造良好的社会氛围，对民办高校进行文化扶持。中央全面深化改革领导小组第二十三次会议通过了《民办学校分类登记实施细则》，中华人民共和国主席令第五十五号公布了《全国人民代表大会常务委员会关于修改〈中华人民共和国民办教育促进法〉的决定》，足以证明国家高度重视并大力扶持民办教育和发展民办高校的决心。这对于突破公办高校与民办高校的"二元身份文化"差别，使民办高等教育得到人民的认可具有重大意义。党的十八届三中全会确定要让市场在资源配置中发挥决定性作用，社会资本大规模投入民办高等教育表明社会对民办高等教育的态度比以往更加乐观，国际私立高等教育高质量发展的实践加速改变了我国社会对民办高等教育的认知。《国务院关于鼓励社会力量兴办教育促进民办教育健康发展的若干意见》提出，要按照国家有关规定奖励和表彰对民办教育改革发展有突出贡献的集体和个人，树立民办教育良好社会形象，努力营造全社会共同关心、共同支持社会力量兴办教育的良好氛围。

四、加大监管力度，规范民办高校办学行为

非营利性高校不得获取办学收益，即办学收益禁止分配。但获取经济利益是营利性高校的办学目标之一，具有一定办学自主权的营利性民办高校存在无限追求经济利益的风险隐患。为确保民办高校的公益导向，规范民办高校办学行为，需要进一步加大对民办高校办学的监督力度。

（1）监督主体多元化。国家权力机关、国家行政机关、司法机关、社会团体、人民群众及民办高校内部成员都成为民办高校办学的监督主体，监督更加透明开放。

（2）建立完整的民办高校监督制度，形成外部监督与内部监督并举的全方位监督体系。外部监督包括建立民办学校年度报告和年度检查制度、健全联合执法机制、建立违规失信惩戒机制、建立民办学校第三方质量认证和评估制度、建立民办学校信息强制公开制度等；内部监督包括完善民办学校财务会计制度、内部控制制度、审计监督制度等。完善的制度化监督体系为规避民办高校办学失范行为起到很好的警示作用。

（3）进一步细化民办高校监督内容。尤其是针对营利性民办高校专门出台了《营利性民办学校监督管理实施细则》，对营利性民办高校举办者、学校设立、民办学校组织机构、教育教学活动、财务资产、信息公开等内容进行细致全面的规定，规范民办高校权力运行过程、教育教学过程、信息公开过程，以促进民办高校诚信办学、规范办学，保障全体民办高校利益相关者利益，提高民办高校办学质量。

（4）加强党对民办高校的监督与管理。党对民办高校的监督也是一种不可或缺的监督形式，有助于降低民办高校，尤其是营利性民办高校的办学风险。《国务院关于鼓励社会力量兴办教育促进民办教育健康发展的若干意见》提出，健全党组织参与决策制度，积极推进"双向进入、交叉任职"，学校党组织领导班子成员通过法定程序进入学校决策机构和行政管理机构，党员校长、副校长等行政机构成员可按照党的有关规定进入党组织领导班子，学校党组织要支持学校决策机构和校长依法行使职权，督促其依法治教、规范管理。党组织要特别在民办高校举办者变更、安全稳定和风险防范等方面加强与董事会和行政管理机构的沟通协调，建立科学有效的利益协调机制、诉求表达机制、矛盾化解机制、权益保障

机制和舆情分析研判机制。①落实党的教育方针，强化思想政治教育，坚持党的全方位领导与监督，有助于保证民办高校的社会主义办学方向，保证民办高校的公益办学导向，最大限度规避民办高校贪污腐败及其他各类违法违规行为，降低民办高校办学风险，促进民办高校和谐稳定健康发展。

五、提高内部治理能力，提升民办高校育人质量

民办高校内部治理能力关涉民办高等教育核心竞争力，是民办高校办学质量提升的关键变量。坚持公益导向、关注民办高校学生的发展、关注学校长远规划、树立品牌发展理念应成为民办高校内部治理理念。教育是培养人的活动，民办高校应将人的发展作为学校治理活动的目的，将立德树人作为根本任务，坚持公益性导向。但就现实而言，被投资者掌控的董事往往会更加注重近期的规模扩张及市场占有份额的提升，对于长期的民办高校发展规划及教育管理活动则重视相对不够，走上"重短期经济效益，轻长远教育规划"的歧路②，这不利于民办高校长远发展。为规避民办高校治理的任意性，教师和学生作为民办高校重要的人员组成，应提高其治理参与度，通过共治关注并促进民办高校的长远效益的实现，通过树立品牌，实现民办高校长久健康发展。

提高民办高校内部治理能力，一是要依法治理。民办高校内部治理首先应该是依法治理，《中华人民共和国民办教育促进法》为民办高校治理提供了法律基础。民办高校要依法治校，制定学校章程，纠正长期存在的"人治"偏向及"逐利"倾向，依法依章运行。二是要加快现代学校制度建设。要完善民办高校法人治理结构，健全董事会和监事会制度，完善学校董事会和监事会组织建设；要求董事会与监事会成员组成合理，充分履行各自职能，坚持程序正义，董事会和监事会成员依据学校章程规定的权限和程序共同参与学校的办学和管理；要理顺各种权力关系，实现所有权、决策权、执行权、监督权相对分离，避免权力过于集中，避免实施"家族企业式"经营，实现民主管理、科学管理，保障全体民办高校利益相关者权益最大化。三是要增强民办高校的资源吸附能力。目前，民办高校招生层次比较低，生源质量相对较差，师资队伍建设任务繁重，资源吸附能力不足，形成了公办高校和民办高校"二元结构"的社会资源配置方式与"身份文

---

① 金成. 如何以法律防范民办高校风险. 光明日报，2016-12-26（11）.
② 韩玉亭. 民办高校内部治理机制的困境及出路. 高教发展与评估，2017，33（1）：23.

化"，民办高校总体发展还不成熟。因此，应建立公办高校和民办高校同等的"身份文化"，吸引优质教师资源，充分吸收民办高校可利用的外部资源，为民办高校内部治理能力现代化奠定雄厚的人力、物力、财力基础。完善民办高等教育治理体系，提高民办高校内部治理能力是民办高等教育走向现代化的条件，应通过治理变革提高民办高等教育治理效率，提高民办高校育人质量。

六、防范办学风险，促进民办高校健康发展

民办高校作为自筹经费、自负盈亏、自主办学的"顾客支持型"高等教育机构，具有与公办高校完全不同的市场运作逻辑。民办高校面临的外部市场不确定性较大、社会认可度有限，其自身的资本逐利性、资源有限性、历史短暂性、办学自主性，也使民办高校总体发展还不成熟。民办高校能获得的各类资源保障较少，应变能力不足，使其存在不容忽视的办学风险，主要有管理决策风险、财务风险、教育质量风险、政策风险、市场风险（生源市场风险、办学市场风险、就业市场风险）等，这些风险关乎民办高校的生存发展。[①]对此必须高度重视，加强防范，形成政府、社会、学校联动的风险防范机制。

《国务院关于鼓励社会力量兴办教育促进民办教育健康发展的若干意见》提出，各级人民政府要将发展民办教育纳入经济社会发展和教育事业整体规划，加强制度建设、标准制定、政策实施、统筹协调等工作。并要求强化部门协调机制，国务院建立由教育部牵头，中央编办、国家发展改革委、公安部、民政部、财政部、人力资源社会保障部、国土资源部、住建部、中国人民银行、国家税务总局、国家工商行政管理总局、中国银监会、中国证监会等部门参加的部际联席会议制度，协调解决民办教育发展中的重点难点问题。这对解决民办高校在税收、用地、教师编制、教师待遇等方面的问题具有重要意义，可以降低民办高校经营的外部风险。此外，民办高校要提高抗风险能力，必须树立风险经营意识，树立以人为本的长远发展理念，增强校长领导力，促成多主体协同参与学校决策，提高决策科学性，降低决策风险；必须完善学校资产管理和财务会计制度，增强预算合理性，加强对预算执行的监控与评估，实现资产有序扩张，合理控制负债规模，实施信息化财务管理，降低财务风险。教育教学质量是民办高校的生命线，必须杜

---

① 李钊. 民办高校办学风险防范研究. 华中科技大学博士学位论文，2008：1.

绝教育教学过程中的"偷工减料"行为，培养良好的校风学风，提高教师素质，开设适应产业发展需要的课程，更新优化教学过程，加强教学内部监督评估，切实提高人才培养质量，满足劳动力市场人才需求，降低民办高校教育质量风险。民办高校的社会信誉、人才培养质量直接关系学校招生、学生就业等核心问题，民办高校作为"顾客支持型"学校，合理配置教育教学资源以实现教育目标最大化，满足学生与劳动力市场的需求，并做好学校形象管理与市场营销成为民办高校发展的关键。因此，民办高校办学必须关注社会公益，诚信办学，全面提升学校社会形象，促进学生高质量就业，以降低民办高校在招生和毕业生就业方面的风险。与此同时，还必须加强社会对民办高校的支持力度。《国务院关于鼓励社会力量兴办教育促进民办教育健康发展的若干意见》提出，积极培育民办教育行业组织，支持行业组织在行业自律、交流合作、协同创新、履行社会责任等方面发挥桥梁和纽带作用；民办高校应积极加强与社会行业组织的合作，通过合作获取信息、获得发展机会；各类企业也应积极加强与民办高校的合作，利用民办高校办学优势，实施产教融合，满足企业在科学研究、技术创新方面的需求，实现校企双赢。在市场经济条件下，民办高校面临多重风险，只有提高民办高校的综合实力，认识风险、规避风险，才能实现可持续健康发展。

七、明确应用型办学方向，逐步形成品牌影响力

目前，我国高等教育适龄人口出现了明显的下降趋势，民办高校办学竞争压力增大。民办高校资源有限，招生层次较低，学生就业质量得不到保障，很多民办高校发展随波逐流。为降低竞争成本，不少民办高校热衷设置文科类短线专业；民办高校同质化发展和组织同形现象严重，办学特色不突出、不鲜明，面临较大的发展压力。"一带一路"倡议，"中国制造2025"，"互联网+"，"大众创业、万众创新"等的提出，为民办高校提供了新的发展机遇。民办高校应积极利用独特的资本优势，响应国家战略需求，服务区域发展，明确发展定位。不少民办高校都是地方普通本科高校，必须按照《教育部 国家发展改革委 财政部关于引导部分地方普通本科高校向应用型转变的指导意见》的要求，积极推进和实现转型发展。推进转型发展，必须明确应用型办学方向，定位于服务国家战略、服务区域经济发展，培养产业升级需要的新型人才；必须根据自身资本优势，培育特色优质学科，根据产业结构调整专业设置，课程内容对接产业标准，实施实践教学，

提供优质而差别化的高等教育服务，培养新产业需要的具有创新精神的高素质人才，创造更多的社会价值。

随着高等教育资源不断丰富和教育供给方式日益多元化，高等教育正逐步走出供给短缺时代，转入质量选择阶段，高校之间的竞争比以往任何时候都要激烈。①因此，坚持品牌战略成为民办高校生存发展的必然选择。品牌民办高校办学理念独特、基础建设较好、管理效率高、资源吸附能力强、人才培养质量佳，具有较大的社会影响力，品牌民办高校是大众接受民办高等教育的首选。近年来，在腾讯网"中国品牌实力民办高校"、网易网"就业竞争力高校"、新华网"大国教育之声社会影响力民办高校"、新浪网"中国品牌知名度民办高校"、中国互联网"深受学生欢迎民办高校"评选中，涌现出了一批品牌民办高校。陕西省作为我国民办高等教育的重要发源地之一，形成了民办高等教育"陕西现象"；伴随沿江沿海地区经济高速发展，浙江、上海、广东等地民办高等教育实现了跨越式发展，形成民办高等教育区域品牌，为全国民办高校发展提供了范例。民办高校的未来发展，必须重视品牌建设，要处理好教育的公益性和营利性的关系，坚持质量立校，服务社会，鼓励创新，走国际化发展道路，打造一批具有国际影响力和竞争力的民办高等教育品牌。

改革开放40年来，国家高度重视、积极鼓励、大力支持发展民办高等教育，民办高等教育取得了跨越式发展，为形成我国高等教育多元化供给格局作出了重要贡献。营利性与非营利性民办高校分类管理，为民办高校发展提供了良好的政策环境；加强党对民办高校的领导，保证了高等教育政治方向的正确；加大对民办高校的监管力度，规范了民办高校办学行为，提高了民办高校治理能力；建设品牌民办高校，促进了民办高校人才培养质量的提升，为实现教育现代化作出了重要贡献。

---

① 杨树兵，朱永新. 品牌建设：民办高校的战略选择. 中国高教研究，2007（3）：63.

第八章

学位与研究生教育改革和发展

　　研究生教育是高等教育中的最高层次教育，是高等教育体系的有机组成部分，是高等教育发展水平的重要标志。学位制度与研究生教育有着深刻关联。1978 年，我国恢复了研究生招生制度；1981 年，我国建立了具有中国特色的学位制度。这是我国教育史上的一件大事。[①]改革开放 40 年来，我国学位制度从无到有，研究生教育规模从小到大，人才培养能力从弱到强，整体上形成了相对健全的学位与研究生教育体系，走出了一条符合中国国情的发展道路，在人才培养、知识创新、社会服务、国际交流等方面取得了举世瞩目的成就，形成了中国学位与研究生教育改革和发展特色，积累了丰富的改革和发展经验。

---

　　① 中国学位与研究生教育发展报告课题组. 中国学位与研究生教育发展报告 1978—2003. 北京:高等教育出版社，2006：序.

第一节 学位与研究生教育改革和发展的进程

改革开放 40 年来，我国学位与研究生教育在对传统的继承和超越的基础上，规模从小到大，从弱到强，逐步推进。以我国学位与研究生教育重大政策的出台为依据，结合学位与研究生教育改革发展态势，可以将 40 年的学位与研究生教育改革发展进程分为恢复时期（1978—1980 年）、加快发展时期（1981—1985 年）、改革调整时期（1986—1998 年）、积极发展时期（1999—2012 年）、深化改革时期（2013 年至今）五个阶段。

一、学位与研究生教育恢复时期：1978—1980 年

1977 年，邓小平同志复出工作，我国教育和科研战线开始拨乱反正。同年 9 月 10 日，中国科学院向国务院报送了《关于招收研究生的请示报告》。11 月 3 日，经国务院批准，中国科学院与教育部联合发出《关于一九七七年招收研究生具体办法的通知》，标志着我国中止了 12 年之久的研究生教育制度得以恢复。1978 年 1 月，教育部在《关于高等学校 1978 年研究生招生工作安排意见》中明确指出，将 1977 年、1978 年两年的研究生招生工作合并于 1978 年进行，招收的研究生统称为 1978 级研究生。为了进一步明确管理责任、保证研究生教育质量，1978 年 8 月召开的全国研究生工作会议通过了《高等学校培养研究生工作暂行条例（修改草案）》，强调"高等学校招收和培养研究生的工作，由教育部统一规划和领导。

高等学校主管部门，应加强领导，总结经验"。到 1980 年，全国招收研究生的高等学校有 180 所，科研机构 120 个，在校生达 21 604 人。[①]1982 年，教育部增设了研究生教育司，进一步加强和完善了研究生教育的管理。

二、学位与研究生教育加快发展时期：1981—1985 年

由于研究生教育发展获得了新的生机，学位制度建设被再次提上日程。1979 年 2 月，由教育部部长蒋南翔主持，教育部和国务院科技干部局联合组织的"学位小组"拟定了《中华人民共和国学位条例（草案）》。1979 年 11 月，邓小平强调，"要建立学位制度，也要搞学术和技术职称"[②]。同年 12 月，《中华人民共和国学位条例（草案）》经全国人大常委会法制委员会全体会议审议后，又作了修改。1980 年 2 月 12 日，第五届全国人大常委会第十三次会议通过了《学位条例》，并于 1981 年 1 月 1 日起正式实施。《学位条例》是我国第一部经全国人大常委会批准的国家教育法律法规，也是改革开放后我国的第一部教育立法。《学位条例》的颁布和实施，使我国研究生教育制度与学位制度走向结合，推动了我国研究生教育的发展，标志着我国研究生教育开始走向正规化、制度化和现代化。

《学位条例》正式实施后，1981 年 5 月，《中华人民共和国学位条例暂行实施办法》也颁布实施，为改革开放初期我国学位与研究生教育制度建设奠定了基础和指明了方向。这一时期学位与研究生教育的快速发展主要表现在以下几方面。

（1）研究生教育规模得到了快速增长。1981 年我国研究生招生人数为 9363 人，1982 年为 11 080 人，1983 年为 15 642 人，1984 年为 23 181 人，1985 年为 46 871 人。[③]这一时期研究生教育规模的迅速扩大，一方面是因为学位制度建设为新生的研究生教育提供了制度平台；另一方面，也与国家扩大研究生教育规模的政策紧密相关。《1978—1985 年全国科学技术发展规划纲要（草案）》明确提出，争取 8 年内共培养研究生 8 万人。

（2）进行了两次学位授权审核，推进了学位授权单位和学科点建设。1981 年国务院审核批准博士学位授权单位 151 个，硕士学位授权单位 358 个；博士学

---

① 李煌果，王秀卿. 研究生教育概论. 北京：科学技术文献出版社，1991：15.

② 邓小平. 高级干部要带头发扬党的优良传统（一九七九年十一月二日）. 邓小平文选（一九七五—一九八二年）. 北京：人民出版社，1983：187-202.

③ 李盛兵. 研究生教育模式嬗变. 北京：教育科学出版社，1997：171.

位授权学科点 318 个，硕士学位授权学科点 3185 个。1984 年，新增博士学位授权单位 45 个，硕士学位授权单位 67 个；博士学位授权学科点 316 个，硕士学位授权学科点 1052 个。[①]

（3）形成了教学与科研相结合的专业化研究生教育新模式。《中华人民共和国学位条例暂行实施办法》强调研究生培养实行课程学习与科学研究相结合的方式，即教学与科研相统一。"这种培养研究生的方式，成为'文化大革命'后的中国研究生教育模式，标志着新的历史时期中国研究生教育模式的形成。"[②]

（4）建立了研究生院制度。1982 年 12 月，第五届全国人大第五次会议批准《中华人民共和国国民经济和社会发展第六个五年计划（1981—1985）》，正式提出"要试办研究生院"。1984 年 5 月，教育部向国务院建议，先在北京大学、中国人民大学、清华大学、北京航空学院、北京工业大学等 22 所高校试办研究生院。同年 8 月，经国务院批准，我国试办第一批研究生院。"'试办研究生院'，是中国研究生教育在 20 世纪 80 年代受到重视并获得较大发展的一个里程碑。"[③]

三、学位与研究生教育改革调整时期：1986—1998 年

20 世纪 70 年代末 80 年代初，世界第三次科技革命浪潮风起云涌，带动了社会生产力的变革和产业结构的调整，也对高层次人才产生了多样化需求。在长期高度集中的研究生教育管理体制下，我国研究生教育在学科结构、人才培养类型上相对单一，强调科研和教学型人才的培养，而忽视了应用型人才的培养。这些一度是我国研究生教育的特点和优势，但随着时势的变迁和时代的发展，逐渐显露出片面性和不合理性。研究生教育改革势在必行。1986 年 12 月 10 日，国家教委发出《关于改进和加强研究生工作的通知》，启动了学位与研究生教育管理体制的改革，改革深入研究生招生、培养、分配等各个环节，这标志着我国研究生教育开始突破传统的、单一的、重基础和理论的研究生教育框架，研究生教育发展进入一个新的时期。这一时期学位与研究生教育的发展主要表现在以下几方面。

（1）研究生教育宏观管理体制改革成绩显著。经过多方面的努力，这一时

① 谢桂华. 学位与研究生教育工作实践及思考. 北京：高等教育出版社，2002：68-71.
② 李盛兵. 研究生教育模式嬗变. 北京：教育科学出版社，1997：170.
③ 中国研究生院院长联席会. 探索与创新——中国研究生院建设与发展研究. 北京：高等教育出版社. 2006：48.

期，研究生教育发展基本打破了条块分割的科技管理体制和高等教育管理体制格局，逐步扩大了地方研究生教育的管理权和决策权，把适宜由地方职能机构和培养单位执行的任务和权力有步骤地下放，从而优化了研究生教育机构的隶属关系，提高了研究生教育的管理效率。例如，1998年国务院对并入国家经济贸易委员会的9个部委的91所高校进行了调整，将这些高校的研究生教育在隶属关系上也做了变动。这一改革使部门所属和地方所属的研究生教育培养单位之间的联系有所加强。

（2）建立了三级学位管理体制。伴随着教育体制改革的推行，国务院学位委员会也积极开展了全国学位授予单位的审核工作，以及学科门类、学位结构的调整工作，建立地方学位管理机构被提上了日程。经过几年的孕育和探索，1989年，国务院学位委员会第八次会议作出了在条件许可的省、自治区、直辖市试行建立省一级学位管理机构的决定，拉开了我国建立三级学位管理体制的序幕。从1991年开始，江苏、四川、上海、陕西、湖北、广东六省市先后建立了省级学位委员会。"省级学位委员会的建立，标志着我国学位的三级管理体制正在逐步形成。"①

（3）建立了学位与研究生教育管理中介机构。为适应学位与研究生教育管理体制的变革，这一时期国务院学位委员会也建立了学位与研究生教育管理中介机构，把更适宜于中介机构承担的职能和权力进行下放，推动了研究生教育管理的机制建设，提高了管理效率。1994年，国务院学位委员会在北京理工大学成立了"高等学校与科研院所学位与研究生教育评估所"；1996年，国务院学位委员会在清华大学成立了"全国学位与研究生教育发展中心"。

（4）设置了专业学位并将其制度化。这一时期，专业学位政策经历了孕育、形成和制度化三个阶段。1984年，清华大学等11所高校向教育部提交了《关于培养工程类型硕士生的建议》。后经教育部批复，工程硕士培养在相关学校开始试点，到1989年，各试点院校共招收工程类硕士研究生1400多人。②但直到1990年，我国才正式提出了专业学位这一概念。1990年，国务院学位委员会第九次会议通过了《关于设置和试办工商管理硕士学位的几点意见》，工商管理硕士成为我国研究生教育史上设置的第一个专业学位。1996年，国务院学位委员会第十四次会议审议通过了《专业学位设置审批暂行办法》，标志着我国专业学位政策走

---

① 周远清. 坚持"发展改革提高"的思路使学位与研究生教育体系不断适应社会需要. 中国高教研究，2001（5）：5-9.

② 刘惠琴，沈岩，张文修，等. 论工程硕士研究生教育的改革与创新. 清华大学教育研究，2004（3）：103.

向制度化。

（5）研究生教育模式走向多样化。伴随着学位与研究生教育体制改革的深化，研究生教育模式也突破了传统的专业型框架，走向了多样化。在培养模式上，学徒式、专业式、协作式研究生教育模式并存；在培养目标上，学术型与应用型并存；在培养形式上，全日制与非全日制培养并存。

四、学位与研究生教育积极发展时期：1999—2012 年

2000 年 1 月 13 日，《关于加强和改进研究生培养工作的几点意见》颁布实施，标志着我国学位与研究生教育进入积极发展时期。这一时期学位与研究生教育面临的问题进一步呈现，同时也出现了一些新问题。主要是适应社会主义市场经济体制的研究生教育发展的调节机制尚未完全建立；研究生培养规模还不能很好地满足社会发展对高层次人才的需要；研究生教育质量意识尚不强；研究生培养条件的改善相对滞后；研究生导师队伍建设需进一步加强；适合于培养高水平博士的生源不足；研究生培养制度、培养模式等还不能完全适用于人才的个性发展和创新能力的培养；专业学位研究生教学内容、教学方法及实践能力培养，与社会的实际需要还有较大的差距；等等。这一时期我国学位与研究生教育改革和发展主要集中在以下几方面。

（1）研究生教育实现了跨越式发展。跨越式发展主要体现在研究生招生规模上，1999—2003 年，我国硕士研究生招生规模年增长率为 30.9%，博士研究生招生规模年增长率为 26.6%。研究生教育在较短时期内实现了规模的大幅度增长，"政府的倡导，培养单位的积极参与，社会的欢迎，都为跨越式大发展提供了坚实的基础"①。

（2）推进研究生培养机制改革。1999 年以来，研究生教育的发展要求必须在规模扩张的同时，确保研究生教育质量的提高。为此，我国自 2006 年底开始，在包括北京大学、清华大学、浙江大学、武汉大学在内的全国 17 所高校试点实行研究生培养机制改革。2009 年 9 月，教育部办公厅下发《教育部办公厅关于进一步做好研究生培养机制改革试点工作的通知》，各省（自治区、直辖市）属高校开始启动研究生培养机制改革试点。"全国先后有 16 个省市将'推进（或深化）

---

① 王战军，廖湘阳. 关于我国研究生教育"积极发展"的战略的思考. 学位与研究生教育，2001（4）：4.

研究生培养机制改革'列入本省 2010—2020 年中长期教育改革和发展规划纲要。"①研究生培养机制改革的目标是提高研究生教育质量，改革的关键是落实导师资助责任制，改革的主要内容是教育成本分担。研究生培养机制改革是该时期研究生教育改革的重要路径选择②，并为后续研究生教育综合改革的启动奠定了良好基础。

（3）注重建立有效的研究生教育发展与调节机制，优化了学位与研究生教育结构。首先是建立和形成了主动适应社会需要的调节机制，扩大了研究生培养单位的办学自主权。其次是深化了学位授权审核制度改革，扩大了省级政府对本地区学位授予单位及学位授权学科布局的统筹权。再次是进行了研究生教育的结构性调整，优化了学科结构、层次结构、学位类型及地区布局等。上述三方面的工作相对独立，又相辅相成。其中，2007 年 1 月，国务院学位委员会第二十三次会议把加强专业学位人才培养工作列入工作重点，提出要适应社会经济发展需要，积极发展专业学位教育，做好宏观设计和总体规划，这对专业学位研究生教育的发展产生了深远影响，优化了学位与研究生教育的人才培养类型结构。2011年印发的《学位授予和人才培养学科目录（2011 年）》，则是建立动态调整机制、优化学科结构的一项重要举措，对推动学位授权审核办法改革，扩大学位授予单位办学自主权具有重要意义。

五、学位与研究生教育深化改革时期：2013 年至今

2013 年 3 月，教育部、国家发展改革委、财政部联合下发《教育部 国家发展改革委 财政部关于深化研究生教育改革的意见》。2013 年 7 月 10 日，全国研究生教育工作暨国务院学位委员会第三十次会议在京召开，国务院副总理刘延东出席会议，并作了题为"深化改革 提高质量 推进研究生教育内涵式发展"的重要报告。上述意见与报告是对 2013 年以后的研究生教育改革和发展进行的整体性改革部署，明确了改革指导思想，即全面贯彻党的教育方针，把立德树人作为研究生教育的根本任务；坚持走内涵式发展道路，以服务需求、提高质量为主线，以分类推进培养模式改革、统筹构建质量保障体系为着力点，更加突出服务经济

---

① 郑飞中，吕建新，刘洁. 地方高校深化研究生培养机制改革的路径选择. 教育研究，2016（5）：77.

② 来茂德，沈满洪，陈凯旋. 培养机制改革，新时期研究生教育改革的路径选择. 学位与研究生教育，2007（12）：1.

社会发展，更加突出创新精神和实践能力培养，更加突出科教结合和产学结合，更加突出对外开放，为提高国家创新力和国际竞争力提供有力支撑，为建设人才强国和人力资源强国提供坚强保证①。这标志着我国学位与研究生教育进入了深化改革时期。2013年以来，我国学位与研究生教育改革和发展主要集中在以下几方面。

（1）深化研究生教育综合改革。2013年以来，财政部、国家发展改革委积极推动投入机制和资助机制改革；人力资源社会保障部联合推进专业学位研究生教育与职业资格的衔接；中华人民共和国国家卫生和计划生育委员会同教育部等六部门推进医教协同；中华人民共和国科学技术部、国家自然科学基金委员会合力加大对研究生参与科研的支持力度。研究生教育改革已初步形成了多方参与、协同配合、综合推进的良好局面，研究生教育综合改革已成为研究生教育的主基调。②

（2）强化质量保障体系建设。2014年1月，国务院学位委员会、教育部联合下发《国务院学位委员会　教育部关于加强学位与研究生教育质量保证和监督体系建设的意见》，推动了研究生教育质量保障体系建设，促进了管办评分离，进一步明确了以研究生和导师为核心，以学位授予单位为重心的多主体质量保障体系的职责分工。2014年11月，全国研究生教育质量工作会议暨国务院学位委员会第三十一次会议召开，这是改革开放以来以质量为主题召开的第一个全国性研究生教育会议。会议首次系统阐述了科学质量观：一是解决好培养什么人、为谁培养人的问题；二是处理好规模与质量的关系；三是统筹好服务需求与优化结构的对接；四是把握好既要借鉴，又要弘扬的要求。围绕质量保障体系建设，2012年11月，教育部印发了《学位论文作假行为处理办法》，这是教育部颁布的首部处理学术不端行为的部门规章；2014年1月，国务院学位委员会、教育部下发《学位授权点合格评估办法》，启动了6年一轮的学位授权点合格评估工作。

（3）专业学位研究生教育改革全面深化。一是深化专业学位研究生培养模式改革，如教育部、人力资源社会保障部下发的《教育部　人力资源社会保障部关于深入推进专业学位研究生培养模式改革的意见》明确提出要以职业需求为导向，以实践能力培养为重点，以产学结合为途径，建立与经济社会发展相适应、

---

① 黄宝印. 适应发展新常态 全面深化研究生教育改革 全面提高研究生教育质量. 学位与研究生教育，2015（12）：2.

② 《学位与研究生教育》编辑部. 聚焦质量 谋划改革 推动内涵发展——全国研究生教育质量工作会议暨国务院学位委员会第三十一次会议综述. 学位与研究生教育，2015（1）：25.

具有中国特色的专业学位研究生培养模式。二是优化专业学位授权点结构，如2014年国务院学位委员会审核新增了1209个专业学位授权点，撤销了136个专业学位授权点。三是制定专业学位研究生培养标准，如2015年7月，全国专业学位研究生教育指导委员会按照专业学位类别编写了《专业学位类别（领域）博士、硕士学位基本要求》，为专业学位研究生培养进一步明确了标准和规范。

（4）统筹推进世界一流大学和一流学科建设。2015年10月24日，国务院印发《统筹推进世界一流大学和一流学科建设总体方案》，要求按照"四个全面"战略布局，坚持以中国特色、世界一流为核心，以立德树人为根本，以支撑创新驱动发展战略、服务经济社会为导向，加快建成一批世界一流大学和一流学科。围绕"双一流"建设，国务院学位委员会办公室也进一步加强了学位授权审核工作，既注重宏观规划，也加强动态调整，并进一步简政放权，积极转变管理方式，推动研究生培养单位的自我约束、自我发展。

第二节　学位与研究生教育改革和发展的成就

改革开放40年来，在党和政府的正确领导下，我国学位与研究生教育得到空前发展，取得了显著成绩，建立了相对完善的学位与研究生教育体系，使我国步入了世界研究生教育大国行列，提升了高等教育整体水平，支持了国家发展的重大战略。

一、建立并完善了学位与研究生教育体系

1978年以来，我国通过持续的制度建设，逐步建立了相对完善的学位与研究生教育体系，尤其在学位制度、管理体系、研究生院制，以及相关组织和机构建设方面成绩斐然，为学位与研究生教育的改革和发展提供了强有力支持。

1. 三级学位制度

第五届全国人大常委会第十三次会议通过的《学位条例》是改革开放以后第一部教育立法。它明确规定我国实行学士、硕士、博士三级学位制度，标志着我

国学位制度开始规范化运行。1981 年 5 月 20 日，国务院批准了《中华人民共和国学位条例暂行实施办法》，对学位评定委员会职责及学位授予标准、学位课程及学位论文水平等均给予了明确、详细的规定。20 世纪 90 年代初，我国又引入专业学位，经过多年发展，目前已经建立了含 40 种硕士专业学位、6 种博士专业学位在内的专业学位制度，基本形成了门类相对齐全、覆盖面广泛，且具有一定规模的专业学位研究生培养体系。

在三级学位制度下，国家不断完善学科与专业目录设置，优化学位授权审核，完善学位授予程序。经过 40 年的发展，目前我国学位制度已经基本成型，体系较为完备。

2. 三级管理体制

自改革开放恢复研究生招生和建立学位制度以来，我国学位与研究生教育管理体制大致经历了从中央高度集中管理到地方和培养单位逐步分权管理的发展过程，目前基本形成了中央、地方和培养单位三级管理的格局。

在改革开放初期，学位与研究生教育的管理权限主要集中在教育部和国务院学位委员会，当时教育部还增设了研究生教育司，以加强和完善研究生教育管理。中央政府不但制定了研究生教育的方针、政策，而且对研究生教育的招生、培养、分配、管理实行直接领导。科研机构和高等院校的上级管理部门的主要职能是组织和落实中央政府的方针决策。

随着省级学位委员会和相关机构的建立，以及培养单位研究生培养经验的积累和培养能力的提高，学位与研究生教育管理重心逐步转移到地方政府和培养单位，中央政府管理权限逐渐从过去的集中计划和直接管理转向宏观统筹，更多地采取立法、评估、拨款和提供信息服务等方式进行调控引导；地方政府的统筹权逐步增强，培养单位的自我调节和自我约束机制也不断完善。

20 世纪 90 年代以后，地方政府对本地区的研究生教育的统筹作用得到进一步强化，在经费投入、硕士学位点审批、博士学位点和学位授予单位审核等方面，越来越强调研究生教育发展与当地经济社会发展对接，促进了当地研究生培养单位学科结构和学位授权体系的完善。尤其是近年来，伴随着学位与研究生教育简政放权力度的加大，如取消国家重点学科评选等，我国学位与研究生教育三级管理体制日趋成熟和完善。

3. 研究生院制

我国高等院校研究生院的设置是在 20 世纪 80 年代初被提上日程的。1984 年 8 月,经国务院批准,教育部发布了《关于在北京大学等二十二所高等院校试办研究生院的通知》,同时印发了《关于在部分全国重点高等院校试办研究生院的几点意见》。1995 年,国家教委制定并下发了《研究生院设置暂行规定》,对设置研究生院的高等学校应当具备的条件、研究生院应当履行的职责等都作了明确规定。经先后五次批准高等院校设置研究生院,到 2003 年,我国共有 56 所高校设置了研究生院。

2012 年,按照国务院统一部署,根据《国务院关于第六批取消和调整行政审批项目的决定》,教育部的高等学校设立、撤销、调整研究生院审批权正式取消。虽然研究生院的审批权取消了,但研究生院制在我国学位与研究生教育发展中发挥了重要作用,极大地推动了学位与研究生教育的发展。以 2002 年数据为例,当时设有研究生院的大学在校硕士研究生占全国在校硕士研究生总数的 55.4%,在校博士研究生占全国在校博士研究生总数的 78%,科研经费占全国高校科研总经费的 60%,国家重点学科数占全国高校重点学科总数的 75.2%。[①]在我国学位与研究生教育发展史上,研究生院制事实上已经深深地内化为学位与研究生教育体系的重要构成。目前,具有较大研究生培养规模、学科体系较为健全的研究生培养单位,通常都设有研究生院。

4. 相关组织和机构

为更好地完善学位与研究生教育体系,我国逐渐建立起学位与研究生教育相关组织和机构。这些组织机构既有全国性质的,也有地方性质的;既有官方层面的,也有民间层面的;既有行政机构,也有学术团体。代表性的组织和机构主要有教育部学位与研究生教育发展中心、中国学位与研究生教育学会、全国专业学位教育指导委员会、中国研究生院院长联席会、地方学位委员会办公室主任联席会议等。这里主要介绍前三个组织机构。

教育部学位与研究生教育发展中心,前身是成立于 1999 年的全国学位与研究生教育发展中心。2003 年,全国学位与研究生教育发展中心升级为教育部学位

---

① 中国学位与研究生教育发展报告课题组. 中国学位与研究生教育发展报告 1978—2003. 北京:高等教育出版社,2006: 13—14.

与研究生教育发展中心。该中心是教育部直属事业单位，在教育部和国务院学位委员会的领导下开展工作，具有独立法人资质。

中国学位与研究生教育学会于 1994 年成立，是由依法从事学位与研究生教育工作的企事业单位、社会组织和个人组成的全国性、学术性、非营利性的社会组织。中国学位与研究生教育学会接受业务主管单位教育部、社团登记管理机关民政部的业务指导和监督管理。该学会主要开展学术交流、调研、咨询和培训等活动，不断总结经验、探索规律、推动改革、提高质量，促进我国学位与研究生教育事业的可持续发展，更好地服从、服务国家发展战略目标。①

全国专业学位教育指导委员会是由国务院学位委员会、教育部与专业学位教育的有关业务指导部门联合成立的专业性组织。每类专业学位都设有专门的全国专业学位教育指导委员会。委员会由相关的专家和领导组成，主要任务是研究本专业学位教育中的共性问题，协助政府加强对本专业学位研究生教育的指导与协调。

二、我国步入研究生教育大国行列

我国研究生教育自 1978 年恢复招生以来，规模得到显著增长，质量得到显著提升。经过 40 年的改革发展，我国已发展成为世界研究生教育大国，培养实力显著增强。

1. 研究生教育规模稳步扩大

改革开放初，我国研究生教育处于恢复发展期。1982 年，我国研究生招生数仅有 1.1 万人，在校研究生数为 2.6 万人，当年全国授予硕士和博士学位的研究生只有 0.6 万人。1981 年《学位条例》实施后，研究生教育规模得到快速增长，博士和硕士研究生招生规模分别从 1982 年的 302 人和 10 778 人，增加到 1985 年的 2633 人和 44 238 人。②随后，由于研究生教育规模快速扩大给导师数量、教学资源、科研经费等带来了严峻挑战，此后一段时期内，培养规模有所收缩。但 1992 年以后，伴随着市场经济体制的确立，尤其 1998 年以后我国高等教育由精英型向大众化的过渡，我国研究生教育规模得到迅速扩大。1998 年，我国硕士研

---

① 中国学位与研究生教育学会. 中国学位与研究生教育学会简介. [2018-03-01]. http://www.csadge.edu.cn/column/xhjj.

② 国家教育委员会计划财务司. 中国教育成就统计资料 1980—1985. 北京：人民教育出版社，1986：42.

究生招生人数为 57 300 人，博士研究生招生人数为 14 962 人，到 2004 年，我国硕士研究生招生人数为 27.30 万人，博士研究生招生人数为 5.33 万人①。近年来，研究生规模依然保持相对稳定的增长。截至 2016 年，在学研究生人数达到 198.11 万人，授予博士、硕士学位人数达到 56.39 万人，分别比 2012 年增长 15% 和 16%，我国已经成为世界排名第二的研究生教育大国。②根据教育部、国务院学位委员会印发的《学位与研究生教育发展"十三五"规划》，我国研究生培养规模将保持适度增长，争取到 2020 年，千人注册研究生数达到 2 人，在学研究生总规模达到 290 万人。专业学位硕士研究生招生占比达到 60% 左右。

2. 研究生培养能力显著增强

伴随着我国研究生教育规模的显著扩大，研究生培养能力也在持续增强。我国已经形成了学科门类比较齐全、结构较为合理的研究生培养体系。截至 2016 年，全国有研究生培养单位 793 个、学科 11 328 个。教育部学位与研究生教育发展中心开展的第四轮学科评估结果显示，参加这次评估的专任教师总数为 51 万人，其中，具有海外交流经历的教师占比 29%；拥有正高级以上职称的教师人数为 15 万人，其中，年龄在 45 岁以下的中青年教师 9 万人，约占正高级专任教师总数的 61%，研究生教育师资队伍具有强劲的后发优势。从科研经费来看，各参评学科获得国家级竞争性科研经费 5097 亿元，其中，自然科学科研经费达到 4771 亿元、人文社会科学科研经费达到 326 亿元。高校是各类科研项目的主要承担单位，以国家自然科学基金项目为例，高校占 80% 以上，依托高校建设的国家重点实验室占总数的 60% 以上。从首次面向用人单位的调查的结果来看，用人单位对研究生的整体满意度高达 98%。对在校研究生导师指导情况满意度的调查显示，在校研究生对指导教师"潜心教学和科研、认真教书育人"的结果普遍持肯定态度，全国参评高校学生对导师培养的满意度接近 93%。③

---

① 中国学位与研究生教育发展报告课题组. 中国学位与研究生教育发展报告 1978－2003. 北京：高等教育出版社，2006：24.

② 中国新闻网. 教育部：中国已成为世界排名第二的研究生教育大国. (2017-12-28) [2018-03-01]. http://www.chinanews.com/gn/2017/12-28/8411424.shtml.

③ 中国学位与研究生教育信息网. 学科建设与国家发展同步共频——党的十八大以来学科建设情况综述. [2018-03-01]. http://www.cdgdc.edu.cn/xwyyjsjyxx/xkpgjg/283571.shtml.

三、提升了我国高等教育整体水平

研究生教育是我国高等教育的最高层次。研究生教育的快速发展既是高等教育发展的应有之义，也对高等教育的发展产生了深远影响，提升了高等教育的整体水平，更为当前"双一流"建设提供了强有力的支撑。

1. 支持了高校师资队伍建设

教育大计，教师为本。提高高等教育质量的关键在于教师。改革开放初，我国高校师资力量相当薄弱。因此，当时我国研究生教育的主要培养目标就是培养师资型研究生。1985 年，约有 58.5%的毕业研究生留在部属院校任教（表 8-1）。大批研究生进入高校，优化了我国高校师资队伍结构。1990 年，我国高校专任教师学历结构中博士学历专任教师为 3882 人，占专任教师总数的比例仅为 1%；硕士学历专任教师为 73 467 人，占专任教师总数的比例仅为 18.6%。到 2014 年，博士学历专任教师为 313 943 人，占专任教师总数的比例为 20.05%；硕士学历专任教师为 559 720 人，占专任教师总数的比例为 35.74%。[①]这表明我国高校专任教师学历层次和结构得到了明显的提升和优化，高校师资队伍整体水平显著提高。

表 8-1　1985 年毕业研究生就业去向

毕业研究生去向	人数/人	占毕业研究生总数的百分比/%
部属院校任教	1947	58.5
其中：留本校	1668	50.1
校际交流	279	8.4

资料来源：1985 年教育部学生管理司工作简报

2. 推动了高校学科建设和发展

研究生教育的发展尤其是研究生教育质量的提高，其先决条件就是加强学科建设。同时，研究生教育的发展也有利于学科建设的发展。[②]学位点的申报、建设、评估，与学科建设之间本质上互为联系、相辅相成。学位与研究生教育事业的发展，为高校学科建设提供了源源不断的动力和支撑，推动了高校学科建设的

---

① 数据来源于 1990—2014 年《中国教育统计年鉴》。
② 眭依凡. 论研究生教育与学科发展之关系. 江苏高教，1998（4）：47-48.

发展。中国科学技术协会发布的《2014—2015学科发展报告综合卷》显示：近年来，我国学科建设取得了一批重要成果，整体水平得到大幅度提升，许多关键科学技术指标进入世界前列，一些学科已经处于世界领先地位，在国际上具备较强的影响力。我国22个学科领域高质量的研究成果数量显著增长，其中化学、物理学、工程科学、材料科学和临床医学领域发表的国际科技论文数量均超过了10万篇，化学领域成果尤为突出，达到了30多万篇；此外，生物及生物化学领域、地球科学和计算机科学等领域的成果也非常可观。截至2015年，从发表论文数量排名来看，在22个学科领域中，我国17个领域位于世界前五，其中，我国化学和材料科学领域位于世界第一。

3. 促进了研究型大学群体的发展

我国学位与研究生教育事业的发展，与研究型大学群体的兴起是同频共振、同向而行的。从一定意义上说，我国学位与研究生教育从无到有、规模从小到大的过程，也是我国研究型大学群体逐步形成和扩展的过程。学位研究生教育在研究型大学中占据着重要位置，在人才培养、科学研究方面发挥着举足轻重的作用。我国研究型大学主要集中在国家批准设立的有研究生院的高校，而这些高校又主要集中为"985工程"或"211工程"高校。到2000年，我国高校中科研经费超过2亿元的高校有16所，超过1亿元的高校有39所。这些高校约占我国普通本科高校的1/10，获得的科技经费约占全国高校科研总经费的60%，培养了我国80%的博士（这一比例与美国研究型大学培养的博士比例相当）。[1]学位与研究生教育事业的发展，强有力地促进了研究型大学水平的提升。2017年，英国QS世界大学排名中，我国有7所大学进入200强。[2]在"世界大学学术排名"（Academic Ranking of World Universities，ARWU）中，我国大学在学术研究上进入世界500强的数量快速增长。2004年，我国入围世界500强的大学只有8所；到2012年，有27所大学进入世界500强，都是"985工程"大学。[3]学位与研究生教育和研究型大学的同频共振，为今天的"双一流"建设奠定了坚实的基础。

---

① 中国学位与研究生教育发展报告课题组. 中国学位与研究生教育发展报告 1978－2003. 北京：高等教育出版社，2006：47.

② 未含港澳台数据，下同。

③ 中国政府网. 重点建设成绩显著 学科建设创造辉煌 我国高水平大学建设迈上新台阶 建设世界一流大学仍是长期艰巨任务.（2013-08-13）. http://www.gov.cn/gzdt/2013-08/13/content_2466 038.htm.

四、支持了国家发展重大战略

研究生教育作为国民教育的顶端，是高层次拔尖创新型人才的主要来源。学位与研究生教育事业的发展，与国家发展战略紧密联系，息息相关。它对于增强国家综合国力和国际竞争力，推动我国从人力资源大国向人力资源强国转变都起到了重要推动作用。

1. 服务科教兴国战略——知识创新的前沿阵地

1996 年，第八届全国人大第四次会议正式批准了《中华人民共和国国民经济和社会发展"九五"计划和 2010 年远景目标纲要》，把"科教兴国战略"作为我国的一项基本国策。1997 年，党的十五大进一步把"科教兴国战略"确定为跨世纪的国家发展战略。为适应科教兴国战略，1999 年 1 月，国务院批准转发了《面向 21 世纪教育振兴行动计划》；2000 年，"为贯彻全国教育工作会议精神，落实党中央、国务院确定的科教兴国战略，实施《面向 21 世纪教育振兴行动计划》，适应国家经济建设、科技进步和社会发展对各类高层次人才的需求"，教育部发布了《关于加强和改进研究生培养工作的几点意见》，进一步促进研究生教育的发展。研究生教育在加强基础科学研究、促进知识创新、加速国家创新体系建设等方面都发挥了重要作用，为科教兴国战略的实施提供了重要的支撑。目前，在面向国家需求的科技前沿领域，学科自主创新能力不断提升，研发能力不断增强，如在光学成像、量子隐形传态、干细胞、智能控制、高强度氮化硼、半浮栅晶体管、超级计算机等领域，学科建设取得了一批领跑世界的原创性研究成果。其中，物理学学科在国际上首次实现多自由度量子体系的隐形传态，其应用成果"墨子号"量子科学实验卫星，已实现千公里级的星地双向量子纠缠分发，完成了史上首次洲际量子保密通信视频通话，走在了世界长距离、超安全量子通信的最前沿。

2. 服务人才强国战略——高端人才培养的主渠道

2000 年，中央经济工作会议首次提出"要制定和实施人才战略"。在实施人才强国战略过程中，高层次人才队伍建设处于举足轻重的地位。研究生队伍是国家发展和进步的人才库与智力库，研究生教育发展直接影响我国人才强国战略的制定与实施。伴随着人才强国战略的提出和实施，我国也加快了研究生教育的发展速度。2005 年，教育部副部长吴启迪在第三届中国学位与研究生教育学会会员大会开幕式上作了《发展研究生教育 实施人才强国战略》的讲话，提出进一步"巩固成果，深化改革，提高质量，持续发展，办好让人民满意的研究生教育，培养数以千万计的专门人才和一大批拔尖创新人才，把巨大的人口压力转化为丰富的人力资源优势"[1]。我国培养的一大批研究生已经成长为各行各业的精英，"中国天眼"FAST 工程首席科学家南仁东、歼-20 第四代战斗机总设计师杨伟、"天河一号"研发科学家孟祥飞、全球首位深海下潜女潜航员张奕、中国探月工程总指挥栾恩杰等就是其中的典型。

3. 服务创新驱动发展战略——经济提质增效的重要支撑

研究生教育在创新驱动发展战略方面也肩负着重大的历史使命。研究生教育是国家人才竞争和科技竞争的集中体现，是建设创新型国家的核心要素之一。研究生教育作为教育、科技的最佳结合，是拔尖创新人才培养的主要途径，对于推动经济保持中高速增长、迈进中高端水平起到了有力的支撑作用。党的十八大以来，各高校发挥学科优势，深入研究产业升级、基础设施建设的关键问题，服务社会需求和国家重大战略，服务重大基础设施建设，解决中国发展面临的实际问题。尤其是近年来，我国在能源环境、生命科学、交通运输工程等一批与国计民生密切相关的科学技术领域取得突破，科技应用转化速度不断加快。例如，中医学学科在国内率先提出中成药二次开发研究策略，有力推动了中药产业技术升级换代；针对大气环境治理，材料科学与工程学科研发出高效过滤 PM2.5 的新型材料，重度雾霾天气下 PM2.5 的过滤效率超过 96%；交通运输工程学科完成了高速列车动力学参数设计和整车动力学性能验证与优化，创造了 600 千米/小时高速列车整车滚动振动试验领域的世界纪录。

第三节　学位与研究生教育改革和发展的特色

改革开放 40 年来，我国学位与研究生教育既立足国情积极探索，又积极借

---

[1] 吴启迪. 发展研究生教育 实施人才强国战略. 学位与研究生教育，2005（1）：1.

鉴发达国家经验，在学位制度、管理体制、培养模式、学科建设等方面逐渐形成了自身特色，并得到国际高等教育界的普遍承认。

一、学位制度的特色

1. 学位与研究生教育并行

改革开放后，我国在较短时间内恢复了研究生教育，但学位制度直到 1981 年才开始正式实施。基于当时特殊的历史条件，我国学位制度与研究生教育从一开始就既相对独立又相互关联。1980 年，我国设立了国务院学位委员会，负责领导和管理全国学位工作；1982 年，教育部成立研究生教育司，集中管理全国研究生教育工作。此后，学位与研究生教育在机构设置上虽然有所变动，但"并行模式"并没有改变。2004 年，教育部成立了学位管理与研究生教育司，与国务院学位委员会办公室合署办公。至此，学位与研究生教育管理格局呈现出并行与整合态势。我国学位与研究生教育这种并行管理体系一直持续至今，形成了具有中国特色的学位与研究生教育管理体系。学位工作一般包括学位授予、学位类型设置、学位授权审核、学位管理、学位授予质量评价、授予学位的学科专业目录管理等；而研究生教育工作一般包括研究生招生和就业、研究生培养、导师队伍建设、研究生论文答辩、研究生教育质量评估、研究生思想教育等。[①]实践证明，这种模式对于推动我国学位与研究生教育事业的发展起到了重要作用，是我国学位与研究生教育制度的特色之一。

2. 学术评议与行政审批相结合

学术评议与行政审批相结合的学位授权审核制度，是我国学位制度的又一特色。我国学位制度实施伊始，就建立起了具有中国特色的、严格的学位授权审核制度。学位授予单位由国家、省（自治区、直辖市）学位委员会审核后授权，未经授权，任何单位不得自行授予学位；同时，国务院学位委员会按照大学科的分类，设立学科评议组，在学位授权审核中负责学术评议工作。高等学校、科研机构及其学科、专业要培养研究生，必须首先经过国务院学位委员会组织的同行专家的严格评审，取得学位授予单位资格及在相应学科、专业上的学位授予权。这

---

① 陆叔云. 对《学位与研究生教育》期刊的创办、定位、名称等问题的回顾与思考. 学位与研究生教育，2009（7）：9.

种学术评议与行政审批相结合的学位授权审核制,对于优化学位与研究生教育结构,保证研究生培养质量具有重要作用。近年来,国家进一步优化学术评议与行政审批相结合的学位授权审核制度,建立学术型学位授权点动态调整机制,鼓励培养单位根据经济社会发展需求和自身特色,按规则自主调整学位授权点;同时改革专业学位授权审核制度,不再把拥有学术型学位授权点作为增列专业学位授权点的先决条件,允许符合条件的培养单位直接申请增设专业学位点。这些都彰显了学术评价与行政审批相结合的制度优势,体现了学位授权审核制度的灵活性和特色。

3. 硕士学位作为独立学位层级

我国设有学士、硕士和博士三级学位,这与美国等发达国家是一致的。但与美国等国家将硕士学位作为过渡性学位的做法不同,我国的硕士学位一直是独立的学位层级。在我国改革开放初期,很多学科中的教学科研工作主要由硕士研究生来承担。因此,在建立学位制度之初,硕士学位就是作为学位结构中的一级独立学位来设计,硕士学位研究生教育也非常看重科研能力培养。攻读硕士学位的研究生不仅要学习学位课程,还要从事科学研究,撰写学位论文。相比于国外的过渡性学位而言,我国的硕士学位一般学制较长、学术水平要求较高。根据《学位条例》,只有通过硕士学位的课程考试和论文答辩,成绩合格,且在本门学科上掌握坚实的理论基础和系统的专门知识,具有从事科学研究工作或独立担负专门技术工作能力的人,才能够被授予硕士学位。由此可见,独立的学位层级和较高的学术水平要求,是我国硕士学位的重要特征。

二、管理体制的特色

我国学位与研究生教育管理体制具有显著的中国特色。改革开放以来,经过持续调整和完善,目前我国基本形成了以中央和地方两级政府的领导、管理和统筹为前提,以培养单位面向社会、自主发展和自我调节为核心的学位与研究生教育管理体制。

1. 组织结构——两套系统、五级层次

我国学位与研究生教育在组织体系上呈现出"两套系统、五级层次"的特

征。① "两套系统"指横向上分为研究生教育管理系统和学位管理系统，即前文所述的学位与研究生教育并行的管理体系，这既体现在中央政府层面，也体现在地方政府层面；学位管理与研究生教育管理两套系统既相互独立，又相互联系，但在培养单位层面，这种并行关系并不明显，而是比较紧密地结合在一起。"五级层次"指纵向上分为系（所）、学院、培养单位（大学和研究机构）、省级政府和中央政府五个基本层次。我国大多数高校都具有校、院、系（所）三级组织，其中系（所）是最基本的组织单位。如果自下而上进行管理层次划分，则主要包括培养单位内部三级层次，以及地方政府和中央政府两级层次。但由于培养单位隶属关系不同，管理层次也呈现出差异性。隶属于地方政府的培养单位，其管理层次五级特征较为明显；而隶属于中央部委的培养单位，其管理层次则通常只有四级。

2. 管理方式——行政为主、形式多样

"两套系统、五级层次"使得我国学位与研究生教育管理呈现出行政为主、形式多样的特征。在政府层面，其主要集中表现为对学位与研究生教育的管理、调控和统筹。中央政府对研究生的管理和调控，主要通过立法、规划、计划、审批、拨款、检查、评比、政策引导等来进行。例如，《学位条例》是最重要的立法；《学位与研究生教育发展"十三五"规划》则是 2017 年以来学位与研究生教育的总体设计。省级政府除了配合中央政府做好相关统筹管理外，还根据自身的职责和权限划分，通过行政、经费、评估、服务等手段加强对培养单位的管理，如制定学科建设和研究生教育发展规划、进行硕士学位点的动态调整、组织学位论文抽检、开展专项项目建设等。在培养单位层面，不同类型和层次的培养单位，对学位与研究生教育的管理和调节手段各有特点，常见的管理方式主要表现为目标管理、经费总额动态包干、学科特区等。②以经费总额动态包干为例，学校对资金实行统一领导、集中核算、定额下拨，学院则统筹兼顾、超支不补、节余留用。这通常成为学校调节学院发展的强有力的杠杆。

---

① 中国学位与研究生教育发展报告课题组. 中国学位与研究生教育发展报告 1978－2003. 北京：高等教育出版社，2006：117.

② 中国学位与研究生教育发展报告课题组. 中国学位与研究生教育发展报告 1978－2003. 北京：高等教育出版社，2006：121.

三、培养模式的特色

1. 坚持立德树人政治标准

我国不仅将学位作为被授予者所受教育程度和学术水平的标志，还明确强调了人才培养的政治标准。"我国建立和完善学位制度，始终以中国特色社会主义理论为指导，全面贯彻落实党的教育方针，实行德智体美全面发展、理论与实践相结合的学位授予标准，重视思想政治教育和品德要求，培养社会主义事业建设者和接班人。"①《学位条例》第二条也指出："凡是拥护中国共产党的领导、拥护社会主义制度，具有一定学术水平的公民，都可以按照本条例的规定申请相应的学位。"因此，坚持立德树人的政治标准，是我国研究生培养的重要特色。为了落实拥护中国共产党的领导、拥护社会主义制度的政治标准，我国还将立德树人作为研究生培养的根本任务，坚持将思想政治工作贯穿教育教学全过程，实现全员、全过程、全方位育人。例如，在研究生培养方案中，政治理论课作为必修课是我国研究生培养环节的重要特色。

2. 导师资格遴选制度

我国研究生培养实施导师负责制。为了保证导师负责制的成效，在恢复研究生招生时，我国就确立了严格的导师遴选制度。1981 年，《国务院学位委员会关于审定学位授予单位的原则和办法》明确规定，"学术水平较高，在教学和研究工作中有成绩，目前正在从事科学研究的教授、副教授"才可担任硕士研究生的指导教师；"学术造诣较高、在教学或研究中成绩显著、目前正在从事较高水平的科学研究工作并获得一定成果的教授"可担任博士研究生指导教师。在相当长的时期内，博士研究生指导教师资格由国务院学位委员会审定，1993 年后，才逐渐由学位授予单位自行确定。21 世纪以来，各培养单位结合自身实际情况，进一步推动了导师资格遴选制度的改革，如实施导师资格动态遴选、破格遴选，将导师资助责任与导师资格遴选挂钩等。这些探索为提升研究生培养质量发挥了重要作用。

---

① 刘延东. 在纪念《中华人民共和国学位条例》实施三十周年纪念大会上的讲话. 学位与研究生教育，2011（3）：1-5.

3. 兼容并包的博士研究生培养模式

国际上有两种通行的博士培养模式——欧洲模式和美国模式。前者淡化课程学习，注重师傅带徒弟，将博士研究生视作初级研究人员，科学研究在博士研究生培养中具有重要地位；后者强调导师小组的集体指导，注重通过课程学习来培养研究生的科研能力。我国博士研究生培养模式在形成和发展过程中，既注重学习和借鉴欧美发达国家博士研究生培养的成功经验，也立足于我国国情，通过 40 年的探索、实践和创新，逐渐形成了具有中国特色的培养模式。该模式"既不同于欧洲的师徒模式，也不同于美国重视课程的模式，可称为兼取欧美的培养方式，具有明显的中国特点"[1]。具体而言，我国特色的博士研究生培养模式，在培养目标方面，着力培养德智体美全面发展的高层次学术性人才；在招生选拔方面，公开招考、提前攻博、硕博连读、直接攻博、特殊优秀人才选拔等方式并举，选拔过程严密；在导师遴选和指导方面，逐渐走向高校自主训练，实行个人指导和集体指导相结合；在课程设置和教学方式方面，实行公共课、基础理论课、专业课分类开设，以讲授为主；在科研训练和学位论文方面，以多种方式对博士研究生进行科研训练，学位论文逐级把关，强调创新。[2]

4. 以高校为主的多系统培养模式

世界上绝大多数国家的研究生培养都主要由高等院校来承担。但我国改革开放后，考虑到高等教育资源分布的结构性差异，以及培养高层次人才的迫切需求，我国开始允许具备条件的部委科研机构和科学院承担培养研究生的任务。1981 年 11 月，国务院批准我国首批博士、硕士学位授权点及授权单位，包含博士学位授权点 318 个、硕士学位授权点 3185 个，以及博士学位授予单位 151 个、硕士学位授予单位 358 个；学位授权单位包括高等学校、科研机构、军事院校和党校，其中高等学校是规模最大的培养系统；科研机构包括中国科学院、中国社会科学院、国务院部委和地方政府部门下属科研机构等；军事院校包括国防大学和其他类型的军事院校；党校包括中共中央党校和部分省级党校。2015 年，我国研究生培养机构有 792 所，其中，普通高校 575 所，科研

① 中国学位与研究生教育发展报告课题组. 中国学位与研究生教育发展报告 1978—2003. 北京:高等教育出版社, 2006: 18.

② 刘亚敏, 胡甲刚. 我国博士生培养模式的特征解析. 中国高教研究, 2009（8）: 45.

机构 217 所。①实践证明，多系统培养研究生对于充分挖掘我国现有的高等教育资源，调动社会相关单位、部门的积极性，培养社会急需的多种类型的高层次人才意义重大，是我国研究生教育的独特优势之一。②

四、学科建设特色

学科是大学发展的基础，是研究生培养的依托。改革开放以来，我国学科建设取得了显著成就，学科建设整体上呈现出政府主导、高校主体，重点建设、全面推进的发展特征。

1. 政府主导、高校主体

学科建设的政府主导指政府宏观统筹学位授予单位和学位授权点结构布局，并通过政策引导和驱动各高校学科建设，以确保学科建设与国家发展战略、社会需求的一致性；高校主体是指高校在政府的宏观调控下，具体实施学科建设任务，不断提升学科水平。改革开放以来，我国逐步建立起了三级研究生教育管理体制，政府（中央政府和地方政府）起到了显著的宏观统筹作用，尤其对于学位授予单位和学位授权点的结构优化、质量审核，起到了较好的把关作用。改革开放初，由于研究生教育管理权限相对集中在政府层面，政府的主导作用较为明显；尽管管理权限逐步下移，政府的政策引导和驱动依然是我国学科建设的重要特征，如当前政府主导实施的"双一流"建设，对于我国新时代学科建设必将起到杠杆作用。虽然政府在学科建设中起主导作用，但培养单位始终是学科建设的主体，是学科建设任务的具体实施者。改革开放以来，我国学科建设取得的巨大成就是政府主导与高校主体共同作用的结果。

2. 重点建设、全面推进

1985 年，《中共中央关于教育体制改革的决定》提出要进行重点学科建设。1993 年 7 月，国家教委印发的《关于重点建设一批高等学校和重点学科点的若干意见》提到，根据中共中央、国务院发布的《中国教育改革和发展纲要》和《国

---

① 教育部. 2015 年中国教育年鉴. (2017-11-02) [2018-03-01]. http://www.moe.edu.cn/jyb_sjzl/moe_364/zgjynj_2015/201711/t20171102_318252.html.

② 中国学位与研究生教育发展报告课题组. 中国学位与研究生教育发展报告 1978—2003. 北京：高等教育出版社，2006：61.

务院批转国家教委关于加快改革和积极发展普通高等教育意见的通知》，决定设置"211 工程"重点建设项目，即面向 21 世纪，重点建设 100 所左右的高等学校和一批重点学科点。重点学科建设得到进一步支持。这也是重点学科建设与重点大学建设首次以"重点建设项目"的方式得到整合。[①] 2015 年，国务院取消了国家重点学科审批，但重点学科建设作为一种学科建设的战术思维，对于我国学科建设起到了重要支撑作用。在实施重点建设的同时，我国还强调学科发展的全面推进，坚守学科发展的底线。为此，国家不断推进学位授权点定期评估和动态调整，以及学科评估工作。例如，首次博士学位和硕士学位授权点定期评估分别于 2005 年和 2006 年启动，此次评估结束后，共有 7 个博士学位授权点被撤销或终止博士学位授予权，33 个硕士学位授权点被撤销或终止硕士学位授予权。2015 年，国务院学位委员会又全面启动了博士、硕士学位授权学科和专业学位授权类别动态调整工作；2002 年，全国学位与研究生教育发展中心启动了第一轮学科评估，至 2017 年，已经完成了四轮学科评估。由此可见，重点建设、全面推进，已经成为我国学科建设的战略思维，是我国学科建设的重要特征。

第四节　学位与研究生教育改革和发展的经验

改革开放 40 年来，我国学位与研究生教育改革和发展成绩显著、特色鲜明，积累了丰富经验，主要体现在五个方面：坚守国家学位标准、注重政府宏观统筹、建立多元培养路径、完善质量保障体系、坚持改革的"中国道路"。

一、坚守国家学位标准

从颁发学位的权力来源来看，学位制度可以分为国家学位制度和大学学位制度。国家学位制度与大学学位制度的区别表现在多方面，但本质上表现为学位标准的差异性。我国实施的是国家学位制度，坚守的是国家学位标准。国家学位标准为我国学位与研究生教育事业的发展奠定了学位制度基础。这种标准表现在多方面。

---

① 王建华，朱青. 我国大学重点学科建设的制度特征. 高等理科教育，2013（6）：3.

（1）培养单位并不当然具有颁发学位的权力。《中华人民共和国教育法》第二十二条规定，"经国家批准设立或者认可的学校及其他教育机构按照国家有关规定，颁发学历证书或者其他学业证书"，表明教育机构应"经国家批准设立或认可"，这事实上仅仅解决了高等学校或者承担研究生教育任务的科学研究机构的主体地位问题。这些教育机构若要颁发学位，还必须经过学位管理机构的授权审核。《学位条例》规定，只有符合既定条件，经由国务院授权的高等学校和科学研究机构才具有颁发学位的权力。这为学位质量提供了条件性保障。

（2）高等学校和科学研究机构代表国家颁发学位。按照我国现行法律，通过学位授予单位审核的高等学校和科学研究机构是作为"法律、法规授权的组织"，代表国家行使为学位申请人颁发学位证书的权力。作为法律法规授权的组织，学位授予单位颁发学位的权力来源于国家，其学位颁发行为是代表国家行使公共职能。这保证了学位授权的权威性。

（3）行政权力和学术权力同时保证学位授予单位审核质量。我国坚持的学术评议与行政审批相结合的学位授权审核制度具有制度优势，保证了行政权力与学术权力对学位授权单位审核的介入，保证了学位结构的合理性，有利于坚持学位质量标准，体现了学位授权审核制度的灵活性和特色性。

（4）学位管理体制与教育行政管理体制相对分离。我国学位授予工作的最高领导机构是国务院学位委员会。在事务层面，国务院学位委员会的日常工作机构设在教育部下，但在管理层面，国务院学位委员会独立于教育部；在学位管理事务上具有领导权。这保证了学位授权的相对独立性，是学位质量重要的制度保障。

二、注重政府宏观统筹

改革开放 40 年来，我国学位与研究生教育事业的发展离不开政府的宏观统筹，政府的宏观统筹是我国学位与研究生教育事业发展的重要经验，主要表现在发展战略、管理体制、培养规模、学科建设等方面。

（1）发展战略。在发展战略维度，一方面，政府将学位与研究生教育纳入国家发展战略之中，引导、支持和推动学位与研究生教育事业的发展；另一方面，政府牵头制定学位与研究生教育发展规划，勾画学位与研究生教育发展蓝图。就前者而言，无论是科教兴国战略、人才强国战略，还是目前的创新驱动发展战略，学位与研究生教育不仅是支撑其实现的重要手段，也是其重要内容。就后者而言，国家专门制定了《国家中长期教育改革和发展规划纲要（2010—2020年）》，其中就包含了学位与研究生教育事业规划内容；2017年，教育部、国务院学位委员会还专门制定了《学位与研究生教育发展"十三五"规划》。

（2）管理体制。我国三级学位与研究生教育管理体制的建立，与政府的宏观统筹也是紧密相关的。无论是从改革开放初的高度集权到后续的逐步分权，还是目前不断扩大培养单位的自主权，都是政府基于学位与研究生教育事业发展需求，主动放权让利的必然结果。

（3）培养规模。改革开放40年来，我国研究生培养规模发生了翻天覆地的变化。其间，研究生教育规模并非匀速增长。研究生培养规模从改革开放初的快速扩大，到20世纪80年代中后期的逐步收缩，再到90年代末的快速增长，以至今天保持相对稳定的增长，都是政府对研究生招生规模宏观调控的结果，是为适应经济社会发展需要作出的战略性选择。

（4）学科建设。学科是高等学校的基础性组织细胞。学科建设对于研究生培养具有至关重要的作用。改革开放后，为了加快高校学科建设，政府加大了学科建设的统筹力度。无论是过去的国家重点学科建设，还是后来实施的"211工程""985工程"，以及目前正在实施的"双一流"建设，都体现了国家宏观层面的引导、支持和激励。

三、建立多元培养路径

我国研究生教育培养规模已经跃居世界第二，形成了以高校为主的多系统培养体系，以及"两套系统、五级层次"的管理体制框架。体量如此巨大、体系如此复杂的学位与研究生教育事业，其成功的原因在于形成了日趋多元的研究生培养路径，具体表现为培养类型的多样化和培养方式的多样化。

（1）培养类型多样化。在相当长一段时期内，我国研究生教育主要培养学术型人才，学位类型也主要是学术型学位。随着经济社会的发展，社会对各类型高层次应用型人才的需求日益迫切，我国于1990年设置和试办了第一个专业学位——工商管理硕士学位。到2018年，我国已经建立了40种硕士专业学位、6种博士专业学位，基本形成了学术型学位与专业型学位并存、学位门类相对齐全、覆盖面广泛的学位与研究生教育体系。

（2）培养方式多样化。目前，我国形成了全日制与非全日制相结合的研究生培养方式。改革开放初，随着就读研究生和申请学位的需求不断增加，为了多途径培养高层次专门人才，我国除了向毕业研究生授予学位外，还建立了以研究生同等学力申请硕士学位、博士学位的制度。为了配合在职人员以研究生同等学力申请学位的制度，从 1991 年开始，我国允许部分研究生教育机构举办研究生课程进修班。2016 年，教育部办公厅印发了《教育部办公厅关于统筹全日制和非全日制研究生管理工作的通知》，加强了对全日制和非全日制研究生教育管理工作的统筹，对全日制和非全日制两类研究生适用相同的考试招生政策和培养标准，其学历、学位证书具有同等法律地位和相同效力。坚持学术型与应用型并存、全日制与非全日制并重，是我国研究生培养的重要经验。

四、完善质量保障体系

研究生教育质量是研究生教育的生命线。改革开放以来，我国从招生、培养、就业等全流程强化了研究生教育质量保障体系建设，为研究生教育大国地位的确立奠定了坚实的质量基础。

1986 年，国家教委提出要按照"保证质量，稳步发展"的原则来确定研究生教育发展速度与规模[①]。20 世纪 80 年代中期以来，我国开始不断探索运用评估的方式来加强研究生教育管理，提高研究生教育质量。例如，实施针对不同学科的质量检查与合格评估（始于 1986 年），针对研究生院的综合水平评估（始于 1995 年），针对博士、硕士学位授权点的合格评估与选优评估（始于 1995 年），针对博士学位论文的百篇全国优秀博士学位论文选优评估（始于 1998 年），针对研究生培养和学位授予资格的一级学科整体水平评估（始于 2002 年）等。21 世纪以来，我国进一步加强研究生教育质量保障体系建设，尤其是 2014 年，国务院学位委员会、教育部正式发布了《国务院学位委员会 教育部关于加强学位与研究生教育质量保证和监督体系建设的意见》、《学位授权点合格评估办法》和《博士硕士学位论文抽检办法》等文件，逐步形成了政府、培养单位、学术组织、行业部门、社会机构五位一体的研究生教育质量保障体系，各主体各司其职、协同配合，不断完善覆盖培养过程与结果的全方位的质量保障体系。

---

① 国家教育委员会关于改进和加强研究生工作的通知//国务院学位委员会办公室，教育部研究生工作办公室. 学位与研究生教育文件选编. 北京：高等教育出版社，1999：15.

五、坚持改革的"中国道路"

我国学位与研究生教育改革和发展的 40 年，是坚持走"中国道路"的 40 年。这条"中国道路"，在改革力量上，呈现出政府主导、培养单位主体、社会参与的基本格局；在改革取向上，表现为人才培养、知识创新、社会服务三位一体；在改革路线上，坚持走从分权到放权，从试点到推广，从体制内到体制外的渐进式改革路线。

1. 改革力量

我国学位与研究生教育在改革力量上呈现出政府主导、培养单位主体、社会参与的基本格局。首先，政府是学位与研究生教育改革和发展的主导力量。政府主导主要体现在政府通过政策和法规来规范和引导学位与研究生教育的发展。其次，培养单位是学位与研究生教育改革和发展的主体。学位与研究生教育改革和发展最终都必须落实到研究生培养单位层面。学位与研究生教育改革的成功，离不开培养单位的积极参与及配合。最后，社会参与也推动着学位与研究生教育的改革和发展。伴随着学位与研究生教育体制改革的推进，社会力量在学位与研究生教育发展过程中也发挥了越来越强的影响力。社会力量主要通过生源市场、技术市场、资金市场和人才市场发挥着重要作用。

2. 改革取向

我国学位与研究生教育在改革取向上表现为人才培养、知识创新、社会服务三位一体。在学位与研究生教育恢复发展时期，我国学位与研究生教育人才培养目标是培养从事科学研究的专门人才和高等学校师资。1986 年学位与研究生教育改革启动以后，我国学位与研究生教育培养目标开始转向为培养适应经济社会发展需求的多样化人才。改革开放 40 年来，我国学位与研究生教育在人才培养、知识创新、社会服务方面取得了卓越成就，2016 年，我国成为世界排名第二的研究生教育大国。各培养单位、各学科主动服务于经济社会发展需要和国家重大战略需求，促进了科研自主创新，助推了中国从人力资源大国向人力资源强国的转型。

3. 改革路线

改革开放 40 年来，我国学位与研究生教育坚持走从分权到放权，从试点到推广，从体制内到体制外的渐进式改革路线。首先，在改革权限上体现为从政府分权到政府放权。我国学位与研究生教育三级管理体制的形成，正是因循这一改革路线的结果。改革先是通过中央与地方分权，扩大地方政府权限；然后通过政府权限下放，扩大培养单位的自主权。其次，在改革程序上体现为从试点成功到积极推广。我国学位与研究生教育改革发展过程中的重大制度创新，如研究生院设置、专业学位研究生教育的开展、研究生培养机制改革等，都体现了这一鲜明特征。最后，在改革范围上体现为从体制内向体制外逐步拓展。这一改革路线使我国逐步形成了以政府办学为主、社会各界共同办学的研究生教育体制，单一的政府办学体制逐步被打破。

第九章
高等教育法制体系与法治化建设

改革开放 40 年来，我国高等教育法治化建设取得了长足发展，形成了内容丰富、范围广泛、效力分明的高等教育法制体系，建立和完善了一系列重要的教育法律制度和权利保障机制，奠定了我国高等教育法治化的基础。回顾我国改革开放以来高等教育法治化建设的历史进程，总结高等教育法治化建设的主要成就和未来发展趋向，对于进一步推进我国高等教育法治化建设，推动高等教育依法治教、依法治校具有重要的理论意义和实践意义。

第一节　改革开放以来高等教育法制体系建设的历程

在党的十一届三中全会确定的"解放思想，实事求是"思想路线的指引下，充分汲取"文化大革命"的教训，我国高等教育法治化建设进入了快车道。根据改革开放以来我国高等教育法治化建设实践的具体特点，我国高等教育法制体系建设可以划分为三个基本阶段，即恢复时期、快速发展时期和全面完善时期。

一、高等教育法制体系的恢复时期：1978—1993 年

十年"文化大革命"使已经建立起来的高等教育法制遭受严重破坏，使初步培养起来的高等教育法治意识丧失殆尽，以至于高等学校连正常教育教学秩序都无法维持。党的十一届三中全会前后，我国开始着手恢复和完善高等教育法制体系。以 1977 年恢复全国高校统一招生考试制度，1979 年中共中央批转教育部党组关于建议重新颁发《关于加强高等学校统一领导、分级管理的决定》的报告、恢复"统一领导与分级管理制度"为标志，我国高等教育法制体系开始复苏。

随着党和国家工作重心的转移，建立学位制度成为当时我国高等教育发展的迫切需要。1979 年 3 月，根据中央关于建立学位制度的指示，教育部、国务院科学技术干部局联合组成"学位条例起草小组"，研究总结过去两次拟定学位条例的历史经验，并对当时的高等教育现状进行调研，广泛征求有关政府部门、高等学校和社会各界的意见，起草学位条例草案。1980 年 2 月 12 日，第五届全国人

大常委会第十三次会议审议通过了《学位条例》，揭开了我国高等教育立法的序幕。《学位条例》的颁布实施，对于构建符合我国国情与实际的学位制度、推动教育法治化进程发挥了重要作用，极大地推动了我国高等教育改革发展。

20 世纪 80 年代中期，特别是 1986 年《中华人民共和国义务教育法》颁布以后，我国高等教育相关法律的立法准备工作正式进入日程，高等教育相关法律的立法前期调研和法律草案的研究起草工作加快进行。在这一时期的高等教育法制建设中，扩大高校办学自主权与规范高校教育管理和办学方式并行。1986 年国务院发布的《高等教育管理职责暂行规定》起到了扩大高校办学自主权的作用；1986年国务院发布的《普通高等学校设置暂行条例》和 1990 年国家教委颁布的《普通高等学校教育评估暂行规定》等法规规章，则力求进一步规范高校教育管理和办学方式。①另外，1988 年国务院发布了《高等教育自学考试暂行条例》，1990 年国家教委发布了《普通高等学校学生管理规定》等，高等教育不同领域的法制建设工作陆续展开。

1993 年 2 月 13 日，中共中央、国务院印发《中国教育改革和发展纲要》，明确提出，要"加快教育法制建设，建立和完善执法监督系统，逐步走上依法治教的轨道"，"要抓紧草拟基本的教育法律、法规和当前急需的教育法律、法规"，争取到 20 世纪末，初步建立起教育法律、法规体系的框架，要求"地方要从各自的实际出发，加快制定地方性的教育法规"。"通过立法，明确高等学校的权利和义务，使高等学校真正成为面向社会自主办学的法人实体。要在招生、专业调整、机构设置、干部任免、经费使用、职称评定、工资分配和国际合作交流等方面，分别不同情况，进一步扩大高等学校的办学自主权。学校要善于行使自己的权力，承担应负的责任，建立起主动适应经济建设和社会发展需要的自我发展、自我约束的运行机制。"

二、高等教育法制体系的快速发展时期：1993—2010 年

1993 年 10 月 31 日，第八届全国人大常委会第四次会议审议通过了《中华人民共和国教师法》，它是我国教师制度的基本法律，规定了我国高等学校教师管理的基本制度；1995 年 3 月 18 日，第八届全国人大第三次会议通过了《中华人

---

① 郭为禄. 我国高等教育法制的结构与变迁. 教育发展研究，2008（13/14）：32-36.

民共和国教育法》，它是我国的教育基本法，奠定了我国教育法律的基本制度，起到了统领教育立法的作用。1997 年 7 月 31 日，国务院颁布《社会力量办学条例》，规定了我国民办教育的基本制度，奠定了《中华人民共和国民办教育促进法》的立法基础。

1997 年党的十五大明确提出依法治国基本方略以后，我国社会主义民主法治建设进程进一步加快，高等教育法制建设也进入快速发展阶段。1998 年 8 月 29 日，第九届全国人大常委会第四次会议审议通过的《中华人民共和国高等教育法》是我国高等教育的基本法律，也是我国高等教育法律制度进一步完善的重要标志。该法规定了高等教育基本制度、高等学校设立的条件和程序、高等学校组织和活动的原则和制度、高等学校教师和其他教育工作者的权利和义务、高等学校学生的权利和义务、高等教育投入和条件保障等内容。2002 年第九届全国人大常委会第三十一次会议通过的《中华人民共和国民办教育促进法》和 2004 年 4 月 1 日起施行的《中华人民共和国民办教育促进法实施条例》，是规范和促进我国民办高等教育发展的重要法律和法规；2003 年 3 月 1 日国务院颁布的《中华人民共和国中外合作办学条例》规范了中外合作办学活动，促进了高等教育对外交流与合作；2005 年 3 月，教育部根据我国高等教育法制建设的发展状况，颁布了新的《普通高等学校学生管理规定》，对 1990 年颁布的《普通高等学校学生管理规定》进行了较大修改，使之与《中华人民共和国教育法》《中华人民共和国高等教育法》等法律相配套，强化了对于高等学校学生权利的保护和救济机制。

以教育部 2004 年颁布并经国务院办公厅转发的《2003—2007 年教育振兴行动计划》为标志，我国高等教育法制建设进入了完善立法和提高立法质量阶段。该行动计划明确提出了今后一段时期教育立法的目标与任务，即加强和改善教育立法工作，完善中国特色教育法律法规体系。修订《中华人民共和国义务教育法》、《中华人民共和国教育法》、《中华人民共和国教师法》、《中华人民共和国高等教育法》和《学位条例》，适时起草《学校法》、《教育考试法》、《教育投入法》和《终身学习法》，研究制定有关教育的行政法规，全面清理、修订教育部部门规章和规范性文件，适时制定符合实践需要的部门规章，积极推动各地制定配套性的教育法规、规章，力争用五至十年的时间形成较为完善的中国特色教育法律法规体系。

三、高等教育法制体系的全面完善时期：2010 年至今

2010 年，《国家中长期教育改革和发展规划纲要（2010—2020 年）》专门用一章的篇幅对新时期教育法制建设作出了全面部署，明确提出了"六修五立"的立法任务，即根据经济社会发展和教育改革的需要，修订《中华人民共和国教育法》《中华人民共和国职业教育法》《中华人民共和国高等教育法》《学位条例》《中华人民共和国教师法》《中华人民共和国民办教育促进法》六部法律，制定有关考试、学校、终身学习、学前教育、家庭教育的法律。这在我国教育法制建设史上具有里程碑意义。根据该规划纲要的要求，教育部配合国务院、全国人大常委会等有关部门，全面启动了有关法律法规的修订和制定工作，并创造性地提出了"一揽子"修订有关教育法律法规的立法模式。2015 年 12 月 27 日，全国人大常委会审议通过了《全国人大常委会关于修改〈中华人民共和国教育法〉的决定》和《全国人大常委会关于修改〈中华人民共和国高等教育法〉的决定》；2016 年 11 月 7 日，全国人大常委会审议通过了《全国人民代表大会常务委员会关于修改〈中华人民共和国民办教育促进法〉的决定》，我国教育立法取得了新的重要进展。修改后的《中华人民共和国高等教育法》，不仅精准聚焦政府、社会和大学之间的外部治理体系建构，还特别强调大学内部治理结构要素的优化。《中华人民共和国高等教育法》的修改实施对推动我国高等教育领域全面依法治教和全面依法行政，构建科学而又合乎法度的大学治理体系，深入推动一流大学和一流学科建设，全面提升高等教育质量，具有重要的法治保障功能。在国家不断推进立法的同时，教育部及各地积极推动教育部门规章和地方性法规、规章的制定工作。经过 40 年的努力，我国现今基本形成了以《中华人民共和国教育法》《中华人民共和国高等教育法》等教育法律为统领，以大量教育行政法规、教育部门规章，以及地方性教育法规、规章构成的中国特色社会主义高等教育法律法规体系，基本实现了我国高等教育事业的有法可依。

与此同时，大学内部治理结构改革及现代大学制度建设取得了重要进展。2014 年 1 月，教育部发布了《高等学校学术委员会规程》。该规程对推进高等学校学术委员会制度建设，推进教授治学，完善高等学校治理机构，具有重要的意义和作用。值得一提的是，大学章程的制定核准工作成为这一时期高等教育改革的亮点。《国家中长期教育改革和发展规划纲要（2010—2020 年）》颁布以后，

有关部门先后制定了《关于坚持和完善普通高等学校党委领导下的校长负责制的实施意见》《高等学校章程制定暂行办法》《学校教职工代表大会规定》《高等学校学术委员会规程》《普通高等学校理事会规程（试行）》，以及《全面推进依法治校实施纲要》《中央部委所属高等学校章程建设行动计划（2013—2015年）》等文件、规章，为高等学校章程建设提供了制度支撑，并对开展有关工作进行了统一部署。各省市制订了所属高校章程建设的工作计划，积极推动所属高校章程建设工作。在各方的共同努力下，我国高等学校章程建设从高校自发行动到政府统一要求，从个别高校实施到全面铺开，实现了高等学校章程建设从无到有的突破。

第二节　高等教育法治化建设的成就与办学法治化

改革开放以来，高等教育法治建设作为中国特色社会主义法治建设的组成部分，在确立依法治教方针、加强高等教育立法、实施依法行政、推进依法治校、依法保障师生权益等方面取得了显著成绩，形成了中国特色高等教育法律规范体系和依法治教模式，为我国高等教育事业的深入改革和快速发展，以及办学规范化提供了有力的法律支持和制度保障。具体而言，高等教育法治建设的成就可以概括为以下几个方面。[①]

（1）逐渐形成保障高等教育健康发展的法律体系，高等教育办学活动有法可依。高等教育立法是高等教育法治化的前提条件。改革开放以来，党和国家高度重视包括高等教育立法在内的教育立法工作，把教育立法视为教育法治建设的首要环节。1985年《中共中央关于教育体制改革的决定》提出，在简政放权的同时，必须加强教育立法工作。1993年《中国教育改革和发展纲要》明确提出，要抓紧草拟基本的教育法律、法规和当前急需的教育法律、法规，争取到20世纪末，初步建立起教育法律、法规体系的框架。1999年《中共中央国务院关于深化教育改革，全面推进素质教育的决定》强调，继续完善国家教育立法，制定有关素质教育的法律和法规。同年，《教育部关于加强教育法制建设的意见》指出，

---

① 秦惠民. 我国高等教育法制建设30年——影响、经验与发展方向. 中国高教研究，2008（10）：7-11.

要按照法制统一的原则和法定的立法权限，进一步推动教育法律法规体系的完善，加快教育法律的配套性法规、规章的制定。

在中央和地方各级立法主体的共同努力下，我国高等教育领域形成了以《中华人民共和国宪法》为基础，包括法律、行政法规、地方性法规、部门规章和地方政府规章在内的中国特色社会主义高等教育法律体系，使高等教育各个领域都基本上做到了有法可依。就法律而言，全国人大及其常委会制定了《学位条例》《中华人民共和国高等教育法》两部专门性高等教育法律，同时还制定了《中华人民共和国教育法》《中华人民共和国教师法》《中华人民共和国职业教育法》《中华人民共和国国家通用语言文字法》《中华人民共和国民办教育促进法》等与高等教育密切相关的法律。就行政法规而言，国务院制定了《中华人民共和国学位条例暂行实施办法》《高等教育管理职责暂行规定》《普通高等学校设置暂行条例》《高等教育自学考试暂行条例》等专门性法规，同时还制定了《学校体育工作条例》《学校卫生工作条例》《教学成果奖励条例》《残疾人教育条例》《教师资格条例》《中华人民共和国中外合作办学条例》《中华人民共和国民办教育促进法实施条例》等与高等教育密切相关的法规。就部门规章而言，教育部（国家教委）先后制定了《高等学校收费管理暂行办法》《成人高等学校设置的暂行规定》《广播电视大学暂行规定》《研究生院设置暂行规定》《高等学校本科专业设置规定》《高等职业学校设置标准（暂行）》等40多部专门性规章，同时还制定了《学生伤害事故处理办法》《学校食堂与学生集体用餐卫生管理规定》《国家教育考试违规处理办法》《实施教育行政许可若干规定》等10多部与高等教育密切相关的规章。

（2）巩固了高等教育管理体制改革成果，高等学校法律地位得以确立。改革开放后，随着我国社会经济的快速发展，社会急需大量人才，但当时高度集中的计划模式下的高等教育管理体制却又把高校束缚得过死，高校自我发展的需求受到严重制约。高等教育界逐渐认识到高校必须从政府的附属机构中解放出来，从法理上讲就是从特别权力关系当中解放出来。在这种背景下，经过一系列改革实践探索，我国基本形成了中央、省（自治区、直辖市）两级管理，以地方统筹为主，实行政府宏观管理、学校面向社会依法自主办学的新型高等教育管理体制；逐步确立了以财政拨款为主、多种渠道筹措高等教育经费的体制，建立起了高等教育成本分担机制。高等教育管理体制改革的成果通过《中华人民共和国教育法》《中华人民共和国高等教育法》等法律形式加以固定，形成了高等教育管理体制相关的法律制度，改变了原有的中央部门和地方都办高等教育、条块分割的体制，对促进高等教育协调发展和提高人才培养质量产生了重大和深远的影响。《中华人民共和国高等教育法》明确规定高等学校具有独立法人地位，并规定高校在招生、学科和专业设置、教育教学、科学研究和社会服务、对外交流、内部机构设置和教师聘任、财产管理和使用七个方面享有自主权。特别是明确了政府与高校之间的基本法律关系，为高等教育治理改革提供了法律基础。

在改革实践中，高等学校办学自主权已经成为具有法律意义并受到法律保护的法人权利。同时，教师的特定权利义务，如科学研究、文化活动中的学术自由等，也进入法律保障的框架之内。《中华人民共和国高等教育法》明确规定，政府不能随意干预学校的自主权。高等学校与其他社会组织之间的关系，则是独立法人之间的关系，主要是一种民事关系，"高等学校在民事活动中依法享有民事权利，承担民事责任"。这种关系的形成与改革开放以来我国对社会组织的改革有着重要联系。随着社会主义法治国家建设的深入推进、高等教育改革的不断深化，大学的发展环境、发展理念、发展方式正在发生深刻变化，大学既是高等教育的组织者和实施者，也是高等教育改革的主体。大学章程就是高校办学实践的经验总结和改革成果的固化。在章程制定过程中，高校始终遵循法制统一、坚持社会主义办学方向的基本原则，以促进改革、增强学校自主权为导向，着力规范内部治理结构和权力运行规则，充分反映广大教职员工、学生的意愿，凝练形成共同的理念与价值认同，体现学校的办学特色和发展目标。[①]

（3）高等教育依法治教、依法治校扎实推进，规范办学得以切实保障。依法治教、依法治校是我国高等教育治理变革的基本方向之一，是高等教育改革发展的时代要求。2003 年印发的《教育部关于加强依法治校工作的若干意见》提出"实行依法治教，把教育管理和办学活动纳入法治轨道，是深化教育改革，推动教育发展的重要内容，也是完成新时期教育工作历史使命的重要保障"。依法治教方针的确立，是改革开放新时期我国高等教育法治建设的标志性成就。依法治教的基本内容和要求是：①立法机关加快教育立法，提高教育立法质量，构建与教育改革和发展需要相适应的层次合理、内容完备的教育法律法规体系；②教育行政部门依法行政，做到严格地、规范地履行法定职责，依法落实保障学校的办学自主权，切实保障教师和学生的合法权益；③司法机关通过依法公正审理教育诉讼案件，监督教育行政机关的行政行为和学校的管理活动，维护当事人的合法权益；④学校依法规范

① 赵德武. 以法治思维推进大学治理现代化. 光明日报，2015-05-31（7）.

和完善校内各种规章制度，积极推进依法治校工作，保证国家法律法规的实施，保障教职工和学生的合法权益；⑤教育系统加强普法教育工作，增强和提高广大教育工作者的法治观念和法律素质，形成依法办事的习惯和风尚。

依法治校是教育法治化的基础工程。在各级各类学校中，教育部特别突出高校的依法治校工作，强调高校要增强依法管理学校的意识，依法规范校内各种管理制度，不断提高依法治校水平。从实践价值取向来说，依法治校是高校管理变革的必然趋势，是高校管理走向科学化、制度化的必由之路；依法治校是实施依法治国基本方略的具体实践，是全面贯彻党和国家教育方针的客观需要，更是完善中国特色现代大学制度的内在要求。进入 21 世纪以来，我国高校依法治校工作取得了重要成就。所谓依法治校，就是在高校党委领导下，广大师生依照法律和校规行使教育权和受教育权，依法管理学校的公共事务和学术事务，依法实行基层自治。2003 年 7 月，《教育部关于加强依法治校工作的若干意见》明确提出"实施依法治国方略，全面推进依法治教"；2010 年 7 月，《国家中长期教育改革和发展规划纲要（2010—2020 年）》提出进一步推进依法治教、依法治校、依法行政，在建设现代学校制度层面提出"依法办学、自主管理、民主监督、社会参与"；2012 年 11 月，教育部印发的《全面推进依法治校实施纲要》从九个方面提出了依法治校的目标、要求和主要任务等。

近年来，我国依法治校工作的主要成就体现在以下方面：①在治校方式上，高校把依法治校确立为学校管理和治理的基本理念，制定和实现了推进依法治校工作的规划和措施。许多高校成立了专门的法治工作机构，配备了专门的工作人员，聘请律师或专家担任法律顾问，负责组织依法治校工作，处理学校的法律事务。②在制度建设上，高校依据国家法律法规制定或完善了学校章程，并把学校章程作为依法自主办学的重要依据。除了制定或完善大学章程外，各高校在建立健全校内党政管理体制、教学科研管理制度、财务会计制度、资产管理制度等方面做了大量工作，推进了学校管理和运行的制度化、规范化、程序化。③在依法治校工作实施上，全国高校普遍开展法制教育，高校领导、教师和学生的法律意识和法治观念普遍增强，高校教职工代表大会制度进一步完善，职工参与学校民主管理和民主监督的权利得到保障；学校依法处理教师与学校、学生与学校、学生与教师的纠纷等校内争议的机制初步建立起来，教师和学生的权益得到更大程度的保障。①

---

① 黄文艺，于立深. 新中国高等教育法治化道路研究. 中国高教研究，2009（11）：16-21.

（4）大学章程建设促进了高校治理方式转变，现代大学制度建设取得重要进展。大学章程建设是新时期现代大学制度建设的重要内容，也是大学内部治理结构改革的实践成果，大学章程是高校的"校内法"。2012年1月教育部制定并实施的《高等学校章程制定暂行办法》，对章程制定的有关问题进行了明确规定，要求章程制定必须遵循合法原则、改革原则、自主原则。高校要在法律原则和框架下，遵循依法治校的精神和理念，加快推进大学章程建设。大学章程的制定，为推动依法治校和现代大学制度建设奠定了坚实基础。从大学章程的具体内容及其所蕴含的大学治理功能来说，大学章程凝练了学校的办学传统、精神品格和使命，优化了大学治理结构，划分了举办者和学校的权利和义务，界定了校院两级管理体系下学校与学院的关系，加强了以学术委员会为核心的学术体系建设，为学校依法办学、自主管理提供了基本依据。①

大学章程建设在规范和推进高等学校法人治理方式改革上发挥了积极作用：①促进了学校内部立法和制度建设。从某种意义上讲，高校章程制定工作获得了立法意义。根据《中华人民共和国高等教育法》的规定，章程只是作为学校审批设立的一个要件，现在上升到学校管理的基本依据，这就确立了大学章程的校内立法地位。②体现了学校办学特色。各高校的章程都自主设定了具体的办学目标，明确了办学特色，促进和规范了学校内涵式发展。③完善了学校治理结构。各校章程都明确了坚持党委领导下的校长负责制，成立了学术委员会、教职工代表大会、理事会、校友会、基金会等并完善建设，确立了学校的组织架构。④加强了学术组织建设。各高校章程均对学术体系和管理制度作了较为全面的规定，确立了教授治学的理念，明确学术委员会为学校最高学术机构的地位，明确了各学术组织的地位、作用、职能。⑤扩大了学校办学自主权。很多高校的章程都确认、宣示了学校的办学自主权。例如，《北京大学章程》和《清华大学章程》围绕落实和规范办学自主权作了较为明确、具体的规定，并对改革的基本框架和制度安排作了相应规定，提出了与职责任务相应的权利行使规则，为学校改革发展奠定了制度基础。⑥完善了师生权益保障机制。高校章程重视对教职工、学生及校友权利义务的规定，突出了师生的办学主体地位。⑦推动了学校综合改革。高校通过章程建设，将改革成果制度化。很多学校推进了人事制度改革，加强教师队伍建设，并在章程中予以明确。⑧促进了师生参与民主管理的机制的建立。高校章程制定的过程，是充分凝聚广

---

① 祁峰，徐绯璐. 章程时代大学如何实现依法治校. 光明日报，2015-02-17（13）.

大师生员工共识的过程，是全校师生参与学校重大事务、参与管理和监督的过程。大学章程对教职工代表大会制度、学生代表大会制度、信息公开制度等作出了专门规定，明确了师生的知情权、参与权、监督权，建立了师生参与学校管理的体制机制。⑨拓展了学校和社会的关系。大学章程明确了学校和主管部门、共建单位、社会有关机构的关系，明确了校友会、理事会、基金会等组织的地位和作用，促进了学校与社会的合作。⑩健全了学校内部监督机制。针对高校管理中的突出矛盾，各高校章程在健全监督机制方面都作了相应的制度性规定，明确学校要自觉接受举办者、政府主管部门、社会和校内师生员工的监督。①

（5）建立了多元化的教育行政复议与诉讼机制，教育主体权益得到切实保障。保障有关教育主体的相关权利是教育法治的基本价值追求。有权利就有救济，目前高等教育权利救济的主要途径有行政复议、诉讼、申诉、信访等。当前高等教育领域的矛盾和纠纷具有以下特点：一是主体的特殊性。多数纠纷发生于学校与教师、学生之间，此外还涉及招生考试机构、学术评审组织等特殊主体。二是涉及权利、利益的特殊性。高等教育领域的纠纷往往涉及公民的受教育权利和其他权利。三是行为性质的特殊性。很多纠纷涉及对当事人学术能力、学习潜能的评价。四是纠纷适用规则的非法律化。多数教育纠纷是因对规章、规范性文件、政策乃至学校内部的管理制度的理解与执行产生争议而引发的，这些纠纷难以在法律、法规层面找到解决依据，司法裁判的依据也不足。五是利益群体的广泛性和敏感性。六是纠纷类型多，法律关系、政策因素比较复杂。

针对高等教育纠纷的类型与特点，各级教育行政部门依据法律的规定，综合运用信访、调解、申诉、行政复议及诉讼等方式，有针对性地健全了相应的救济机制，有效提高了化解纠纷的能力；进一步完善了学生申诉和教师申诉制度，健全了行政复议的受理与处理机制。各地还根据实际，进一步加强了对学校内部纠纷处理机制建设的指导与要求，促使纠纷解决在基层；大力推动各级各类学校完善内部纠纷调解机制，增强高等教育行业组织、教职工工会等组织的相应职能的发挥；加强制度建设，规范调解的程序与要求，提高纠纷解决效率，减少重复信访现象，促进学校充分运用校内、行政和社会化救济方式，建立多元化、规范的纠纷解决制度。②

---

① 孙霄兵. 中国公办高校法人治理的理论建设与实践发展. 中国高校科技，2014（11）：4-8.
② 孙霄兵，翟刚学. 中国教育法治的历史回顾与未来展望. 课程·教材·教法，2017（5）：4-14.

从实际情况来看，学生与高校、教师与高校之间的纠纷成为高等教育领域两类最令人瞩目的多发性纠纷类型。就学生与高校的纠纷来说，多集中在招生录取、收费标准、成绩评定、违纪处罚、后勤服务、学位授予等方面。就教师与高校的纠纷来说，多集中在职称评聘、工资福利待遇、人事关系调动等方面。为适应这种纠纷日益增多的趋势，在政府部门（特别是教育行政部门）、司法机关、高等学校等各种力量的共同努力下，我国高等教育领域初步形成了包括校内和校外、行政和司法等多种机制在内的多元化纠纷解决机制。校内纠纷解决机制主要包括协商、调解、申诉三种形式。协商是指当事人通过自主的、平等的谈判方式解决纠纷，这是一种最直接、最简便的纠纷解决方式。行政性纠纷解决机制主要包括行政申诉、行政调解、行政复议三种形式。行政申诉是指教师或学生认为其合法权益受到侵害时，可以向行政机关提出申诉理由，由行政机关作出处理决定的制度。教育行政申诉制度是由《中华人民共和国教育法》《中华人民共和国教师法》明确规定的一种正式的权利救济机制和纠纷解决机制。行政调解是指教师或学生与学校发生纠纷时可以请求行政机关进行调解的制度。行政复议是指当事人对行政处罚或其他具体行政不服时向行政复议机关提出复议，由行政复议机关依法审查具体行政行为的合法性和适当性的制度。司法是现代社会的一种最正式和最权威的纠纷解决机制，在解决高等教育领域的纠纷方面发挥着越来越重要的作用。司法介入和解决高校纠纷的主要方式是民事诉讼和行政诉讼。民事诉讼处理的一般是发生在高校中的合同纠纷案件和其他人身权、财产权侵权案件。行政诉讼处理的一般是教师或学生不服高校的处分或处理决定（开除学籍、不颁发毕业证书等）的案件。[①]

第三节　高等教育法治化建设的未来趋势与展望

改革开放以来，我国高等教育法治化建设取得了突出成就，对高等教育健康发展发挥着积极引导和保障作用。在取得巨大成就并积累了丰富经验的同时，我国高等教育法治化建设又面临着新的挑战和紧迫任务。特别是随着高等教育进入

---

① 黄文艺，于立深. 新中国高等教育法治化道路研究. 中国高教研究，2009（11）：16-21.

后大众化乃至普及化阶段，以及高等教育从外部扩张向内涵式发展转型，高等教育法治化与高等教育实践之间的矛盾和不适应性逐渐凸显。我国高等教育必须在以往成功经验的基础上，直面新时期高等教育改革发展中的突出矛盾和问题，在以下方面着力推进法治化建设。

一、高等教育法治化建设必须适应社会主义市场经济发展的要求

（1）从目前高等教育法治化建设的社会环境来看，市场经济体制的逐步建立和完善，促使社会主体多元化、高等教育需求多样化，公民教育权利意识增强，发展社会教育权的诉求进一步增强。与此同时，维护和发展公民的受教育权利、扩大高校办学自主权等成为高等教育法治化建设的重要内容。

（2）市场经济体制的建立和完善，深刻影响着高等教育法治变迁的基本方向。在经济社会发展整体从计划经济向市场经济转型的过程中，高等教育获得办学资源的渠道更加多元，社会对高等学校办学的要求也更加多元，这必然推动高等教育通过市场经济体制吸纳更多的办学资源，也必然要求高等教育法制建设适应市场经济体制的发展趋势。《中华人民共和国民办教育促进法》《中华人民共和国中外合作办学条例》等相关法律法规的颁布实施，表明高等教育参与市场竞争已经得到法律保障。社会对高等教育的要求主要表现在不断推进依法治校，在法律法规上不断调整学校内部管理体制、学校人事管理和评价机制、学生管理规范等制度方面。[①]

（3）科学合理地界定高校与政府的关系、扩大高校办学自主权已经成为高等教育法治化建设的关键问题。高校要适应市场经济发展需要，必须提高吸纳办学资源的能力，这既需要高等教育法律法规为高校开拓办学资源新渠道提供制度保障，更需要通过高等教育法律法规明确高校在市场与社会中的相对独立的主体地位，从而让高校获得独立享有权利与承担责任的资格。扩大高校办学自主权的意义在于，能够逐步去除高校办学过程中的行政化色彩，巩固高校参与市场经济与社会发展的主体地位，能够更全面地界定高校的权利与义务，促使高校更好地融入市场经济与社会发展体系之中。

---

① 郭为禄. 我国高等教育法制的结构与变迁. 教育发展研究，2008（13/14）：32-36.

二、高等教育法治化建设进入全面推进依法治教和依法治校新阶段

高等教育关系千家万户，与人民群众最关心、最直接、最现实的利益问题密切相关，是重要的民生事业。全面实现教育行政管理和学校内部管理法治化，增强师生法治观念，既是建设社会主义法治体系、法治政府、法治社会的重要组成部分，也是促进高等教育公平，提高高等教育质量，实现高等教育内涵式发展的重要保障。大学治理的核心是以人为本，旨在通过制度化、体系化的建设，促进大学各层次、各主体权利的良性互动和有效保障，进而全面履行高等教育职能。在全面推进依法治国的过程中，现代大学自当成为各级组织依法治理的首善之区。构建学校内部（学生和教职员工）与外部（政府与社会）共同参与大学管理，实现共治和善治的现代大学治理体系，首要的是法治。[①]同时，也应当清醒地认识到大学治理的艰巨性和复杂性，既要秉持现代大学制度建设的共性理念，又要注意各地区经济社会发展的现实状况和历史传统；既要积极稳妥地推进高等教育法治化和规范化发展，又要注重发挥高校的办学特色和办学优势，真正将大学治理落到实处。

依法治校是高校管理变革的必然趋势，是高校管理走向科学化、制度化的必由之路。同时，依法治校是实施依法治国基本方略的具体实践，是全面贯彻党和国家教育方针的客观需要，更是完善现代大学制度的内在要求。[②]从理想状态来说，依法治校主要体现在以下五个方面：①自主化管理。高校在办学过程中应依法独立行使教育决策权，组织教育教学活动。②制度化管理。高校的办学、管理和教育教学等一切行为都要遵循既定的制度和规定，对学校公共权力进行制约和平衡。③规范化管理。高校要规范管理行为，明确管理方案和程序，实现管理目标。④民主化管理。高校在重大决策和管理事务上要尊重师生意见，实施民主管理。⑤权益化管理。高校对师生权益的保护要体现依法治校的理念，对师生的合法权益进行充分保障。[③]

推进依法治校必须重点开展以下几个方面的工作：①按照大学章程治校。目

① 曹文泽. 基于法治的现代大学善治. 光明日报，2015-02-05（16）.

② 刘彦博，祝非凡. 全面推进高校依法治校的着力点. 光明日报，2016-09-14（13）.

③ 于孟晨. 西安工业大学：转变高校管理理念 深入推进依法治校. 中国教育报，2015-06-03（8）.

前，中央部门所属高校和地方高校实现了"一校一章程"，今后的关键问题是要健全章程执行和监督评价机制，增强章程执行的效力；督促学校以章程为统领，完善内部治理结构和规章制度。②完善高等学校内部治理结构。高校要深入落实《关于坚持和完善普通高等学校党委领导下的校长负责制的实施意见》《高等学校章程制定暂行办法》《学校教职工代表大会规定》《高等学校学术委员会规程》《普通高等学校理事会规程（试行）》等文件、规章，推动党委会、校长办公会议事规则的完善，推动学术委员会、理事会及教职工代表大会等制度的完善和落实。③完善决策制度。在重大教育决策中，要全面落实公众参与、专家论证、风险评估、合法性审查和集体讨论等程序要求，确保决策制度科学、程序正当、过程公开、责任明确。要根据决策涉及的范围，广泛征求利益相关方和公众的意见；要建立健全决策反馈和责任追究制度，建立重大决策跟踪督查机制，及时根据反馈情况调整和完善；要逐步健全各级教育咨询专家委员会制度，发挥教育领域专业学会的作用，广泛吸收各方面人士和专家参与教育决策的论证和评估。④大力推进教育系统信息公开。公权力公开运行是依法行政的基本要求。必须坚持以公开为常态、不公开为例外的原则，严格执行政府信息公开的有关规定，推进决策公开、执行公开、管理公开、服务公开、结果公开。探索信息公开的新途径、新方式，重点推进教育经费预算、教育公共资源配置、入学规则与招生政策、重大教育建设项目批准和实施、重要改革事项等方面的信息公开。①监督学校贯彻落实《高等学校信息公开办法》《高等学校信息公开事项清单》相关规定。

三、依法推进高等教育改革，将高等教育改革纳入法治化轨道

随着依法治国和建设法治政府的不断推进，依法推进高等教育改革将成为高等教育法治化建设的基本特征。

（1）基本实现教育现代化给教育法治工作带来新任务。教育法治化是高等教育现代化的基本标志和可靠保障。高等教育现代化有很多要求，包括民主化、信息化、专业化等，其中的基本标志和要求是法治化。现代化的高等教育观念、制度需要经过法律确认才能上升为国家意志，在全国范围内统一实施。高等教育

---

① 孙霄兵. 新常态下依法治教的思考. 国家教育行政学院学报，2015（7）：19-26.

投入责任和建设要求只有经过法定程序，成为法定责任，才能消除争议、凝聚共识。教育权利只有通过法治途径才能得到更好维护，高等教育纠纷只有通过法治方式才能妥善化解。

（2）全面深化高等教育综合改革对依法治教提出了新期待。习近平在2015年新年贺词中指出："我们要让全面深化改革、全面推进依法治国如鸟之两翼、车之双轮，推动全面建成小康社会的目标如期实现。"①因此，全面深化高等教育综合改革和全面推进依法治教也要相互协调、相得益彰。一方面，要坚持法治的基本要求，在法律允许的范围内推进高等教育改革，当改革遇到制度障碍时，应努力在法律体系内通过法律解释等方式寻求解决之道，并通过行政管理手段创新，减少改革与法治的直接冲突，或者通过授权等形式，为体制改革的推进开拓更大的空间；另一方面，要做好法律的立、改、废、释工作，为改革提供法治保障。

（3）社会法治环境变化对依法治教提出了新要求。当前，我国经济社会正发生深刻变化，全面建成小康社会进入决胜阶段，改革进入攻坚期和深水区，发展面临新常态。人们对权益保护、权利平等、公平正义的呼声更大，对知情权、表达权、参与权的诉求更加突出，维权意识逐步提高。许多普通管理问题变成了法律问题，许多习以为常的社会现象变得不再平常。人们对多样化、个性化、高质量高等教育的需求更加迫切。高等教育系统与社会其他系统的关系日益密切。政府和学校、学校和教师、学校和学生、教师和学生的关系都发生了深刻变化，高等教育管理行为也越来越多地进入司法审查的视野。②

（4）必须将高等教育改革纳入法治化轨道。高等教育改革的成效和结果需要接受实践检验。当改革不能达到预期目标，甚至出现严重失误时，必须要有相应的责任追究机制对高等教育改革实行责任追究和问责。只有建立了相应的改革责任追究机制，才能使政府在设计改革、领导改革、推动改革时做到科学决策和民主决策，增强改革的科学性，减少随意性和主观臆断。为此，必须将高等教育改革纳入法治化轨道，保证高等教育改革的合法性。特别是在设计、实施和推进涉及全局、影响深远的高等教育重大改革时，政府更应该利用在领导和管理公共事务时所形成的权威及自身在政策和信息方面的优势，将高等教育重大改革纳入

---

① 新华网. 国家主席习近平发表二〇一五年新年贺词. (2014-12-31) [2018-03-01]. http://www.xinhuanet.com//politics/2014-12/31/c_1113846581.htm.

② 孙霄兵，翟刚学. 中国教育法治的历史回顾与未来展望. 课程·教材·教法，2017（5）：4-14.

法治化轨道，依法行政、依法改革。[①]

四、以法治思维完善高等教育治理结构，培育高等教育法治文化

高等教育治理正在由"单一治理模式"向政府、社会及大学等多种利益相关者共同参与的"多元治理模式"转变。高等教育治理结构的变革是在高等教育治理理念的转变下实现的。目前，以法治思维重构高等教育治理理念，首要的任务就是要树立依法治教、依法治校的治理理念，以实现高等教育治理法治化和现代化。为此，需要关注三个方面的问题：①遵守和执行国家宪法和其他法律法规。《中华人民共和国宪法》是我国国家根本大法，政府必须坚定不移地树立和维护宪法权威，同时要执行好与教育相关的法律法规，如《中华人民共和国高等教育法》《中华人民共和国教育法》等，落实好高等教育相关主体的权利和义务，履行好自身职责。②建立和完善相关法律法规。高等教育治理现代化要有体现现代化理念的相关法律作为保障，要清理现有法律法规中与高等教育治理法治化不适应的条款，加强相关法律的修订和完善工作。③依法完善高校内外部治理的制度体系。内部治理结构的建立和完善，要通过治理制度顶层设计来实现，其主要任务是对各参与主体的权利和义务及职责进行界定，科学划分彼此界限，使内部治理结构及运行规范化和制度化；外部治理体系建设的首要任务是厘清高校办学自主权和政府监督权之间的权力边界，将大学与政府的关系法律化，即政府权力与大学自主权的设定和配置要明晰。同时，要强化大学法人地位。《中华人民共和国高等教育法》明确规定我国大学是事业法人，大学自批准之日起就取得法人资格。为此，高校办学和内部治理，应当由高校依据法律法规自主进行运作，以落实好大学办学自主权。校长作为法定代表人，应当履行好依法治教、依法办学、依法治校的职责。

高等教育治理具有特殊性，不可能所有事情都适合用法律来解决，正式制度的空缺应由文化来弥补，因此，必须加强法治文化建设。一是要坚持建设法治文化与依法治校相结合。法治文化是法治体系的重要组成部分，高等教育依法治校要把法治文化渗透并融入高等教育治理框架中的各个环节，使之成为广大师生自觉接受和认可的价值观和理念。二是要坚持建设法治文化与提高师生的法律素养相结合。提

---

① 张应强. 高等教育全面深化改革需要对高等教育改革进行改革. 中国高教研究，2014（10）：16-20.

高法律素养必须崇尚宪法和法律，广大师生要自觉守法并严格执法，要有法治思维能力。三是要坚持法治文化实践与制度保障相结合。法治文化实践需要相应的制度保障。这就要求高等教育管理者率先垂范，带头实践法治理念，健全并落实高校的教学、科研、管理、服务等各方面的制度，以制度来规范高校办学行为和师生行为。通过不同层面和不同途径的法治实践，增强师生守法用法意识，不断提高其参与依法治校的积极性和主动性。这也是法治文化实践的归宿。①

五、依法保护高等教育利益主体权益，切实将高等教育法治建设落到实处

根据《中华人民共和国高等教育法》的规定，高校的合法权益主要包括两个方面：一是办学自主权，具体来说，包括按照章程自主管理、组织实施教育教学活动、招生和对受教育者进行学籍管理、聘任并依法管理教师。二是管理、使用高校的设施和经费，即对学校财产享有法人财产权。除教育法规定的权利外，学校参加民事活动时还依法享有相关的民事权利。当前，对高校权利的保护要注重建立以下制度：①建立重大决策的法律审查机制，保证学校作出的重要发展规划，签订的民事合同等符合法律的规定，防止因学校决策的不合法导致学校权益受损；②学校要依法维护自身的合法权益和正常的教育教学秩序，抵制社会上的违法现象对学校的侵扰；③完善学校财产的法人财产权保障制度，杜绝侵占、挪用等侵犯学校财产权的违法行为发生。

依法保障学校举办者合法权益，有利于吸引更多的资金投入高等教育领域。根据高等教育法律法规的规定，举办者的合法权益主要包括：加入学校的董事会等决策结构，参与学校重大事项的决策；符合法定条件的，可以依法从民办学校的办学结余中取得合理回报；捐赠财产举办学校的，依法享受国家规定的税收优惠政策等。教师是学校智力产品的创造者，依法保护教师合法权益是保证高校可持续发展，提高学校办学质量的重要环节，也是依法治校的基本要求。教师的权利在《中华人民共和国教育法》《中华人民共和国教师法》中均有明确规定。根据依法治校的要求，学校应当大力推行教师聘任制度。在平等的基础上，学校与教师通过签订聘任合同，明确双方的权利、义务与责任。学校应当严格履行合同，

---

① 柯瑞清. 大学治理法治化的路径探析. 东南学术，2015（3）：234-238.

依照法律和有关规定保障和落实教师待遇，尊重教师权利；同时，建立校内教师申诉渠道，保证教师维护自身权益的要求能够通过公正、公平的途径得以满足。保证学生享有的接受全面教育和获得公正评价的权利得到实现，是依法治校工作的出发点。当前，进一步落实和保障学生的受教育权，重点要做好以下工作：严格学籍管理，完善学生处分程序，保证处分符合公平公正、合理适当的原则，以及处分程序的公正、公开；建立校内学生申诉制度，允许学生对学校给予的处分和其他处理决定进行申诉；同时，要加强对学生的法律指导与援助，注重通过司法手段依法解决教育纠纷，维护学生的合法权益。①

---

① 孙霄兵. 把握关键环节 提升依法治校水平. 中国高等教育，2003（17）：8-11.

第十章
高等教育对外开放和国际交流合作

　　改革开放以来，伴随我国经济社会的改革开放，高等教育对外开放和国际交流合作不断向前发展。高等教育对外开放在国家战略和高等教育发展战略中具有重要地位，国际交流合作已经成为我国高等教育的重要职能。从实践层面来说，对外开放和国际交流合作不仅是提高高等教育质量和建设高等教育强国的重要条件，也是服务国际国内大局、促进文明交流互鉴、推动人类文明进步的基本途径。因此，回顾高等教育对外开放和国际交流合作的历程，总结实践经验和成就，展望未来发展趋势，对于进一步推动高等教育对外开放和国际交流合作具有重要意义。

第一节　高等教育对外开放和国际交流合作的发展历程

　　改革开放 40 年来，我国积极参与并融入经济全球化进程。伴随着改革开放政策的实施，我国高等教育对外开放和国际交流合作坚持服务国家教育改革发展事业、服务中国特色社会主义现代化建设事业、服务国家外交战略和大局的基本原则，不断实现创新发展，形成了"多层次、宽领域、全方位"的对外开放和国际交流合作格局。

一、高等教育在积极对外开放中实现快速发展

　　我国的对外开放最早是从高等教育领域开始的，高等教育对外开放是我国改革开放事业的重要组成部分。"文化大革命"期间，我国高等教育国际交流与合作工作基本陷入停顿，高等教育对外开放遭遇严冬。从"文化大革命"开始至 1978 年，我国仅向少数国家派遣留学生，且规模较小，来华留学生数量相当有限，高等教育交流与合作的对象主要集中于东欧和第三世界国家。改革开放后，我国教育事业重新步入正轨并走上迅速发展的道路，高等教育对外开放也得到了恢复和迅速发展。1978 年 6 月 23 日，邓小平同志在听取清华大学工作汇报时指出："我赞成留学生数量增大，主要搞自然科学，要成千成万地派，不是只派十个八个。我们一方面要努力提高自己的大学水平，一方面派人出去学习，这样可以有一个比较，看看我们

自己的大学究竟办得如何。这是五年内快见成效，提高我国水平的重要方法之一……要千方百计加快步伐，路子要越走越宽。"①邓小平同志关于出国留学工作的这段话是他为改革开放事业设计的宏伟蓝图的一个重要组成部分，对开创新时期出国留学事业具有划时代意义。1983 年，邓小平同志为北京景山学校题词，高瞻远瞩地指出"教育要面向现代化，面向世界，面向未来"，这一精神成为新时期我国教育对外开放的重要指导思想。

邓小平同志以后的几任国家领导人继承和发展了高等教育对外开放的思想。2013 年 4 月 21 日，习近平在《致清华大学苏世民学者项目启动的贺信》中指出：今天的世界是各国共同组成的命运共同体，教育应该顺此大势，通过更加密切的互动交流，促进对人类各种知识和文化的认知，对各民族现实奋斗和未来愿景的体认，以促进各国学生增进相互了解、树立世界眼光、激发创新灵感，确立为人类和平与发展贡献智慧和力量的远大志向。国家领导人高度重视教育国际交流与合作，这有力地推动了高等教育对外开放的发展。

改革开放以来，国家先后制定和实施了一系列政策文件和教育法律法规，推动了高等教育对外开放。1985 年颁布实施的《中共中央关于教育体制改革的决定》强调，教育工作要坚持"三个面向"教育思想，通过各种可能的途径加强对外交流与合作，使我国的教育事业建立在当代世界文明成果的基础之上。1993 年颁布实施的《中国教育改革和发展纲要》明确要求要进一步扩大教育对外开放，加强教育国际交流与合作，大胆吸收和借鉴世界各国发展和管理教育的成功经验。该纲要还提出了继续扩大派遣留学生、鼓励学成归国、改革来华留学生招生和管理办法、加强国内外高等学校的交流与合作、与国外学校或专家联合培养人才和进行科学研究、加强对外汉语教学工作等一系列具体措施。2010 年颁布实施的《国家中长期教育改革和发展规划纲要（2010—2020 年）》把扩大教育对外开放、提高教育国际化水平作为提高我国高等教育质量、建设高等教育强国和人力资源强国的重要条件。该规划纲要强调要扩大教育对外开放，要求"加强国际交流与合作。坚持以开放促改革、促发展。开展多层次、宽领域的教育交流与合作，提高我国教育国际化水平。借鉴国际上先进的教育理念和教育经验，促进我国教育改革发展，提升我国教育的国际地位、影响力和竞争力。适应国家经济社会对外开

---

① 人民网. 纪念小平同志关于留学生派遣工作讲话发表 25 周年.（2003-06-12）[2018-03-01]. http://www.people.com.cn/ GB/paper39/9405/871064.html.

放的要求，培养大批具有国际视野、通晓国际规则、能够参与国际事务和国际竞争的国际化人才"。中共中央、国务院印发的《关于加强和改进新形势下高校思想政治工作的意见》明确将国际交流合作作为我国高等教育的第五项职能，凸显了教育对外开放在当今国家战略和高等教育发展战略中的重要地位。中央文件将国际交流合作作为高等教育的一项基本职能，充分体现了国家对高等教育国际交流与合作的重视，标志着我国高等教育对外开放思想和实践达到了一个全新的高度。

为了从法律上保障我国教育对外开放，全国人大及其常委会先后制定了多项有关法律，以更好地促进教育对外开放，推动高等教育国际交流与合作。1995年颁布的《中华人民共和国教育法》从宏观基本原则和相关规定协议等方面强调了教育对外交流和合作。1998年颁布的《中华人民共和国高等教育法》对国家关于高等教育国际交流与合作的立场和高校的有关权利作出了具体规定。2015年最新修订的《中华人民共和国教育法》将第六十七条第一款修改为"国家鼓励开展教育对外交流与合作，支持学校及其他教育机构引进优质教育资源，依法开展中外合作办学，发展国际教育服务，培养国际化人才"。修订后的《中华人民共和国教育法》增加了关于引进优质教育资源、依法开展中外合作办学、发展国际教育服务、培养国际化人才的规定，将国家鼓励开展教育对外交流与合作的规定进一步具体化。

改革开放是决定当代中国命运、实现中华民族伟大复兴的关键，是必须长期坚持的基本国策。教育对外开放是我国改革开放事业的重要组成部分，肩负着培养优秀人才、促进人文交流、推动现代化建设的重要使命，是必须长期坚持的教育基本政策。我国具有深厚的文化教育传统，目前已成为世界第二大经济体，发展潜力巨大。实现中华民族伟大复兴的宏伟目标要求不断扩大教育对外开放，提高教育国际化水平。近年来，我国教育对外开放自觉地服务于大国外交、周边外交和"一带一路"等国家对外重大战略和倡议，积极推动实施创新驱动发展战略、科教兴国战略和人才强国战略。我国还积极参与全球教育治理，向国际社会发出中国教育声音，介绍中国教育方案，参与联合国教科文组织等国际组织的多边教育合作，积极有效参与国际教育规则制定，选拔优秀人才到国际组织教育部门工作，为国际组织提供人才支持。此外，我国还推动学历学位互认，与41个国家和地区签署学历学位互认协议，积极为教师互派、学生互换、学分互认和学位互授联授创设更好的条件。①

二、高等教育在平等互利中扩大交流合作

平等交流是教育国际交流与合作的基本要求，也是过去 40 年我国高等教育对外开放的基本原则和特点之一。改革开放初期，虽然在与发达国家进行的高等教育交流与合作中我国起步较低，更多地处于输入方地位，但我国在总结历史经验的基础上，重视教育对外开放中的平等交流，致力于在平等的条件下开展国际交流与合作。我国教育法律法规和政策文件始终强调教育对外开放中的平等交流，坚持独立自主、平等互利等原则，维护教育主权。

改革开放以来，我国在教育对外开放中坚持独立自主和平等互利等原则，强调教育主权。1995 年的《中华人民共和国教育法》第六十七条规定："教育对外交流与合作坚持独立自主、平等互利、相互尊重的原则，不得违反中国法律，不得损害国家主权、安全和社会公共利益。"在 2009 年和 2015 年的两次修订中，都重申了这一基本原则和要求，强调教育平等交流。任何形式的教育对外交流和合作，都必须遵守我国宪法和法律的基本原则，也必须遵循我国政府缔结或签署的有关教育的国际公约和条约的规定。

2001 年，我国加入 WTO，对《服务贸易总协定》(General Agreement on Trade in Services，GATS) 规定的 14 个服务贸易部门之一的教育部门作出了有关承诺。加入 WTO 后，我国教育对外开放的范围扩大，程度加深。GATS 要求减少政府监管，适当下放办学权力，扩大学校管理自主权，使得我国传统的教育主权受到一定程度的冲击。面对新形势，我国政府坚定地维护教育主权，正如时任教育部部长陈至立在我国加入 WTO 之后不久即指出的，"维护教育主权的任务十分艰巨。教育主权涉及国家的基本政治文化经济利益，是每一个主权国家都必须坚决维护的基本权益"②。2003 年，《中华人民共和国中外合作办学条例》规定："中外合作办学必须遵守中国法律，贯彻中国的教育方针，符合中国的公共道德，不得损害中国的国家主权、安全和社会公共利益。"《中华人民共和国中外合作办学条例实施办法》中规定，中外合作办学机构"不得违反中国法律、行政法规，不得损害社会公共利益"。我国境内的中外合作办学是我国教育的组成部分，接受

① 蒋凯，张军凤. 中国高等教育对外开放的基本特点. 清华大学教育研究，2017（6）：7-15.
② 陈至立. 我国加入 WTO 对教育的影响及对策研究. 人民教育，2002（3）：4-6.

我国政府的管理。随着综合国力的增强，我国承担了更多的国际教育责任，加大了教育"走出去"的力度，高等教育对外开放不断深化发展。我国积极推动中非教育合作，为非洲国家培养社会经济和教育发展所需要的人才；主动实施和推进共建"一带一路"教育行动，充分发挥教育在"一带一路"建设中的重要作用等。在对接沿线国家教育需求、构建"一带一路"教育共同体、服务"一带一路"倡议的行动中，高等教育国际交流与合作处于核心位置。[①]

我国高校在与国外高校交流与合作的过程中也强调平等和互利互惠。校际交流合作是我国高校与国外高校之间开展的以学生交换、教师交换、科研合作和合作办学等为主要内容的合作活动。我国高校与国外高校的交流合作以平等互利为基本原则，依据这一原则开展教学、科研合作及进行人员往来。近年来，中外合作办学迅速发展，合作办学机构和项目数量不断增长。在全球化背景下，高校尤其是研究型大学通过高等教育国际化来培养具有国际视野和国际竞争力的人才，既是服务国家建设和发展的重要途径，也是促进学校教学、科研水平提高和增强学校影响力与竞争力的重要手段。研究型大学被认为是推动高等教育国际化的主要力量。从世界范围内来看，许多国家的研究型大学正通过加强国际化来提升其在世界大学中的地位。我国也在不断推进高等教育国际化，《国家中长期教育改革和发展规划纲要（2010—2020 年）》明确指出，要扩大教育开放，加强国际交流合作，提高我国教育国际化水平。随着经济全球化的发展和高等教育领域的改革开放，我国研究型大学的国际化也逐渐呈现出多样化形式，与国外知名大学的合作更为频繁和深入，国际化的教育理念逐渐渗透到大学的各个层面。据统计，我国 39 所"985 工程"大学的使命陈述中均涉及高等教育国际化的内容，主要包括三个方面：发展目标、人才培养和学术研究。其中，37 所大学均涉及学校发展目标中的国际化定位。[②]从更为宏观的层面上来看，高等教育国际化日益超越教育政策层面而上升为国家发展战略。2015 年 10 月，国务院印发的《统筹推进世界一流大学和一流学科建设总体方案》明确提出：需要将促进国际交流和合作，加强与世界一流大学和学术机构之间的实质性合作与国际协同创新，以切实提高中国高等教育的国际竞争力和话语权作为重大改革和发展任务。

毋庸讳言，随着我国高等教育国际化的进一步推进及中外合作办学规模的扩

---

① 蒋凯，张军凤. 中国高等教育对外开放的基本特点. 清华大学教育研究，2017（6）：7-15.

② 陆根书，康卉. 我国"985 工程"大学高等教育国际化政策分析. 高等工程教育研究，2015（1）：25-31.

大，高等教育国际交流与合作实践中也面临一些亟待克服的问题，如一些高校以追逐高校排名或创收为主要目的，抢占全球教育市场，使之取代了通过国际合作提高学术水平的诉求，为招揽学生而降低学术标准；部分国际项目、合作计划、认证服务受利益主导，趋向商业化，让不少假文凭兜售者有机可乘，学术领域造假事件时有出现；我国跨境教育质量保障的能力建设与跨境教育规模并不匹配，中外合作办学质量建设中存在引进境外优质教育资源不足、区域分配失衡、办学层次较低、学科专业设置低水平重复等问题；学生国际流动方面存在着学生双向流动不均衡、国家战略急需的国际化人才培养不足、留学生培养"宽进宽出"导致质量下降等问题；高层次的科研合作比例过小等问题日趋凸显。在这种背景下，中共中央办公厅、国务院办公厅于 2016 年 4 月印发了《关于做好新时期教育对外开放工作的若干意见》，教育部在 2016 年 7 月印发了《推进共建"一带一路"教育行动》两个重要指导性文件。该意见是 1949 年以来第一份全面指导我国教育对外开放事业发展的纲领性文件，明确提出，到 2020 年我国出国留学服务体系基本建立，来华留学质量显著提高，涉外办学效益明显提升，双边多边教育合作广度和深度有效拓展高等教育领域国际规则制定能力大幅提升，教育对外开放规范化、法制化水平显著提高，更好地满足人民群众多样化、高质量的教育需求，更好地服务经济社会发展全局。这标志着我国高等教育对外开放事业由发展阶段进入"提质增效"阶段，进入高等教育国际化和对外开放内涵式发展的阶段。[①]

三、以内涵式发展为导向深化高等教育国际交流合作

改革开放 40 年来，我国高等教育国际交流与合作取得长足发展和辉煌成就，在双向留学、合作办学、中外文化交流等领域都取得了重大进展，已逐步形成了多层次、宽领域的新格局，成为高等教育发展和高等学校改革的强大推动力。中国教育国际交流协会 2016 年发布的《2015 年中国高等教育国际化发展状况调查报告》反映了高校通过国际化推动改革与发展的具体情况。该调查涉及全国 649 所高校，内容包括国际化战略、组织与管理、教师、学生、课程与教学、科研、中外合作办学、境外办学、国际交流与合作 9 个方面的 57 项指标。调查发现：①绝大多数高校对国际化发展战略给予重视。95%的学校在其发展战略规划中对本校的国际化发

---

① 夏辽源，曲铁华. 我国高等教育国际化"内涵式"发展探析. 东北师大学报（哲学社会科学版），2018（2）：154-160.

展提出了明确的要求，93%的高校制定了国际化发展战略目标，89.7%的学校根据国际化发展战略目标制定了中长期规划和实施方案。②大多数高校有着比较完善的国际化组织与管理机制。86.5%的学校设置了国际化工作委员会或领导小组；75%的学校设立了国际化推进办公室，在国际化相关规章制定建设方面表现更加积极；95.5%的学校制定了一套完善的与国际化发展相关的规章制度；96.4%的学校能根据国际化发展需求和制度的执行情况，定期修订和完善外事管理规定。

目前，我国高等教育质量和水平与发达国家相比还存在较大差距，这些差距已成为制约我国科技创新和可持续发展的瓶颈。因此，切实改变高等教育落后现状、赶超发达国家、培育世界一流人才、发展世界尖端科技，是我国高等教育发展及高等教育国际化的重要课题。《国家中长期教育改革和发展规划纲要（2010—2020年）》提出，到2020年，建成一批国际知名、有特色、高水平的高等学校，若干所大学达到或接近世界一流大学水平，高等教育国际竞争力显著增强。高等教育国际化就是要借鉴世界发达国家先进办学理念、经验，推动我国高等教育深化改革，充分利用好国际国内的两种资源、两个市场，在与国际高等教育的相互交融中，实现我国高等教育由大到强的根本转变。2015年10月，国务院印发《统筹推进世界一流大学和一流学科建设总体方案》，将高等教育国际化战略与"双一流"建设紧密地结合在一起，从引进国外优质教育资源、开展人才联合培养与科学联合攻关、加强国际协同创新、营造国际化教学科研环境、参与国际教育规则制定等多个方面明确提出了高等教育国际化的发展方向。2017年1月，教育部、财政部、国家发展改革委联合印发《统筹推进世界一流大学和一流学科建设实施办法（暂行）》，对有效落实"双一流"建设任务提出了具体要求，将面向世界科技发展前沿、突出国际影响力、支持国家长远发展作为重要抓手，并制订以国际公认的学校标准和学科标准为依据的一流大学和一流学科遴选方案。2017年9月，三部委又联合印发《教育部 财政部 国家发展改革委关于公布世界一流大学和一流学科建设高校及建设学科名单的通知》，"双一流"建设真正进入全面启动和实施阶段。伴随着"双一流"建设的推进，高等教育国际化战略也进入以提升质量为主的全面攻坚阶段。①在这一背景下，高校拓展国际交流合作职能，既是改革开放战略下高等教育发展的具体部署，也是经济全球化背景下高等教育发展的必然方向。

---

① 陆小兵，王文军，钱小龙. "双一流"战略背景下我国高等教育国际化发展反思. 高校教育管理，2018，12（1）：27-34.

第二节　高等教育对外开放和国际交流合作的
主要成就

　　高等教育对外开放和国际交流合作的主要内容包括六个方面：①人员来往，包括学校领导人互访；互派访问学者和教师，交换留学生；定期举办由双方人员参加的交流活动。②合作办学，包括合作开设办学机构或教育项目，开展学历教育、非学历教育和专业培训。③合作开展科研活动，包括合作开展课题研究；免费使用实验室及有关资源。④共享教学资源，包括以合作项目为基础提供的课程体系、教材、教学方法、教学手段、管理模式及教学信息资源。⑤通过网络途径提供服务，包括远程教育、网上图书资料服务等。⑥合作开展科技有偿服务活动，包括共同创办科技开发实体，开拓校办产业的领域。[①]我国高等教育国际交流与合作是与国家对外开放政策的实施同步的。40年来，高等教育领域的对外开放与经济和社会领域的对外开放同时蓬勃发展起来。尤其是 20 世纪 90 年代以来，高等教育国际交流与合作事业成为我国高等教育中具有很大吸引力和巨大潜能的领域。我国加入 WTO 标志着我国高等教育国际交流与合作进入了一个新阶段。我国高等教育通过对外开放和国际交流合作，吸收和借鉴了各国高等教育发展和管理的成功经验，引进了优质高等教育资源，提升了我国高等教育办学水平与实力，促进了我国经济和社会发展。

一、来华留学教育发展迅速，高等教育国际竞争力不断提升

　　我国政府长期以来高度重视接收和培养外国留学生的工作，并把它看作是高等教育国际交流与合作的主要形式之一。发展来华留学教育可以不断提高我国高等教育水平、综合竞争力和国际学术声望，进而促进我国"软实力"提升和国际

---

　　① 林维明，李毅. 关于高等教育国际交流与合作的思考. 广州大学学报（社会科学版），2003，2（12）：48-51.

化人才高地建设。①来华留学教育有利于多元文化交融和国际化人才培养。一方面，作为一种文化交流活动，来华留学教育可以大大繁荣我国多元文化，并在交流中不断丰富和发展我国文化内涵；另一方面，来华留学教育有利于我们了解国外科技发展的新趋势，开阔视野，培育国际化思维，从而培养适应我国经济社会发展需要的国际化专业人才。②来华留学教育为我国经济发展作出了直接或间接贡献。近年来，随着我国综合国力的提升和高等教育影响力的增强，来华留学教育对我国经济发展的直接或间接贡献正逐步显现出来。③来华留学教育还可以培育潜在的外交资源。近年来，大批学有所成、对我国友好的留学生毕业后，以各种方式加强所在国与中国的友好合作关系。

1950 年，我国接收了第一批来自东欧国家的 33 名留学生；1950—1978 年，累计培养外国留学生 12 800 余名。改革开放以后，随着我国经济的快速发展、综合国力和国际地位的提升，来华留学教育进入了一个新的发展时期。1978 年至 2015 年底，来华留学人员从 1236 人增加到 397 635 人。根据 2010 年教育部印发的《留学中国计划》，我国力争在 2020 年实现来华留学人员 50 万人次，成为亚洲最大的留学生目的地国。我国坚持"扩大规模，优化结构，规范管理，保证质量"的方针，通过发布《留学中国计划》等各种方式推进来华留学教育工作，打造"留学中国"品牌，培养大批知华友华国际人士，增强国家软实力。人文交流、政治互信和经贸合作共同构成了我国外交战略的三大支柱，人文交流在新时期国家对外工作大局中具有支柱作用。来华留学和出国留学是我国对外人文交流的主要方式，来华留学教育对文明相互交流借鉴、增进中外人民友谊、促进国际理解、维护世界和平具有重要的意义。此外，在人才跨国流动加速的背景下，我国高校近年主动参与全球人才竞争，吸引外国优秀学生来华留学，政府、高校、科研机构和企业开始为优秀留学生毕业后在我国居住和就业创造条件，以充实我国高层次人才队伍，增强国家竞争力。

来华留学教育工作的成效和影响正日益显现出来。来华留学生遍布世界上 180 多个国家和地区，正在为其所在国的经济建设和社会发展，以及所在国和中国的交流与合作事业的发展，发挥着积极作用。据不完全统计，2008 年前后，来华留学回国人员中有 30 多人在本国担任了部长一级的领导职务，有 20 多人先后担任驻华大使，有 30 多人担任驻华使馆参赞，有 200 多人在各国的大学担任教授或副教授。各国驻华使馆中的中青年外交官，大部分都曾在华学习过。来华留学毕业生中有相当部分在从事同我国的经济、贸易、科技、教育、文化、卫生等各个领域的交流与合作①。

二、出国留学事业成效显著，大批高水平人才回国服务

1978 年是我国出国留学工作发展史上具有里程碑意义的一年。邓小平同志对开展出国留学工作作出重要指示，翻开了我国出国留学工作新的篇章。教育部为落实邓小平同志重要指示，迅速制订计划，采取措施，于 1978 年 7 月 11 日向中央提出了《关于加大选派留学生的数量的报告》，并于 12 月 26 日向美国派出了 52 名中国访问学者。这是改革开放后我国首批赴美访问学者。随后，赴英、日、德、法等发达国家的中国留学生陆续踏上求学征程，掀起了我国近现代以来最大规模的出国留学热潮。

随着我国出国留学事业的发展，各项出国留学政策也日趋完善。在国家公派留学工作方面，教育部起草、制定、出台了一系列留学人员选派工作方面的政策法规，设置了相关管理和服务机构，组织了历年国家公派留学人员选派工作。1986 年 12 月 13 日，国务院批转的由国家教委起草的《关于出国留学人员工作的若干暂行规定》是我国第一个全面、系统、公开发布的留学工作文件。该规定明确提出了"按需派遣，保证质量，学用一致"的方针。为适应新形势，国家教委于 1996 年成立了国家留学基金管理委员会，重点调整和完善了国家公派出国留学政策，实行"个人申请，专家评审，平等竞争，择优录取，签约派出，违约赔偿"的国家公派留学选派和管理办法。2003 年，教育部提出了"扩大规模、提高层次、保证重点、增强效益"的国家公派留学工作思路，并作出了两项重要调整：一是为充分发挥国家留学基金的作用，确定了重点支持的七大领域；二是对留学人员类别进行了调整，设立了"高级研究学者"，并将传统的"普通访问学者"和"高级访问学者"合并为"访问学者"。2005 年，教育部提出的"三个一流"的选派办法，是落实科教兴国和人才强国战略的非常及时和重要的政策性措施。所谓"三个一流"，就是"选拔国内一流的学生，派到（海外）一流的大学和学科专业，师从一流的导师"。2007 年，"国家建设高水平大学公派研究生项目"设立，规定2007—2011 年每年选派 5000 名研究生赴国外一流高校深造。该项目是中华人民共和国成立以来最大规模的公派研究生项目。同年，为规范国家公派出国留学研

---

① 中国华文教育网. 改革开放 30 年我国教育交流与合作成效显著. (2008-10-08) [2018-12-30]. http://hwjyw. com/info/news/200810/t20081008_22555s.html.

究生派出和管理工作，创新机制，提高国家公派出国留学效益，教育部、财政部联合发布《国家公派出国留学研究生管理规定（试行）》。

为加强对自费留学的引导，1984 年，教育部牵头起草了《国务院关于自费出国留学的暂行规定》。之后，随着自费留学的发展，特别是自费留学市场的形成，教育部多次调整、修改有关自费留学的政策规定。1999 年，教育部会同公安部和国家工商行政管理总局联合发布了《自费出国留学中介服务管理规定》，并在其后成立专门的监管机构，向社会发布"留学预警"，对境外教育机构进行资质认证，公布经过认证的国外院校名单，与外国教育部门建立自费留学问题磋商机制，开辟"教育涉外监管信息网"，并指导建立留学中介行业协会，对自费留学中介机构、国际教育展等与自费留学密切相关的机构和活动进行监管。2003 年，教育部发出了《教育部办公厅关于简化大专以上学历人员自费出国留学审批手续的通知》。同一年，为激励品学兼优的优秀自费留学生在学业上取得优异成绩，鼓励他们回国工作和以多种形式为国服务，进一步加强他们与祖国的联系，国家留学基金委员会设立了"国家优秀自费留学生奖学金"。①

经过 40 年的快速发展，我国已形成了以国家公派出国留学为主导、自费出国留学为主体的留学格局。我国是世界上最大的留学人员生源地国家，2012 年，我国留学生人数约占全球留学生总数的 14%；近年，出国留学生人数连年攀升，在全球留学生总数中的占比不断提高。1978 年至 2015 年底，我国各类出国留学人员累计达 404 万人，遍布 100 多个国家。我国向国外派出一批又一批留学生，客观上为我国社会经济和其他各项事业的发展输送并储备了大批国际化人才。在出国留学意愿不断增强、留学人员规模巨大的背景下，我国出国留学工作已经转换重点，各级政府、高校、科研机构和企业积极采取措施吸引留学人员回国工作和为国服务，为留学人员回国工作、为国服务创造良好环境，通过人才计划和优惠政策吸引大批学有所长或取得成就的高层次人才回国参加各项建设事业，发挥他们的作用。从留学人员回国发挥作用来看，留学回国人员已经成为国家现代化建设的重要力量，在教育、科技、经济、国防、社会发展等领域发挥了重要作用，在中国由人力资源大国向人力资源强国转变的过程中，提供着人才支持和智力贡献。截至 2007 年底，留学回国人员在许多重要岗位上占有很大比例，77.61% 的教育部直属高校校长、80.49% 的"两院"院士、94% 的"长江学者"、72% 的国家

---

① 中国留学工作 30 年的历程与成就——访国家教育部副部长章新胜. 国际人才交流，2008（9）：6-8.

"863 计划"首席科学家，都是留学回国人员。先后有 939 名优秀留学回国人员获得了国家级表彰。在党和政府的高度重视和政策引导下，回国创办高新技术企业的留学人员越来越多，目前国内已有 100 多个留学人员创业园，据不完全统计，它们孵化了 6000 多家留学人员创办的企业。①

三、中外合作办学不断发展，合作领域不断拓展

中外合作办学是我国改革开放后在教育领域出现的新生事物，已逐渐成为我国教育国际交流与合作的重要形式之一。改革开放初期，在高等教育领域，我国已经开始探索某些形式的中外合作办学活动。1993 年 6 月，国家教委出台了《关于境外机构和个人来华合作办学问题的通知》，指出要在有利于我国教育事业发展的前提下，有选择地加以引进和利用境外的管理经验、教育内容和资金；提出了"积极慎重、以我为主、加强管理、依法办学"的原则。1995 年 1 月，国家教委颁布的《中外合作办学暂行规定》明确指出，"中外合作办学是中国教育对外交流与合作的重要形式，是对中国教育事业的补充"，并对中外合作办学应当遵循的原则、办学的范围与主体、办学的审批权限和程序、领导体制、文凭发放，以及合作办学机构的管理、监督等作出了比较明确的规定。《中外合作办学暂行规定》的颁布标志着中外合作办学开始走上规范管理的轨道。

随着我国正式加入 WTO，大批境外高校纷至沓来，与我国高校开展合作办学。这不仅促进了我国中外合作办学的发展，也使得我国中外合作办学面临新的形势与挑战。2003 年 3 月 1 日，国务院颁布了《中华人民共和国中外合作办学条例》，并于 2003 年 9 月 1 日起正式施行。该条例是我国颁布的最为完善的有关中外合作办学的法规。中外合作办学的定位从"中国教育事业的补充"到"中国教育事业的组成部分"的转变，中外合作办学的方针从"积极慎重、以我为主、加强管理、依法办学"到"扩大开放、规范办学、依法管理、促进发展"的演进，表明了国家对中外合作办学的鼓励和支持，标志着我国对中外合作办学的规范和管理进入了一个崭新阶段。为了便于具体操作，2004 年 6 月，教育部颁布《中华人民共和国中外合作办学条例实施办法》，进一步明确了中外合作办学的审批和规范管理办法，增强了中外合作办学的可操作性。目前，对中国高等学校来说，

---

① 李柯勇，万一. 跨出国门——中国开放留学三十年. 文史博览，2008（12）：4-7.

国际交流与合作已经成为其重要的任务和功能之一。在新时期新阶段，中国高等教育在国际化方面将进一步重视"引进来"和"走出去"的办学方针。截至 2018 年 6 月，教育部共批准设立了 2342 个中外合作办学机构和项目。其中，中外合作办学独立机构有宁波诺丁汉大学、西交利物浦大学、上海纽约大学、温州肯恩大学、昆山杜克大学等。同时，"3+1""2+2"等合作办学项目成效显著，影响力不断提升。2013 年 5 月，北京大学、清华大学正式加盟由哈佛大学与麻省理工学院联手创办的大规模开放在线课程平台（edX）。这些机构的成立和项目的顺利开展，促成了国际化课程、教材和课件及教学方式等教学资源的跨国、跨地区流动和共享，使得传统的教育方式和教学手段开始经历前所未有的变革。

四、涉外教育政策法规和监管机制逐渐完善，国际交流与合作实现规范化

为切实保护人民群众利益和促进国际交流与合作健康有序发展，我国进一步加大了对教育涉外活动的监管力度，先后出台《中外合作举办教育考试暂行管理办法》《自费出国留学中介服务管理规定》《自费出国留学中介服务管理规定实施细则（试行）》《高等学校境外办学暂行管理办法》《中华人民共和国中外合作办学条例》《中华人民共和国中外合作办学条例实施办法》等涉外教育法规，成立教育涉外监管机构，开设教育部"教育涉外监管信息网"，加大对自费出国留学中介服务活动的规范管理力度，维护了自费出国留学人员的合法权益。

目前，我国正在加强对出国留学市场的深入研究，整顿和规范自费留学中介服务市场，加强政府教育涉外监管，加强境外教育机构的资质审定，以维护广大自费出国留学者的利益，形成良好的市场秩序。为加大政策指导力度，教育部于 2007 年 4 月下发了《教育部关于进一步规范中外合作办学秩序的通知》，引导各地教育行政部门和教育机构更加理性地看待中外合作办学，深化和增强引进境外优质教育资源的认识和自觉。当前，中外合作办学的发展日趋规范，在深化教育改革、创新办学模式、促进学科建设、提高师资水平、拓宽人才培养途径等方面的积极作用日益显现。教育部加大了监管力度，努力做好中外合作办学机构和项目的复核工作和行政许可工作，取得了阶段性成果。与此同时，为促进学生和教师的国际流动，我国与很多国家和地区积极进行政府间的磋商谈判，在教育交流合作、学历学位互认、互访人员签证等方面签署双边或多边协议，为高等教育国

际化提供制度和机制保障。①

五、高等教育对外援助取得明显成效，国际交流与合作范围逐渐拓宽

20世纪60年代以前，我国与非洲一些国家的教育合作主要是交换留学生和教师，以及由中方向非洲国家派遣援助教师，致力于支持并帮助独立后的非洲国家发展独立的教育体系。改革开放以后，我国教育援外工作对象由非洲拓展到包括东盟、阿拉伯地区国家等在内的发展中国家，覆盖面越来越广。20世纪90年代，在加深原有合作的基础上，我国开始与非洲一些国家进行高等教育与科研项目合作，并开始为非洲国家举办各类专业研修班。在人力培养和培训方面，2000年以来，教育部共举办了54期研修班，有1039名来自发展中国家的教育官员、校长、学者和专业技术人员参加了学习。2000—2007年，我国共接收非洲留学生19 948人次，其中，政府奖学金生12 156人次。2005年11月，我国与部分非洲国家在北京举行了中非教育部长论坛，签署了《2005年中非教育部长论坛北京宣言》。2006年，浙江师范大学承办了首届中非大学校长论坛，为国内和非洲国家高校的教育合作与交流提供了一个平台。

截至2015年12月，我国已在134个国家和地区建立了500所孔子学院和1000个孔子课堂，学员总数达190万人。孔子学院对于传播中华文化，促进中外交流，提升我国软实力和国际影响力起到了积极作用。②目前，我国高等教育已经具备了在"一带一路"沿线国家建立境外大学和教育基地的良好基础。截至2014年，我国高校赴境外办学已初具规模，经教育部批准的境外办学机构有厦门大学马来西亚分校、老挝苏州大学、云南财经大学曼谷商学院和北京语言大学东京学院；同时还有90多个项目，涉及14个国家和地区，主要分布在东南亚国家；我国与180多个国家和地区建立了双边和多边教育交流合作关系，与41个国家和地区签署了学历学位互认协议。③截至2017年，我国与46个国家和地区签订了学历学位互认协议。

---

① 钟秉林. 推进高等教育国际化是高校内涵建设的重要任务. 中国高等教育, 2013（17）: 22-24.
② 郭涟涟. 论中国高校如何做好新时期高等教育对外开放工作. 高教学刊, 2016（21）: 198-199.
③ 瞿振元. "一带一路"建设与国家教育新使命. 光明日报. 2015-08-13（11）.

第三节　高等教育国际交流与合作的主要经验
和发展趋向

通过国际化提升高等教育办学水平，已经成为世界各国高等教育发展的基本经验和广泛共识。作为高等教育后发国家，我国在推进高等教育国际交流与合作战略过程中，既要谨慎对待国际化带来的负面效应，又要通过转变办学方式，以国际交流和合作为手段推进我国高等教育改革发展与质量提升。

一、高等教育国际交流与合作要坚持扬长避短

高等教育国际化是一把"双刃剑"。从有利的方面来讲，世界各国高等教育在办学思想、管理体制、教育内容与方法等诸多方面可以通过国际交流、比较互相借鉴和发展。高等教育国际化可以弥补某些国家智力资源的匮乏，有利于不同国家之间先进高等教育经验和教学技术的学习与借鉴，国际高等教育援助项目可以缓解某些国家教育资金短缺的问题等。但高等教育国际化并非是一条坦途，如果信息技术、网络设施及其控制技术集中于少数国家，那么可能会产生新的信息或文化殖民主义。同时，高等教育国际化也会给某些国家（尤其是第三世界国家）高等教育的发展带来一系列问题，如优秀人才大量流失、文化传统逐步被削弱和淡化、教育对象之间的文化冲突等。可见，高等教育国际化带给我们的既是机遇也是挑战。但在经济全球化背景下，任何国家都不可能置于国际化潮流之外，高等教育国际化是世界高等教育发展的必然趋势，其积极的因素仍然是主导方面。只要我们注意采取措施，克服其中潜在的不利因素的影响，高等教育国际化带给我们的将是繁荣和进步。与此同时，高等教育国际化发展有着双层面向，高等教育既要面向国际并投身于教育国际化浪潮，又要立足国内，坚守特有传统。国际化进程不只是双方互相交融的进程，其背后也隐含着较为深切的国家利益，国家间的合作既是交流也是竞争。因此，我国高等教育国际化必须正视中华民族传统文化、中国本土特有精神，只有这样才能化"被全球化"为"主动全球化"，才

能从"借鉴有余，创造不足"走向超越与创新。①

近年来，我国积极参与高等教育国际交流与合作，有效地促进了我国高等教育的改革与发展。但同时我们也应清晰地认识到，高等教育国际化使我国高等教育面临着前所未有的冲击和挑战，主要表现如下：①对高等教育市场的冲击。随着高等教育国际化的发展，海外教育机构将进一步打破我国政府对教育市场的垄断，给我国教育主权和现行高等教育管理体制带来冲击。②对人才流动的冲击。随着国际竞争的日趋激烈，发达国家必将继续抢夺发展中国家的人才，国际人才资源的"马太效应"将更加突出。③对教师职业的冲击。随着高等教育国际化的发展，各高校聘任外教的力度会进一步加大，这将会加大原有教师的竞争压力。④文化的冲击与碰撞。东西方文化的交汇不可避免地带来更为强烈的文化冲突。这种冲突既表现为中华民族优秀文化广泛地向外传播、弘扬，又表现为我国文化对外来优秀文化的吸收和两者的融合。②因此，如何扬长避短，克服高等教育国际化带来的消极因素的影响，利用积极因素，是我国今后在高等教育国际化过程中必须重视的课题。

二、高等教育国际交流与合作要坚持国际化与本土化协调发展

在进行高等教育国际交流与合作的过程中，如何立足本土，突出高校优势学科与民族特色文化，如何利用国外的优质教育资源最大化地提升本土教育的质量和水平，并使两者在相互包容中协调发展，是我国在高等教育国际交流与合作过程中始终需要研究的课题。一方面，我们必须从国家发展、民族振兴的高度来认识和开展高等教育国际交流与合作。为实现中华民族的伟大复兴，我国选择了"和"的发展之路，即通过改革开放，通过建立社会主义市场经济体制，通过不断的科技创新来发展我国的政治、经济和文化。因此，高等教育国际交流与合作也必须体现"和"的发展思想和走"和"的发展之路，即要善于吸收、借鉴世界各国先进的高等教育办学理念和办学模式，从而达到提高人才培养质量、推动我国高等教育现代化进程、实现人类相互理解与尊重的目的。另一方面，高等教育

---

① 张睦楚. 高等教育国际化视域下的多维困境及其途径选择. 现代教育管理，2014（10）：17-21.

② 纪效田. 高等教育国际化环境下大学核心竞争力提升策略. 中国石油大学学报（社会科学版），2006，22（4）：104-108.

国际交流与合作要体现"和而不同"的思想，即紧密联系我国经济社会发展的需要，开展人才培养、技术交流、文化创造等方面的活动，走自己的发展道路，为实现中华民族伟大复兴创造条件。

从"和而不同"的发展理念和发展道路来看，如果说"和"是我国高等教育国际交流与合作未来发展应秉持的精神立场，那么"不同"则是确保这种精神立场得以实现的手段。因此，首先必须认识"不同"，即在高等教育国际交流与合作过程中，要充分了解我国高等教育与世界其他国家特别是西方发达国家高等教育之间的差异，包括制度上的、文化上的和精神上的差异。其次还要学习"不同"，即要求我们大胆吸收国外先进的高等教育思想和实践经验以推动我国高等教育改革发展，认真学习并深刻理解现有的国际秩序规则，为我国融入世界秩序奠定基础。最后还要接纳"不同"，即在高等教育国际交流与合作过程中，一方面要充分认识不同文化体系下的教育现象，另一方面要运用他者的文化方式与对方进行合作与交流。[①]正如教育部部长陈宝生所言："中国教育要赢得世界认可，需要我们坚持中国特色、中国标准，也要尊重国际规则，对接国际标准。我们既不能关起门来自说自话，也不能丢掉自己的传统、自己的优势、自己的特色，被别人牵着鼻子走。"[②]

三、将提升竞争力作为高等教育国际交流与合作的目标

在当前高等教育国际化进程中，我国高等教育在许多方面还不具备与发达国家竞争的实力，但高等教育国际化趋势是不可逆转的。在现有条件下，究竟如何走国际化发展道路，才能既促进高等教育的健康发展，又不损害国家利益，这确实是值得研究的重大课题。目前的关键问题是要正确认识和对待高等教育国际化发展趋势，制订和实施我国高等教育国际竞争能力提升计划。政府及其教育行政部门、高等学校等主体对高等教育国际化进程有着重要影响。从战略发展的视角来看，政府及其教育行政部门特别要充分发挥主导作用，尽快在深入研究和充分吸取国内外高等教育国际化经验教训的基础上，整合各方面、各主体的力量，形成我国高等教育国际化的发展思路，制订并实施提升我国高等教育国际竞争力的

① 周满生，滕珺. 走向全方位开放的教育国际合作与交流. 教育研究，2008（11）：11-18.
② 陈宝生. 办好中国特色社会主义教育 以优异成绩迎接党的十九大胜利召开——2017年全国教育工作会议工作报告. 中国高等教育，2017（3/4）：4-14.

计划。从学校层面来说，高校需要发挥国际交流合作职能，促进高等教育资源共享，建立和完善深化双边、多边教育合作的体制机制，既要"走出去"，围绕国家战略积极加入和参与国际教育组织和国际学术交流，发出和传播中国声音和中国文化；又要"请进来"，以国际视野建设世界一流的专家团队，参考国际一流标准建设现代大学。[①]

当前，我国高等教育国际竞争能力还较弱，对留学生的吸引力还不够强。从留学生的来源结构来看，我国高校的留学生多集中在非洲国家及韩国、日本等邻近国家，对欧美发达国家学生的吸引力还很弱，主要原因在于两方面：一是高校的科技创新能力和学术竞争能力弱，具有国际影响的重大科技成果、原创性科技成果较少；二是教师队伍和学术团队的整体水平还不够高，与世界一流大学水平存在着很大差距。没有世界一流的教师和研究人员，就很难有世界一流的学术成果，就难以提供供留学生学习的高质量、高水平的相关学科和课程。因此，要提高高校国际竞争力，必须要建设世界一流的教师队伍和学术团队，建设世界一流的学科和课程。虽然我们在教育环境和教育质量等方面还有很大提升空间，但也不能妄自菲薄，关键问题是要在全球化背景下确立开放的心态，让中国的学生走出去，将外国的学生引进来。这对于逐步提高我国高等教育的国际竞争力具有重要意义。

四、高等教育国际交流与合作要以培养人才为中心

高等教育国际化是高等教育面向未来、引领未来的重要途径，在培养面向未来的学生方面能发挥独特作用。面向未来的高层次人才应该具有引领未来的思想、国际视野、独立精神和可持续发展能力。在国际化人才培养过程中，我们要弘扬我国优秀文化教育传统，让学生带着民族自尊心与自豪感走出去；既要帮助学生提高专业学习的深度、广度和高度，推动产出人类社会共同的知识、优秀人才和创新成果，也要重视那些对于个人和社会发展具有深刻意义的知识、情感、价值观的培育，帮助学生形成健全人格。[②]

目前，我国的"一带一路"倡议既为跨境办学提供了新机遇，也为高等教育的深度合作带来新要求。据统计，我国在"一带一路"沿线国家进行战略布局的企业有 11 000 家，但真正能对接境外办学地中国企业需求的学校很少。经济合作、

---

① 钟周，张超. 五大理念与高等教育对外交流合作. 中国教育报，2017-10-21（8）.
② 江波，钟之阳，赵蓉. 面向未来的高等教育国际化发展. 高校教育管理，2017，11（4）：58-64.

人文交流是"一带一路"建设的两只翅膀，缺一不可，企业与学校只有携手，才能比翼齐飞。同时，我们还要加大双语师资、国际化师资培养力度，以改变国际化师资短缺的局面。[①]

课程与教学、科研活动、招生与管理是高校人才培养工作的主要方面，高等教育国际化策略应具体体现在这三方面。[②]首先，课程与教学是高校人才培养最为具体和复杂的环节。在课程中体现国际化主要是指学习其他国家和民族的文化，学习的目的在于增强对自身文化的反思和理解，以及在国际环境中以不带偏见的态度处理文化差异的能力。这就要求高校开设多元文化教育方面的课程，培养学生的文化理解和反思能力。其次，参与国际性科学研究活动是培养学生创新能力的重要途径。近年来，我国高校科研活动的国际化水平有了较大提高，国际科研合作课题不断增加，但学生参与国际科研合作的人数及机会仍然相对较少。为此，高校需要进一步拓展国际科研合作领域，创造更多机会使更多学生从中得到锻炼和提高。最后，招生与管理的国际化是高校国际化办学中比较薄弱的方面。我们对国际学生和本土学生的管理大都沿用僵化的封闭模式，国际学生管理与本土学生管理仍是"两个世界"，这无形中减少了学生在校国际交流的机会。因此，必须在学生管理上作出整体规划，使本土学生与国际学生之间有更多的接触与了解，使他们共同生活在文化多样化的校园环境之中。

五、高等教育国际交流与合作要服务于新时代新时期历史任务

面向未来，中国高等教育国际化必然是中国特色的高等教育国际化。在新时代新时期，国际交流与合作是我国高等教育"双一流"建设的必然战略选择，是提高我国高等教育质量的重要途径，也是提高我国综合国力和国际竞争力、扩大对外开放的重要政策工具。中国特色的高等教育国际化必须更好地服务于高等教育强国建设战略，服务于创新驱动发展战略，服务于巩固和完善中国特色社会主义制度，服务于人类命运共同体建设。为此，深入推进中国高等教育对外开放，需要做好以下三方面工作。

---

① 曾君. "一带一路"为国际教育合作开辟新天地. 光明日报，2015-08-09（7）.
② 陈昌贵，翁丽霞. 高等教育国际化与创新人才培养. 高等教育研究，2008（6）：77-82.

（1）要处理好本土化和国际化之间的关系。我们要遵循高等教育规律，吸纳国际先进经验，提升我国高等教育培养国际顶尖人才的能力，同时，要扎根中国大地办大学，办好自己的大学；为服务中国特色社会主义高等教育制度建设，继续引进和利用国际高等教育资源，助力高等教育逐步走向普及化，实现高等教育现代化；在全球化浪潮中，要特别注意不迷失方向，不盲目跟随潮流，要把坚持中国特色与借鉴吸收相结合；要让"国际化努力"成为推进中华民族伟大复兴的重要驱动力。

（2）要担负起服务于人类命运共同体建设的崇高使命。高等教育国际化要有对自身基础的清醒认识和引领发展的能力准备；要进一步优化国际学生培养体系，提高来华留学生培养质量，培养大批"知华、友华、爱华"的国际人才；要加大国际科研合作力度，使得我国在全球顶尖科技成果方面从跟踪走向引领，推动我国融入全球研究圈，服务全球发展；要通过参与全球高等教育治理来增强我国参与全球治理的能力，逐渐使我国发挥全球政策制定参与者、倡议者，乃至主导者和实施者的作用，让我国高等教育真正走进国际社会，更好地服务全球治理。

（3）要服务于国家重大发展战略需求。2013 年，习近平总书记提出了建设"一带一路"的构想，中国向世界提出了"一带一路"倡议。随着这一构想和倡议的实施，我国与"一带一路"沿线国家的经贸合作和人文交流上升到了历史新高度，这也给我国高等教育国际交流与合作带来了前所未有的机遇。我国既要抓住这一跨越式发展契机，不断深化我国高等教育领域的综合改革，优化教育结构，提升办学质量；也要增强我国高等教育文化软实力，提升高等教育国际交流与合作在国家战略中的地位。为此，首先要加强顶层设计和战略部署，针对"一带一路"沿线国家高等教育发展差异较大的状况，制定政府间交流与合作的中长期发展规划，有条不紊地逐步推进高等教育多层次、全方位的交流与合作。其次要着力培养大批精通相关国家语言、熟悉国际规则、具有国际视野、能够适应全球化竞争并赢得主动的国际化人才。服务"一带一路"倡议，我国高等教育必须在"一带一路"发展"需求侧"与外向型人才"供给侧"之间建立有效对接，要通过目标与需求适应、教育与产业同步、学校与企业结合的协同推进，培养符合"一带一路"建设需要的高素质国际化人才。[①]

---

① 曹国永. 高校应在"一带一路"建设中发挥先行作用. 光明日报，2017-05-23（13）.

六、提升教育质量是高等教育国际交流与合作的根本

提升高等教育质量是世界各国高等教育改革发展的共同目标。在高等教育国际化过程中，世界各国都十分重视跨国高等教育的质量保障与资格认证，这是高等教育国际交流与合作的前提和重要保障。相比于西方发达国家，我国在这方面做得还很不够。截至 2016 年，在"一带一路"沿线 56 个国家和地区中，我国仅与其中 25 个国家和地区签订了相互承认学位、学历的双边协议，其中没有一个西亚国家。中外双方缺少既符合国际化要求又能兼顾本国具体国情的质量保障与资格认证体系，这使得在交流与合作过程中难以避免地出现一些问题，进而导致学分互换、学历互认、资格认证等受阻。特别是在中外国情差异较大的情况下，高等教育的输出方、接受方与实施交流合作的组织或机构间制度化的质量联合保障机制的缺乏，将会对我国高等教育国际交流与合作造成较大影响。

2004—2014 年，到我国留学的学生数量总体上持续增加，但留学生结构和比例仍不甚合理。截至 2014 年，留学生源多集中于传统的来华留学国家，来华留学生中非学历教育留学生人数所占比重仍较大，为 45%~55%；学历教育留学生中研究生所占比重较低，为 25%~35%，这说明目前我国留学生人才培养层次与质量仍不高。同时，与国际教育理念相衔接且具有我国特色的国际化课程开发相对不足，跨国高等教育的质量保障与资格认证制度还很不健全。因此，完善高等教育质量保障体系是新时期我国高等教育国际化的主要方向。首先必须保证相关制度的供给，营造良好的政策环境。要实现政府职能由"管理"向"服务"转变，主动与"一带一路"沿线国家建立对话合作机制和签订相关合作协议，为建立跨国高等教育认证制度和国际化认证标准提供更多的配套制度、政策、项目、经费等方面的保障；其次要主动开展中外合作办学质量评估和认证方面的国际（地区）合作。政府和高校应积极加入各类相关的国际认证与评估组织或机构，逐步扩大我国在国际质量保障与认证规则制定中的话语权。①

---

① 黄巨臣. "一带一路"倡议下高等教育国际交流与合作路径. 现代教育管理，2017（11）：59-64.

第十一章
高等教育改革发展的中国模式和中国道路

　　经过 40 年的探索，我国的改革开放经验为世界提供了一种新的发展模式，即"中国模式"。党的十一届三中全会明确了教育和人才对于现代化建设的基础作用，为高等教育开拓中国模式和走出中国道路提供了契机。改革开放作为基本国策推动了我国高等教育事业的迅速发展，最明显的成果莫过于其为经济社会发展提供了强有力的知识贡献和人才支持。从 1985 年发布的《中共中央关于教育体制改革的决定》到 2017 年发布的《关于深化教育体制机制改革的意见》，政府不断深化改革、简政放权，以阶段性的改革增强高校活力，逐步提升人才培养质量和科学创新水平，使得我国的高等教育发展模式独树一帜。可以说，改革开放 40 年来我国高等教育的发展已经形成了一种独特且能够持续发展的体制。历史将证明，中国高等教育发展的独特道路和模式将为世界高等教育发展提供新的经验和启示。

第一节　高等教育改革发展中国模式的建构

"中国模式"最初源自我国经济发展模式，是区别于传统的"凯恩斯主义"和"经济自由主义"的又一种独立的经济发展形态。这种形态之所以被命名为"中国模式"是因为其所具有的独特性。从特征上来看，这是一种以公有制为主体，多种所有制并存的经济模式为基础，实行国家调节为主导、市场调节为基础的双重调节模式，按照市场经济条件下的按劳分配为主体，多种分配方式并存的分配制度，在全球化背景下不断努力探索出来的一种成功的发展模式。一个国家的经济发展若想成为一种模式，需要同世界其他国家的发展模式进行对比，需要经过历史的检验和他国的公认。"中国模式"并不是中国人自己命名的一种模式，而是由西方人最先提出并认可的。美国《时代》周刊高级编辑、美国著名投资银行高盛公司资深顾问乔舒亚·库珀·雷默的观点最具代表性。他认为："中国模式"特指中国经济模式。马丁·哈特兰兹伯格和保罗·伯克特认为："对中国经济增长经验的庆祝是以基本事实为依据的，然而，我们探究中国经验的标准的同时，首先应该思索中国经验所带来的全球性和历史性的变化，这一点很重要。"[①]由于我国其他领域的变革都是在经济改革"破冰"之后才顺势而上的，文化、科技、教育领域的改革也是凭借了经济体制改革的势头逐步发展出新的态势。高等教育作为改革开放的重要领域，其发展也是借助了经济体制改革所提供的各项物质和思想成果而走出自己的道路的。

---

① 马丁·哈特兰兹伯格，保罗·伯克特. 解读中国模式. 庄俊举，编译. 经济社会体制比较，2005（2）：60-66.

一、"中国模式"之于高等教育的影响

"中国模式"的建构并不发生在单一领域，其建构过程是一系列综合改革与经验积累的过程，同时也是与其他国家进行合作与竞争的结果。改革开放为我国各项事业发展翻开了新篇章，其成就表现在各个方面。"中国模式"既是对改革开放 40 年来我国各项事业发展成就的一种概括性表述，也是指引未来我国各项事业前行的航标。当然，"中国模式"的形成与外部的国际环境也密不可分。郑永年就认为："探讨中国的改革开放对世界的意义，就要从国际环境的变化来看中国的改革开放。中国的改革开放既然和国际环境分不开，那么也自然对国际社会具有深刻的影响。"①通过对外开放，借鉴国外先进的理念与制度，对内的改革才有参照的依据。在源头上，"中国模式"的建构同改革开放是同步的，发端于经济领域的体制改革。经济体制改革需要改变大量旧有的社会制度，并引入新的市场经济制度生成体系。作为其他方面改革的基础，经济领域的改革和开放引导着其他领域的改革开放和发展步伐。一切与计划经济相关的计划方式与行政方式都在向着市场配置与宏观调控相结合的方式转变，资源配置方式逐渐向市场的和竞争的方式发生转变。只有实现了经济体制改革，实现了政府行政机构精简与职能转变，高等教育管理体制改革等才能顺理成章地进行。与俄罗斯经济改革上的"休克疗法"不同，"中国模式"建构之初就力图建立一种生产资料混合所有制的经济形态，"中国的公共政策是要建立一个市场社会主义的制度，这一制度就是国有企业、集体企业和私有企业共存的混合所有制"②。改革是"中国模式"建构的主旋律，对制度体系的修复、拆解、重构使得社会各层级与不同的行业领域产生了联动效应。自党的十六大以来，中国已经进入了一个以社会改革为主要内容的改革阶段。社会改革的重点包括社会保障、医疗卫生、教育等方面。社会改革一方面是为了消化由经济改革带来的负面效应，另一方面也是为了给进一步的经济改革营造一个更好的社会环境。③改革开放 40 年来，经济领域的改革开放带来的效果最为明显，以经济改革为基础的"中国模式"对其他领域改革的深刻影响正在显现。

---

① 郑永年. 中国模式：经验与困局. 杭州：浙江人民出版社，2010：前言.
② 马丁·哈特兰兹伯格，保罗·伯克特. 解读中国模式. 庄俊举，编译. 经济社会体制比较，2005（2）：60-66.
③ 郑永年. 中国模式：经验与困局. 杭州：浙江人民出版社，2010：15.

作为对我国经济改革发展成功经验的总结，"中国模式"在形成之初就给高等教育改革发展定下了基调。高等教育发展受益于改革开放，在经济体制由计划经济向市场经济转变的过程中，高等教育发展获得了丰富的资源。大学不再凭借单一的行政手段获得经费支持，而是逐渐开始凭借自身实力与声誉、在校学生数量、学校规模等条件来获得资源。效率成为决定知识生产和人才培养质量的主要依据。高等教育领域的改革突破了之前平均分配经费的模式，强化了市场配置资源的作用。计划体制是一种以供给为约束条件的制度框架，以追求平均化的低水平的均衡发展为目标；市场经济要求高等教育系统是一个有规模效益的系统，以满足需求并追求高效率发展的动态均衡为目标。其中，系统中主体的激励机制是保障效率的关键，而市场体制提供了这样一种机制。①改革开放引入了开放型经济发展形态，中央和地方的财政收入都较之前有了很大的增长，这样就有足够的资源对高等教育进行投入。办学自主权的扩大使得高校筹资的能力也在逐步增强。1978年，高校办学经费中政府财政拨款占高校办学经费的比例是95.7%；到了1985年，政府财政拨款的比例下降到91.5%，高校自主筹资的比例则由1978年的4.3%上升到1985年的8.5%。在总的经费投入上，我国各类教育经费投入都有较大幅度的上升。这些都得益于市场经济创造的庞大的财政收入。1978—1980年，各级财政教育拨款累计达282.6亿元，年平均增长率为23.6%；1981—1985年，全社会教育投资累计达1081.3亿元。2015年，国家财政教育经费投入达到29 221亿元。随着1985年《中共中央关于教育体制改革的决定》的出台，高校的办学自主权获得了更多的认可。市场经济改革的成效对高校自主筹资和自主发展起到了足够的激励作用。此外，高等教育的招生体制打破了原有的单一计划模式，形成了计划招生、用人单位委托培养招生和计划外少数自费生的多元招生体制。总之，改革开放为"中国模式"的建构设计了最初的行动路线，也确定了"中国模式"的演进策略，多元的资源配置方式加上社会各种机构改革的共通效应，让高等教育的发展受益其中。高等学校办学不仅在资源获得上得到了更多的支持，而且有了更大的自主权。1985年至今，每隔一段时间吸取其他领域改革的成功经验，政府关于高等教育改革的政策文件就会顺时而出，从而为高等教育改革发展建立"中国模式"打下了扎实的基础。

---

① 康宁. 当前我国高等教育体制改革与结构调整的理论基础. 教育研究，2000（10）：11.

二、高等教育改革发展"中国模式"的独特性

作为国家综合实力的重要组成部分，高等教育活动担负着为国家提供智力资源和人力资源的双重使命。最大限度地挖掘高等教育的潜能，提升大学的国际竞争力是 20 世纪 60 年代之后世界各国都在努力达成的目标。在这种探寻过程中，变革高等教育管理体制，增加对大学和科研活动的投资成为改革的主要内容。不论是以美国为代表的通过市场机制推动大学进行自由竞争式的改革，还是以欧洲大陆为代表的集权式的自上而下的改革，都影响深远。中国高等教育改革采取何种形式最符合国情，又能为自身探索出一条相对适合的发展道路，这是改革开放之后高等教育的利益相关者最为关心的问题。我国高等教育发展的特殊性在于，高等教育的改革以经济体制改革为先导，以政府权威为力量支持，以获取更大的自主权和更多的经费支持为目的。改革开放 40 年来，我国高等教育改革坚持以政府为主体、自上而下的路径，坚持改革之前的有效论证和试点，最后在政府权威的支持下全体高校进行协同创新。

从发展特征来看，同经济体制改革类似，管理体制改革也是 40 年来我国高等教育改革发展的重要主题。这是我国高等教育改革发展的大环境所决定的。1979 年，复旦大学校长苏步青等高校领导在《人民日报》上发表文章，呼吁"给高等学校一点自主权"，从而拉开了我国高等教育管理体制改革的序幕，也拉开了高等教育改革发展"中国模式"的序幕。在经济体制改革的引领下，我国从1985 年开始推动高等教育体制改革。2000 年之前，高等教育体制改革大致分为三个阶段：第一个阶段是 1985—1992 年，经济体制上实施的是有计划的商品经济，特点是管理体制基本不变，高校数量不断增加，并开始共建、合并试点。第二个阶段是 1993—1997 年，以建立有中国特色的社会主义市场经济为背景，高等教育的改革主要是 30 个省（自治区、直辖市）和 49 个中央部委（局、公司）、400 余所高校参与的"共建、调整、合作、合并"等多种形式的体制改革。第三个阶段是 1998—2000 年，经济上坚持和完善社会主义市场经济体制，使市场在国家宏观调控下对资源配置起基础性作用。具体改革措施是，除少数特殊行业部委（12 个）仍保留少数学校外，涉及 49 个中央部委（局、公司）的 258所高校的划转、共建、合并任务基本完成。除与经济体制改革相适应外，我国

高等教育改革发展还伴随着几次大的政府机构改革。①总体上，高等教育改革发展一直力求与分散决策的市场经济体制相适应，逐步建立国家宏观调控，中央与地方两级管理，以省级统筹管理为主的高教管理体制。2000年之后，高等教育体制改革保持和坚持了之前的力度和方向，依然以适应不断调整的市场经济，扩大高校的自主权和增强政府的宏观调控为目的。近年来，为落实《国家中长期教育改革和发展规划纲要（2010—2020年)》，我国又先后出台了《国务院办公厅关于开展国家教育体制改革试点的通知》《国家教育体制改革领导小组办公室关于进一步落实和扩大高校办学自主权完善高校内部治理结构的意见》，2017年又发布了《关于深化教育体制机制改革的意见》。同其他国家由教育行政部门牵头或院校自主进行的改革模式不同，高等教育改革发展的"中国模式"的建构过程一直被放在整个国家战略发展的高度，重要文件和改革方案均由中央人民政府设计和组织实施。

总之，高等教育改革发展"中国模式"的建构过程受到经济改革"中国模式"的影响。以经济体制改革为背景，建立适应社会主义市场经济体制需要的高等教育管理体制，提高人才培养质量和科学发展实力是高等教育改革发展"中国模式"建构的主要目的。与其他国家的高等教育改革模式不同，40年来我国高等教育改革与发展并重，政府与高校在改革发展上协同共进，开创了中央政府负责顶层设计，各级政府组织实施，共同增加高等教育的资源投入，不断扩大高校的办学自主权，持续提升人才培养质量与科学研究水平的新路径。

第二节　顶层设计：有为政府与有效市场

改革开放为高等教育改革发展提供了新环境，也迅速提升了我国高等教育的实力。40年来，不但高等教育规模扩大，毛入学率从1985年的1.56%上升到2016年的42.7%，而且高等教育总投入也在持续增加。在政府积极推动改革开放各项事业发展的同时，不但公立高等教育体系较40年前有了长足发展，而且民办高等教育体系也获得了蓬勃发展。体制改革刺激了全社会对高等教育的需求，也激

①康宁. 当前我国高等教育体制改革与结构调整的理论基础. 教育研究，2000（10）：10.

励了民办高等教育的兴起。到 2016 年，我国民办高校已经达到 742 所（含独立学院 266 所），招生 181.83 万人，在校生达 634.06 万人。从 40 年来高等教育改革发展的历程来看，我国已经初步形成了"政府主导，多元参与，协同共进"的高等教育体制。改革开放不仅改革了那些落后保守的管理体制，也改进和强化了政府职能，使其向"有为政府"的目标靠近。40 年来，因为政府的"有为"，以公有制为主体，多种所有制经济共同发展的理念才渗透至教育领域，全社会上下都意识到建立高等教育有效市场的必要性，不断理顺政府与市场之间的关系。正如劳凯声所言："我们可以从政府与学校关系的视角来观察。在现代社会中，政府的基本职能有两个，一是提供市场不能提供的产品，二是保证社会的公平。我们可以这样来理解国家与教育的关系：在现代社会中，如果没有国家的力量，教育难以普及，因此现代教育不可能是一种纯民间的事业和活动；但教育就其本质而言又具有民间性，所以不能排斥民间对教育的权利。因此，教育体制改革的问题就在于，如何通过一种制度形式，在发挥国家对教育的正面作用的同时能真正使教育回归民间。"①在我国，"有为政府"与"有效市场"是共存的，这是通过体制改革实现的，是以一种自上而下的"顶层设计"完成对既有体制束缚的突破。我国 40 年来高等教育改革发展所取得的成就有赖于建设"有为政府"和"有效市场"这一顶层设计。

一、有为政府：高等教育改革发展平稳运行的体制保障

改革开放以来，我国用了 40 年的时间初步建立了一套与社会主义市场经济发展相适应的高等教育体制机制，初步理顺了政府与高校和社会之间的关系。高等教育体制改革的难度相较于其他领域更大，所牵涉的利益面也更广，这就需要政府统筹安排才能理顺各种关系。1985 年，中共中央颁布了《中共中央关于教育体制改革的决定》，其后的多次改革都是由中央政府负责设计、组织实施和评估验收的。每隔一段时间，中央政府有关教育体制改革的相关文件就会出台，从而推动不同层级的政府部门和高校实施改革。从改革本身来看，高等教育体制改革有赖于经济体制改革，但高等教育又有自身的独特性，需要更大范围的体制改革来推进。从我国国情来看，如何理顺政府与大学、大学与社会，以及大学与大学

---

① 劳凯声. 回眸与前瞻：我国教育体制改革 30 年概观. 教育学报，2015，11（5）：3-12.

之间的关系一直是改革的主要难点。如何在尊重高等教育规律的前提下最大可能地扩大高等教育受益面是政府面临的主要难题，这也在一定程度上考验了政府的行政能力。40年来，政府多次组织实施的高等教育体制改革也是我国基本国家制度建设的重要组成部分。

在我国，没有"有为政府"进行顶层设计，高等教育体制改革中最关键的问题——权力分配问题就不会得到解决。1985年发布的《中共中央关于教育体制改革的决定》不仅设计了我国高等教育体制改革的路径，还对权力进行了有效的分配。由大学校长提出的"办学自主权"第一次见于官方文件中，从一个民间用语变成了官方用语，这意味着在简政放权的改革中，《中共中央关于教育体制改革的决定》提出的简政放权实际上包括了两个向度上的改革目标，即中央政府向地方政府的放权和政府向学校的放权。政府权力的再分配不仅包括国家权力系统内部，即中央政府和地方政府之间的权力再分配，同时还包括国家权力系统外部，即政府和学校之间的权力再分配。①真正的"有为政府"不仅善于设计改革的路径，还善于分配各种权力和利益，最大限度地激发各方的积极性。这一点在1993年颁布的《中国教育改革和发展纲要》中得到了充分体现。该纲要明确指出："改革办学体制。改变政府包揽办学的格局，逐步建立以政府办学为主体、社会各界共同办学的体制……高等教育要逐步形成以中央、省（自治区、直辖市）两级政府办学为主、社会各界参与办学的新格局。"在此基础上，1995年，国家教委出台了《关于深化高等教育体制改革若干意见的通知》。此后，"深化教育体制改革"成为高等教育改革发展的主流政策话语。

高等教育改革发展中"有为政府"的顶层设计还体现在我国政府极强的社会动员能力和资源投放能力。以高等教育规模扩张（大众化）为例，世界上其他国家所用的时间至少为20年，而我国高等教育从精英化到大众化用了不到10年时间，这在全世界都是一项创举和奇迹。1999年发布的《中共中央国务院关于深化教育改革，全面推进素质教育的决定》首次提出了高等教育规模扩张的目标，即"调整现有教育体系结构，扩大高中阶段教育和高等教育的规模，拓宽人才成长的道路，减缓升学压力。通过多种形式积极发展高等教育，到2010年，我国同龄人口的高等教育入学率要从现在的百分之九提高到百分之十五左右"。但2002年我国高等教育毛入学率就已经实现了15%的目标，高等教育从精英教育阶段过

---

① 劳凯声. 回眸与前瞻：我国教育体制改革30年概观. 教育学报，2015，11（5）：3-12.

渡到了大众化教育阶段。这些成绩的取得无疑和政府的"有为"密不可分。如果没有"有为政府"从制度上进行有力设计，持续性地巩固改革成果，分配权力和利益，并且进行全国范围内的社会动员，我国高等教育改革发展不可能在那么短的时间内取得那么大的成就。

二、有效市场：高等教育可持续发展的动力源泉

我国高等教育改革发展是在政府的顶层设计下逐步推进的，但这并不是改革的唯一逻辑。在"有为政府"的基础上，要真正使高等教育改革在社会层面上落地生根，需要配合经济体制改革建立起一个"有效市场"。许多国家在高等教育改革过程中由于市场失序，特别是没有平衡好效率与公平之间的关系，使得高等教育改革发展遭遇了极大的阻碍。自第二次世界大战以来，很多发展中国家在一定的阶段并不缺乏经济发展，问题在于发展没有持续下去，而其中一个主要的原因就是缺乏社会正义，最后导致社会失序。[①]我国在经济体制改革过程中兼顾了公平与效率，高等教育改革发展也兼顾了规模扩张之后成本问题的解决。这些都建立在"有效市场"的基础之上。

高等教育改革发展中"有效市场"的形成，需要有相关的配套制度作为支撑。首先，高等教育的"有效市场"需要独立自主的高校提供更优质的高等教育和参与竞争。1993年发布的《中国教育改革和发展纲要》就提出了"逐步建立政府宏观管理，学校面向社会自主办学的体制"。此后，1998年《中华人民共和国高等教育法》又规定了高等学校具有七个方面的办学自主权：自主制定招生方案，自主调节学科招生比例；依法自主设置和调整学科、专业；自主制定教学计划；自主开展科学研究、技术开发和社会服务；自主开展对外交流与合作；按照国家有关规定，自主确定教学、科学研究、行政部门等内部组织机构的设置和人员配备，以及评聘教师和其他专业技术人员的职务，调整津贴和工资分配；自主管理和使用财务。2010年，国家教育体制改革领导小组办公室又进一步颁布了《国家教育体制改革领导小组办公室关于进一步落实和扩大高校办学自主权完善高校内部治理结构的意见》。

其次，"有效市场"意味着高等教育的属性逐渐多元化，有利于提高高校自

---

① 郑永年. 中国模式：经验与困局. 杭州：浙江人民出版社，2010：21.

主获取资源的能力。改革开放 40 年来，以经济改革为参照，我国高等教育的改革发展一直离不开市场力量的支持。高等教育发展面向市场解决了传统计划经济体制下高等教育资源消耗巨大但资金投入不足的问题。1986 年，部分高校开始招收收费的"委培生"和"自费生"，这是我国高等教育在投资体制方面的一大突破。1987 年，国家教委把人民助学金改为奖学金。1989 年，全国部分高校开始收取学费。1993 年，《中国教育改革和发展纲要》明确提出：高等学校要建立国家财政拨款为主，社会多渠道筹资的教育筹资体制，"收取非义务教育阶段学生学杂费"。1997 年，全国高校完成招生并轨，实行所有新生都缴费上学的制度。[①]收费改革让高校的管理者有了市场经济"自负盈亏"的理念，开始关注高等教育的成本与效益问题。

最后，"有效市场"的作用不仅在于解决公平与效率问题，而且还为社会力量投入资金办学创造了条件。作为高等教育的重要组成部分，民办高校的发展也是判断"有效市场"是否形成的重要依据。1993 年出台的《民办高等学校设置暂行规定》对民办高校的属性给出了明确界定，为民办高等教育发展提供了保障。当年就有 7 所民办高等教育机构通过审批成为我国首批民办大学。随着高等教育从大众化向普及化过渡，我国民办高等教育有了长足发展。在吸纳和招收大量学生的同时，也为社会培育了众多人才。截至 2016 年，我国民办高校总数为 742 所（含独立学院 266 所），在校生达 634.06 万人。

总的来说，40 年来我国高等教育改革发展有"一上一下"两个重要的制度安排。从上层来看，"有为政府"是进行顶层设计和推动体制改革的主体，而高等教育体制改革的过程就是划分权力与明确高校办学主体相关权利的过程。有了"有为政府"，高等教育改革发展的推进才不是暴风骤雨式的激进改革。在下层，存在高等教育发展的"有效市场"，促使办学主体通过市场竞争的机制来提升高等教育办学质量，为各种利益相关者提供兼顾公平与效率的方法，并使高校领导开始关注大学的运行成本和核心竞争力。

---

① 杨德广. 盘点 30 年来高等教育十大变革.（2015-06-26）[2018-03-01]. http://edu.qq.com/a/20150626/039752.htm.

第三节 实施路径：体制改革与政策创新

20 世纪 60 年代之后，世界各国都兴起了高等教育改革浪潮。但改革的着力点不同，有的国家强化了中央集权式管理，通过国家的力量干预和影响高等教育发展；有的国家则注重分权，增加地方和大学的相关权力。与其他国家不同，我国高等教育改革在起点上存在巨大差异。由于计划经济体制的影响遍布各个行业领域，所有的改革都必须要经由经济体制改革才能实现。实际上，经济体制改革的焦点又在行政体制机制改革，即改进政府过去"大而全"的机构布局和统揽一切的行政方式。政府体制改革既是改革的出发点，又是改革的落脚点。也就是说，只有对政府的管理体制和行政职能进行改革，才能增强和提高全社会各个行业改革的效果和效率。具体到高等教育领域，体制改革的内容更加复杂，在改革管理体制方面，进一步改政府的直接行政管理为规划、立法、拨款、评估、提供信息服务，以及必要的行政手段等方式的宏观管理；通过中央部门与地方政府共建共管学校、学校间多种形式联合办学及有条件的学校实行合并、部分中央部门所属学校转由地方政府管理，以及企业和科研单位参与办学和管理等改革试验，改变高校原有的单一隶属关系，加强省级政府的统筹作用，形成举办者、管理者、办学者职责分明的格局。在改革投资体制方面，逐步建立和完善以财政拨款为主、多渠道筹措经费的投资体制。在改革招生和毕业生就业制度方面，进一步完善招生计划中市场调节与计划控制相结合的机制，完善学生缴费上学和奖贷学金制度及在国家政策指导下的毕业生自主择业制度。在改革学校内部管理体制方面，进一步推进校内人事、分配、福利等制度改革，建立和完善与校内决策、审议、行政、监督等相关的机构和制度。[①]体制改革不仅要改变中央政府的管理体制，还要面向各级政府和高校来开展，这就需要政府用政策引导的方式创造新的制度空间，在特定制度空间里释放改革主体和利益相关者的巨大能量。故而，我国高等教育体制改革又是在政策创新的逻辑下展开的。历次改革都是通过政府提出体制改革的理念，而后制定新的政策，改变固化的制度安排，排除不同部门和行业之

---

① 陈祖福. 面向 21 世纪的中国高等教育改革. 中国高教研究，1996（5）：3-7.

间的障碍来开展的。

一、体制改革释放高等教育活力

高等教育体制改革具有其他行业不具有的特殊性。首先，高校不同于企业，企业经体制改革后可以完全投入市场经济领域，以获取最大的经济利益为目的。而高校的资源消耗更大，产出人才和科技成果的周期长于企业。其次，高校所承担的社会责任也多于企业，受制于计划经济体制，高校的自主性无法充分发挥。高等教育体制改革需要依据大学发展的逻辑，逐步逐层推进。1985—1992 年，我国高等教育体制改革主要侧重于激发各级政府的办学积极性，最直接的表现就是"实行中央、省（自治区、直辖市）、中心城市三级办学的体制"①。改革的举措是从改变院校格局入手，1992 年，扬州工学院、扬州师范学院、江苏农学院、扬州医学院、江苏商业专科学校、江苏水利工程专科学校 6 所学校合并组建了扬州大学，作为我国高校合并的第一例，标志着我国高校管理体制改革的启动。1994—1996 年，国家召开了三次高教管理体制改革座谈会，基本确立了"共建""合作""合并""协作""划转"等政策基调。当然，高等教育管理体制改革绝不是单纯的政府放权，政府的政策持续创新能力非常重要。简政放权属于顶层设计，直接对各级政府和高校产生激励作用的是创新的政策体系。1995 年，作为对之前高等教育改革成果的巩固，国家出台了《关于深化高等教育体制改革的若干意见》，指出要着重抓好高等教育管理体制的改革。其目标是，"争取到 2000 年或稍长一点时间，基本形成举办者、管理者和办学者职责分明，以财政拨款为主多渠道经费投入，中央和省、自治区、直辖市人民政府两级管理、分工负责，以省、自治区、直辖市人民政府统筹为主，条块有机结合的体制框架"。相较于 10 年前发布的《中共中央关于教育体制改革的决定》，该意见的前瞻性和时间节点更为明确，也为后续的政策改进留下了充足的创新空间。

在《关于深化高等教育体制改革的若干意见》的推动下，突破性的体制改革在 20 世纪 90 年代后期开始发挥作用。1998 年，我国确立了"共建、调整、合并、合作"的指导思想，着力打破"条块分割"和"部门办学"的体制困境。1998 年 7 月，国家对机械工业部等 9 个撤并部门所属院校进行了调整；1999 年上半年，

---

① 毕宪顺. 改革开放以来高等教育发展的轨迹. 教育研究，2003（4）：59-63.

对原中国船舶工业总公司、中国兵器工业总公司、中国航空工业总公司、中国航天工业总公司、中国核工业总公司等五大军工总公司所属院校进行了调整；2000年上半年，对铁道部等 49 个国务院部门（单位）所属院校进行了调整，其中一部分划归教育部管理或与教育部所属院校合并，大部分实行中央与地方共建、以地方管理为主的管理体制。1992—2001 年，高等教育管理体制改革取得了重大进展。原有的 597 所高校合并组建为 267 所；原来国务院有关部门直接管理的 367 所普通高校，改革后有近 250 所实行了中央与地方共建、省级政府管理的体制。

2006 年左右，中央和省级政府两级管理，以省级政府管理为主的高等教育管理新体制基本形成，但高等教育体制改革的步伐并没有停止。随着《国家中长期教育改革和发展规划纲要（2010－2020 年）》的发布，政府又成立了国家教育体制改革领导小组，开展教育体制改革的试点；确立了完善高校内部治理，确保高校自主权有效行使的改革目标。从侧重外部监控到自律与监控并重，激发了高校自主管理的积极性。2014 年，国家教育体制改革领导小组办公室发布《国家教育体制改革领导小组办公室关于进一步落实和扩大高校办学自主权完善高校内部治理结构的意见》，提出"高校应严格遵守国家法律法规，着力完善内部治理结构，切实加强自律机制建设，自觉履行社会责任，维护校园和谐稳定，确保用好办学自主权"。2017 年，中共中央办公厅、国务院办公厅印发《关于深化教育体制机制改革的意见》，进一步确认高等教育体制改革的要点，明确指出"要完善推动教育改革的工作机制，建立健全教育改革统筹决策、研究咨询、分工落实、督查督办、总结推广的改革工作链条，充分发挥国家教育体制改革领导小组统筹谋划职能，充分发挥国家教育咨询委员会的作用，完善省级教育改革领导体制"，健全教育改革的试点、容错、督查、推广机制。

二、政策创新驱动高等教育发展

现代高等教育发展史证明，建立稳定而低成本的制度是推动高等教育发展和提升效率的有效途径。现代高等教育制度部分来自大学机构自身的传统，但随着国家越来越多地影响大学的发展，高等教育发展进入了一个变革时期。这就意味着大学需要更多地为国家服务和向社会提供服务，如何使高校高效地提供服务是各国政府最关心的问题。作为高等教育"后发外生型"国家，我国在改革开放之后就一直努力提升高等教育的质量与效率。"中国模式"的关键就是要"正确处理改革、发展与稳定的关系。稳定是发展的前提，没有稳定就无从发展。但只有发展才能带来真正的稳定，而唯有改革才能推动发展。所以，改革、发展、稳定之间存在着辩证关系，不能求其一而舍其他。对于像中国这样的发展中国家来说，一条比较实用的策略是，先稳定后发展，以发展促稳定，以改革促发展，实现改革、发展与稳定之间的协调和平衡"[①]。40 年来我国高等教育改革发展正是按照上述逻辑稳步推进，并通过政策上的持续创新不断降低制度成本以保证改革的不断深入。

相比改革开放前政策的相对僵化、凝滞，改革开放后我国高等教育改革发展政策出台的力度不断加大，政策创新的激励效应也越来越强。之所以要进行政策的不断创新，是因为一项政策的时效是有期限的，如果长期坚持一种政策，不仅不能适应经济社会的发展，还会增加制度运行的成本。此外，政策的不断创新也是对有效市场的呼应，两者的发展唇齿相依。在高等教育改革发展的过程中，我国政府不仅创新了政策的制定环节，在政策的执行环节上也作出了创新。例如，1999 年，全国普通高校招生 159.68 万人，比 1998 年增加了 51.32 万人，增幅高达 47.4%。如此大的扩招幅度不仅缓解了经济领域的通货紧缩问题，还最大限度地满足了全社会对于高等教育的需求。在中央制定高校扩招的总目标之后，地方政府纷纷出台配套政策，以后屡次的政策创新与执行过程都与此类似。随着高校招生规模的扩大，要解决的投资问题日益增多，各级政府又出台相关政策，鼓励公办高校通过向商业银行贷款进行办学。在金融政策上给予高校优惠与支持，这也是我国政府在"穷国办大教育"的现实状况下实施的政策创新。

总之，40 年来我国高等教育改革发展的基石是体制改革。纵观 40 年来的高等教育体制改革过程，主要是将政府与大学的关系、扩大高校办学自主权与政府管理的关系，以及高校运行过程中的种种行政化关系等逐步理顺。高等教育体制改革的结果是推动了四种结合：一是促进管理体制改革与高校结构布局调整相结合；二是促进普通高校与成人高校结构布局调整相结合；三是条块结合，以块为主；四是中央和地方相结合，以省为主。[②]伴随体制改革的是政策创新。我国高等教育改革发展不是就教育问题来解决教育问题，而是看到了教育问题的全面性，注重政策的宏观性；通过体制改革与政策创新相结合，有效解决了满足社会

---

① 俞可平. 关于"中国模式"的思考. 红旗文稿，2005（19）：13-15.

② 邓晓春. 中国高等教育体制改革的回顾与展望. 辽宁高等教育研究，1998（1）：5-11.

需求与高等教育自身发展的问题。在中央与地方政府之间的关系上，通常在中央出台相关的体制改革政策后，地方政府受其激励而就本区域内的高等教育发展制定相关的政策，"体制改革"与"政策创新"协同共进。

第四节　具体策略：重点建设与省际竞争

作为"中国模式"形成过程中的重要组成部分，高等教育所承担的使命与责任要求其发展走出特色化之路。作为高等教育"后发外生型"国家，在高等教育先天不足、起步缓慢的情况下，我国若想实现高等教育实力的赶超，就需要制定一些特殊的策略。高等教育的国际竞争已然成为国家之间实力的比拼，高等教育培养的人才和取得的科学研究成果也对实现国家战略和民族复兴起着关键作用。就我国而言，高等教育规模庞大，政府财政投入若平均用力则很难见成效。根据经济领域改革的经验，在高等教育改革发展中实施重点建设就成为一种理性选择。"在国内大学办学水平参差不齐、国家教育财政经费有限的情况下，国家采取重点建设方式有针对性地遴选一批教学、科研实力较强的院校列入'赶超战略'，对入选高校寄予厚望并优先支持这些高校进行发展建设。"[①]在"重点建设"之外，如何最大限度地激发地方政府支持和兴办高等教育的积极性也是中央政府着力解决的问题。40年来，资源和政策倾斜的力度不同造成了各省之间大学实力的差距。为了使不同省份之间高等教育的实力实现平衡，同时推动高等教育改革发展的地域竞争，我国在高等教育改革发展上采取了"省际竞争"策略。

一、重点建设与大学的跨越式发展

改革开放之初，我国高等教育发展面临诸多问题，其中教育经费短缺是限制大学快速发展的主要瓶颈。"重点建设，效率优先"成为我国政府能够作出的最为理性的战略决策。"重点建设"作为我国高等教育改革发展的主要举措之一，离不开改革开放的推动。40年来我国高等教育领域先后进行了多次有步骤、有策

---

① 翟雪辰，王建华. 我国高等教育重点建设政策的演变与启示. 当代教育科学，2017（7）：71-75.

略的"重点建设"。由于传统的"一包二统"（国家包下来，政府统起来）在高等教育发展上不适应市场经济"效率优先，兼顾公平"的需要，适时推出新的高等教育发展举措，并以此作为长期的"行动指南"就成为改革开放后全社会必然要面临的选择。由于经济形势的变化，过去平均主义式的投资已经不适应新时期的需要。邓小平同志提出，"四个现代化，科技是关键，教育是基础"。他认为，重点高校是科研的一个"重要方面军"。建设重点大学，"既是办教育的中心，也是办科研的中心"①。1983 年，我国开始启动"重中之重"高校建设，此后，先后将北京大学、清华大学、中国人民大学、北京师范大学、复旦大学、上海交通大学、西安交通大学等 15 所高校确定为重点建设高校。1985 年，国家开始从政策上激励更多的大学向重点靠拢。20 世纪 90 年代初，国家教委向国务院上报了《关于重点建设好一批重点大学和重点学科的报告》，对之前的重点发展和重点建设政策进行统整。该报告提出："建议由国家教委设置重点大学和重点学科建设项目，该项目简称为'211'计划。""211 工程"主要关注三方面内容：一是学校整体办学条件建设；二是重点学科建设；三是高等教育公共服务体系建设。1998 年，作为"重点建设"的"升级版"，国家又推出了"985 工程"建设项目。2015 年，国家启动了新一轮高等教育重点建设，"双一流"建设正式走上历史的舞台。

从 40 年来我国高等教育的改革发展来看，除"211 工程""985 工程"之外，国家还先后实施了"特色重点学科项目"和"优势学科创新平台"等政策项目。在重点建设策略上采取了多角度分头推进，分层进行重点资助的方式。在重点大学建设之外，还有重点学科建设，相关政策深入更为具体的微观层次。1987 年，国家教委颁布《国家教育委员会关于做好评选高等学校重点学科申报工作的通知》，此后历时两年，总共评选出 416 个全国重点学科，覆盖 108 所高校；通过向世界银行贷款 1 亿美元对评选出的全国重点学科进行投资建设，涵盖全国 100 个左右重点实验室和重点专业实验室。②进入 21 世纪，在重点学科建设上政府又实施了更进一步的资助计划，改变了单一的政府投资方式，用多重政策手段对学科的发展进行激励。2011 年，我国开始实施"高等学校创新能力提升计划"，即"2011 计划"，该计划以 4 年为一个周期对学科创新平台进行评估，选优者资助。综上可见，由重点建设政策所带来的高等教育发展是全规模的，使资源的使用更

---

① 中共中央文献研究室. 邓小平论教育（第三版）. 北京：人民教育出版社，2004：33.
② 张国兵. 高等教育重点建设政策研究. 北京：北京大学出版社，2010：26.

有效率，同时为各层级的大学都预留了上升空间，使国家整体的高等教育实力提升到了新的层级。

二、省际竞争与区域高等教育发展

经历了 20 世纪 90 年代的高等教育体制改革，我国基本形成了中央和省（自治区、直辖市）两级办学、两级管理的体制。随着高校管理权由中央下放至省市，省级政府的办学积极性得到了激发。"这一制度有两方面的特征：一是分权特征，即在中央与地方的关系中，地方有分权治理的自主空间，但必须接受中央的领导和管理；二是权威主义特征，即无论是实施集中管理的中央还是拥有分权空间的地方，要么在不同的管理领域和内容上，要么在实践程序的不同环节上，都对高等教育实施权威主义管理，共同形成高等教育管理的权威体系。"①从另一个角度来看，我国地域广阔，各地区之间的发展存在较大的差距。特别是东部与西部地区，经济发展的差距拉开了高等教育发展上的差距。这就意味着我国高等教育发展要进行两种形式的竞争，一种是我国高等教育与其他国家高等教育发展上的竞争，另一种则是国内不同省域之间的高等教育竞争。2010 年发布的《国家中长期教育改革和发展规划纲要（2010—2020 年）》提出，按照统筹有力、权责明确的要求，进一步理顺中央和地方的关系，明确和落实省级政府对区域内各级各类教育的统筹职责。这些改革，标志着我国高等教育的管理重心正在逐步下移，省级政府对本省高等教育的统筹责任与权力正在不断扩大，这是我国区域经济快速发展及高等教育大众化进程加快的必然结果。②改革开放初期，高等教育在中央统一管理之下，在资源使用上受平均主义的限制，这使得全国的大学在办学过程中出现了重复办学和高度同质化的现象。在办学权和管理权不断下放的过程中，各省都努力利用自身的优势打造区域高等教育特色品牌。在中央政府的政策引导下，各地方政府都在出台相关配套政策以支持本地区高校发展。在《统筹推进世界一流大学和一流学科建设总体方案》出台前后，各地方政府纷纷制定符合本区域发展特色的高等教育扶持政策。安徽省明确提出支持中国科学技术大学建设世界一流大学。山东省提出将积极支持山东大学、中国海洋大学、中国石油大学等驻鲁部属高校进入国家"双一流"建设工程。辽宁省的目标是"2020 年，大连理

---

① 陈伟. 省域高等教育系统的崛起：动力分析和路径选择. 高等教育研究，2017（11）：39-45.
② 王少媛. 整体推进省域大学特色发展的战略思考. 中国高教研究，2013（2）：31-36.

工大学、东北大学学科建设水平进一步提升，为冲击世界一流大学打下坚实基础"。上海提出"高峰高原"计划，2014—2017年，预计投入36亿元打造"世界一流学科"。①在我国当前的高等教育"省际竞争"中，加大经费投入是主要方式。在"双一流"建设各省（自治区、直辖市）配套政策中，北京市准备投入100亿元，山东省与广东省都准备投入50亿元支持本省"双一流"建设。江苏省准备支持15所以上高校进入全国百强，10所进入全国前50，100个左右学科进入ESI学科排名全球前1%，国家一流学科数不低于全国总数的10%，到2030年，建成2所世界一流大学；对进入全国百强的省属高校每年新增1亿元经费。②除了加大对原有高校和强势学科的资金投入和扶持力度之外，各地还在努力争取名校将分校办到本省内，采用异地办学形式来提升当地高等教育综合实力，用名校的声誉、实力和高层次人才的流动来增强对当地高校的辐射效应。

总之，40年来我国高等教育改革发展一直沿着体制改革的道路前进，在具体的执行层面，坚持了"重点建设"和"省际竞争"的策略，以重点投入的方式保证了一部分大学和学科的领先优势，凝聚了足够的核心竞争力。同时，鼓励地方政府出台配套措施对本地区高等教育发展保持关注。"重点建设"使我国一批大学和学科进入ESI排行榜和世界大学排行榜的行列甚至前列；"省际竞争"则驱使地方政府不断加大高等教育投入，以提升本地区高等教育发展水平。

第五节　高等教育改革发展中国道路的生成

随着知识经济时代的到来，高等教育与经济社会发展的关系愈加密切，高等教育也在朝着多元化、多功能、多形式等方向立体式发展。40年来，中国高等教育改革发展以体制改革和适应市场经济体制为着力点，带动了政府简政放权和职能转变。从经济体制改革的成效来看，中国保持了多年的经济高速增长。以"公有制为主，多种所有制经济共同发展"形成了一种不同于西方国家的发展道路，

---

① "双一流"建设 各省都想使出哪些大招？（2017-02-23）[2018-03-01]. http://www.sohu.com/a/127002402_564470.

② 江苏："十三五"期间累计将投入85亿元建设"双一流"高校.（2017-09-22）[2008-03-01]. http://news.163.com/17/0922/11/CUUDAIBF000187VE.html.

即"中国道路"。之所以称其为"中国道路",根本原因在于中国用独特的发展方式在较短时间内实现了西方国家经历上百年才实现的目标。中国特色社会主义道路不同于改革开放前以计划经济为主要特征的社会主义发展模式,也不同于西方发达国家的社会发展模式。中国一方面简政放权、加快市场建设,另一方面改进政府管理、对经济和社会生活进行调节;一方面引进资本与技术,另一方面坚持对外来资本与技术的有效利用和自我创新;一方面抓生产促增长,另一方面关注民生、保护环境,谋求平衡发展。简言之,中国把市场和社会主义有机地结合了起来,不实行全盘私有化,而实行以公有制为主体的混合所有制;采取市场经济,但通过政府对经济和社会生活的干预,实现社会公平。①40 年来,中国通过改革开放走出了令世界瞩目的"中国道路"。那么,高等教育领域是否也存在"中国道路"?这种"中国道路"又是通过何种方式生成的呢?

一、高等教育改革发展是否存在"中国道路"

高等教育改革发展必须遵循其特有的规律。在传统社会中,高等教育活动仅在较少的社会成员内部进行,秉持的是精英教育理念;高等教育活动具有简单而纯粹的目的,即通过智识生活来寻求真理。进入工业社会之后,现代民族国家开始对高等教育施加影响,政府不仅努力使高等教育为全体社会成员和国家服务,而且为高等教育活动打上了地域或民族的烙印。20 世纪后半叶,随着人口激增和高等教育需求的增加,高等教育唯有通过改革才能适应现代化需要。我国高等教育在改革开放的 40 年里经历了高速发展阶段,这得益于经济体制改革的成功。但从其所表现出的特征来看,又不是完全依赖于经济体制改革。教育体制的改革坚持了公办大学居主导地位,利用政府对公办大学的资金投入来保证高等教育发展的效率与公平。此外,我国高等教育发展还得益于坚持了政府对高等教育体制改革的主导,有序地扩张高等教育规模。1978 年,高校的数量是 598 所,校均规模 0.15 万人。而到了 2016 年,普通高校的数量已经高达 2596 所,校均规模 1.0342 万人。当前我国高等教育发展正在向普及化阶段迈进。与其他国家相比,我国高等教育大众化发展速度更快。美国用了 30 年(1911—1941 年)成为世界上第一个实现高等教育大众化的国家;韩国用了 14 年(1966—1980 年)、日本用了 23

---

① 周弘. 全球化背景下"中国道路"的世界意义. 中国社会科学,2009(5):37-45.

年（1947—1970 年）、巴西用了 26 年（1970—1996 年），实现了高等教育毛入学率从 5%到 15%的飞跃，达到了大众化的水平。我国高等教育用了十多年的时间，高等教育毛入学率就从 1990 年的 3.4%提高到了 2002 年的 15%。[1]在高等教育质量方面，近年来，我国大学在各类大学排行榜上的表现也愈加突出。以 QS 世界大学排行榜 2017 年的数据为例，北京大学和清华大学进入世界前 40 名，在世界排名前 200 位的大学中，有 7 所中国大学。我国大学还成为贡献各类高被引论文的主要力量。2006—2016 年，中国处于世界前 1%的高被引论文数量为 1.69 万篇，占世界高被引论文总数的 12.8%，世界排名第 3 位。我国近两年发表的论文得到大量引用，且被引用次数进入本学科前 1‰的国际热点论文数量为 495 篇，占国际热点论文总数的 18.0%，世界排名首次进入前 3 位。[2]总之，从 40 年来所取得的成绩来看，我国高等教育改革发展正在铺就一条独特的"中国道路"。

二、高等教育改革发展"中国道路"的实践逻辑

"中国道路"不是一朝一夕形成的，而是要经过时代检验的。真正的高等教育强国必定是高等教育理念独树一帜，并能够对其他国家的高等教育发展产生影响的。仔细考察世界高等教育强国，美国、英国、德国、日本等无不如此。40 年来我国高等教育不但实现了大众化，而且走出了一条独特的发展道路。不论是在高校数量、在校生规模、毛入学率，还是在有关世界大学排行榜上的排名方面，我国高等教育都有良好表现。市场经济体制的建立为高等教育的规模增长提供了契机，不断深化的体制改革保障了高等教育发展的质量，而对外开放则为我国高等教育与世界接轨提供了窗口。当然，我国高等教育改革发展之所以能够走出一条独特的"中国道路"，根本原因还在于高等教育改革发展深深根植于中国土壤，立足中国大地办大学，有效地处理好了改革与发展的关系、中央与地方的关系、院校之间的关系，使改革与发展能够实现同步进行，用改革破除发展的障碍和困境，以发展巩固改革成果。我国高等教育改革与发展这一主题在不同时空背景下呈现出一种节奏化和协同化的历史表象。总体概览，在高等教育改革与发展的整个历程中存在几个重要的时间节点和政策标识，使得改革与发展这一主题在不同

---

① 改革开放 30 年中国教育改革与发展课题组. 教育大国的崛起：1978—2008. 北京：教育科学出版社，2008：194.
② 赖栩雯，赵永新. 我国高被引国际论文数量首居世界第三仅排在美英之后. 人民日报，2016-10-13（6）.

领域或层面、不同时间或阶段中又呈现出某种大同小异的一致性，基于这些"共振点"而体现出一种总体协同的"共振性"。①

40年来我国高等教育改革发展先后经历了拨乱反正与恢复建设、管理体制改革、"211工程"与"985工程"建设、大学合并与扩招、本科教学工作水平评估、"2011计划"、"双一流"建设等重大事件，体制改革和政策创新一直伴随始终。正是有了政府的顶层设计，高校的办学才更接近实际，更能为当地经济与社会发展服务。体制改革和政策创新从制度上保障并激发了地方政府办学的积极性，使高校获得了更大的自主权，最大限度地降低了制度成本，使各级政府和大学的活动空间更大。

40年来我国高等教育改革发展以体制改革为主线，从中央到地方，各级地方政府根据实际情况进行政策创新。与其他国家习惯于通过立法来改革高等教育不同，我国政府更多地选择以政策驱动改革，用出台重大政策文件来规范高等教育发展，以政策的持续创新来保障高等教育改革发展的平稳推进。

40年来，针对高等教育发展起步晚、基础薄弱的现实状况，我国有计划和有针对性地制定了重点发展战略。在中央政府和省级政府层面都有重点大学与重点学科建设项目，地方政府和地方高校根据本地、本校实情，有针对性地建设本地区的重点大学和重点学科，许多一般性大学都获得了长足发展。

总之，高等教育改革发展"中国道路"的生成，既离不开改革开放推动的体制变革，也离不开高等教育结合中国国情进行的政策创新。"扎根中国大地办大学"是"中国道路"带给我们的最大启示，这体现了制度与文化的自信。改革开放40年来，我国高等教育改革发展显示出符合国情的"中国特色"，打造了一套适应经济社会发展的"中国模式"，走出了一条令世界赞叹的"中国道路"，正在向着"基本建成高等教育强国"奋进。概括起来，40年来我国高等教育改革发展始终坚持"中国模式"和"中国道路"，以改革与发展作为主旋律，由党和政府站在民族复兴的高度对高等教育改革和发展进行顶层设计，在发展市场经济的同时，建立起高等教育的"有效市场"；通过"体制改革"和"政策创新"保证我国大学在国际上的竞争力；在资源有限的情况下，通过"重点建设"打造一批能够产生世界影响的大学与学科，以"省际竞争"为政策抓手激励各级政府，特别是省级政府和中心城市政府大力发展地方高等教育。

---

① 周元宽. 改革开放以来中国高等教育变迁的主题变奏与时代特征. 北京大学教育评论，2012，10（4）：50-67.

索引